مآثر
السلطان فيروز شاه
السياسية والدينية

مآثر السلطان فيروز شاه السياسية والدينية

«فتوحات فيروز شاهي»

السلطان فيروز شاه تغلق

إعداد وترجمة
د. صاحب عالم الأعظمي الندوي

دار جامعة حمد بن خليفة للنشر
HAMAD BIN KHALIFA UNIVERSITY PRESS

دار جامعة حمد بن خليفة للنشر
صندوق بريد 5825
الدوحة، دولة قطر

www.hbkupress.com

جميع الحقوق محفوظة.

لا يجوز استخدام أو إعادة طباعة أي جزء من هذا الكتاب بأي طريقة دون الحصول على الموافقة الخطية من الناشر باستثناء حالة الاقتباسات المختصرة التي تتجسد في الدراسات النقدية أو المراجعات.

الطبعة العربية الأولى عام 2022

الترقيم الدولي: 9789927155666

تمت الطباعة في الدوحة-قطر.

مكتبة قطر الوطنية بيانات الفهرسة – أثناء – النشر (فان)

مآثر السلطان فيروز شاه السياسية والدينية : فتوحات فيروز شاهي : السلطان فيروز شاه تغلق / ترجمة وتحقيق وتعليق د. صاحب عالم الأعظمي الندوي. الطبعة العربية الأولى. – الدوحة : دار جامعة حمد بن خليفة للنشر، 2022.

صفحة ؛ سم

تدمك: 978-992-715-566-6

1. فيروز شاه تغلق، 1351-1388. 2. الهند -- تاريخ -- 1000-1526 -- الأعمال المبكرة حتى 1800. أ. الندوي، صاحب عالم الأعظمي، محقق، مترجم. ب. العنوان.

DS459.52. M38 2022

954.560230924 – dc23

202228320104

المحتويات

مقدمة ... 7

تمهيد ... 19

المبحث الأول: أسرة فيروز شاه تغلق، وولادته، ونشأته ... 19

المبحث الثاني: نشأته الدينية والعلمية والثقافية والسياسية ... 24

المبحث الثالث: جلوسه على سرير الحكم وشخصيته وصفاته ... 34

المبحث الرابع: إصلاحاته الدينية والسياسية والاجتماعية والقانونية ... 41

جهوده في إصلاح النظام الضريبي ... 46

جهوده في إصلاح القانون الجنائي والعقوبات ... 49

موقفه من ظهور الحركات والأفكار المذهبية ... 54

موقفه من الفرق الإباحية والتعامل الشديد معها ... 55

موقفه من وحدة الوجود والأديان والحلولية وحركاتها ... 57

المبحث الخامس: الوضع العلمي والثقافي في عهده ... 60

الفصل الأول: تعريف رسالة «فتوحات فيروز شاهي» وتقييمها ... 69

توطئة ... 69

المبحث الأول: تعريف موجز لمضامين الرسالة ومؤلِّفها ... 70

المبحث الثاني: تعريف النسخ الخطية لرسالة «فتوحات فيروز شاهي» وطباعتها ... 75

المبحث الثالث: لغة الرسالة وأسلوبها ... 79

المبحث الرابع: التقييم النقدي للرسالة ... 81

الفصل الثاني: ترجمة نص رسالة «فتوحات فيروز شاهي» وتقسيم مضامينها ... 85

توطئة ... 85

المقالة الأولى: في قمع البدع والمنكرات والعقوبات غير الشرعية ... 86

المقالة الثانية: في تطبيق الأحكام الشرعية في الشؤون السياسية والمالية ... 89

المقالة الثالثة: في موقف الدولة من الحركات الدينية والاجتماعية المنحرفة ... 97

المقالة الرابعة: في آداب المعيشة وفقًا لأحكام الشريعة وقواعدها..........107
المقالة الخامسة: في البناء والعمران والرفاه والأوقاف..........109
المقالة السادسة: في التسامح الديني والاجتماعي..........118
المقالة السابعة: في علاقة السلطان بالشيوخ والإداريين وبالخلافة العباسية..........120

ملاحق..........125

الملحق الأول: قائمة ببعض المصطلحات والمفردات والجمل العربية الواردة في الرسالة..........127

الملحق الثاني: بعض أوراق رسالة «فتوحات فيروز شاهي» من نسخة جامعة عليكره الإسلامية..........131

الملحق الثالث: لوحة شخصية للسلطان فيروز شاه تغلق..........133

الملحق الرابع: خريطة منظورية لـ«مدرسة فيروز شاهيه»..........134

الملحق الخامس: بعض الصور لآثار «مدينة فيروز شاه كوتله»..........135

المصادر والمراجع..........137

مقدمة

الحمد لله رب العالمين، والصلاة والسلام على أشرف الأنبياء والمرسلين، نبينا محمد، وعلى آله وصحبه أجمعين، ومن تبعه بإحسان إلى يوم الدين.

أما بعد..

بدايةً، لا أبالغ إذا قلت إن هذه الرسالة القصيرة تُعَد أحد أهم مصادر المعلومات المعاصرة لعهد السلطان فيروز شاه تغلق (752-790هـ/ 1351-1388م)، لأنها توفر لنا بيانات ومقالات ثمينة عن القيم والمبادئ والأصول التي ارتكزت عليها سياسات فيروز شاه في الشؤون السياسية والإدارية والدينية والاجتماعية. ومن العجيب أنه لا يوجد سوى مخطوط واحد فقط لهذه الرسالة كان محفوظًا في المتحف البريطاني، وهو الآن ضمن مقتنيات المكتبة البريطانية. وتستند جميع النسخ الأخرى لتلك الرسالة، سواء الموجودة في لاهور أم دهلي[1] أم عليگره، إلى ذلك المخطوط الوحيد. وقد اطلَعت على النسخ الخطية، وقارنت النص وترجماته إلى اللغات الإنجليزية والأردية، التي ستأتي تفاصيلها في المبحث الخاص بتعريف النسخ الخطية وطباعتها.

تكشف مضامين تلك الرسالة عن العديد من الموضوعات المهمة والمثيرة للغاية، ومن أهمها: طبيعة الضرائب المفروضة على الرعايا، ومحاولة السلطان حظر الأنشطة الدينية المنحرفة وغير الشرعية في نظر الشريعة الإسلامية والهندوسية على حدٍّ سواء. ولمزيد من التثبت مما ذُكر في تلك الرسالة، لا سيما عن معاقبة الأشخاص المتورطين في النشاطات الدينية المنحرفة، وكيفية القضاء على نشاطاتهم، اطَّلَعت على أدبيات معاصرة للسلطان فيروز شاه تغلق من كتب تاريخية وأدبية وغيرها.

كان عهد السلطان فيروز شاه تغلق أزهى العهود وأخصبها في الإنتاج المعرفي، خصوصًا في مجالات التاريخ والأدب والعلوم الإسلامية. فقد شهد عهده تأليف وتصنيف كتب تاريخية

(1) يُكتب اسم «دهلي» برسوم عديدة، منها: دهلي، دلي، دلهي. لكن رسم «دهلي» كان - ولا يزال - يُستعمل في الكتب الأردية والعربية عند المسلمين الهنود، وهو رسم معروف في الكتب العربية والفارسية قديمًا وحديثًا. وقد غيَّره الإنجليز إلى «دلهي» على عهد الاستعمار البريطاني.

وأدبية وفقهية، مثل: «تاريخ فيروز شاهي» لضياء الدين برني[1]، و«تاريخ فيروز شاهي» لشمس سراج عفيف[2]، و«سيرة فيروز شاهي»[3] و«فتوحات فيروز شاهي» للسلطان فيروز شاه نفسه[4]، و«إنشاي ماهرو» لِعَين الملك عبد الله بن ماهرو[5]، و«الفتاوى التتارخانية»[6]، و«فقه/ فتاوى فيروز شاهي»[7]، و«فوائد فيروز شاهي»[8]، و«فتاوى جهانداري»[9]، و«دستور الألباب في علم الحساب»[10]، كما كثُرت المؤلفات في مجالات العلوم الدينية والسياسية والإدارية أيضًا.

وتحظى رسالة «فتوحات فيروز شاهي» بمكانة فريدة من نوعها بين تلك الأدبيات في جوانب معينة، إذ إنها تمثل وجهة نظر الحاكم المسلم في شتى المسائل السياسية والدينية. وينفرد السلطان فيروز شاه في هذا المجال عن غيره من سلاطين دهلي الذين لم يدوِّنوا

---

(1) برني، ضياء الدين، تاريخ فيروز شاهي، تحقيق: سيد أحمد خان، (كلكتا: الجمعية الآسيوية، 1860-1862م)؛ ترجمة أردية: سيد معين الحق، (لاهور: أردو سائنس بورد، 2004م).

(2) عفيف، شمس سراج، تاريخ فيروز شاهي، تحقيق: مولوي ولايت حسن، (كلكتا: الجمعية الآسيوية، 1890-1891م)؛ ترجمة أردية: محمد فدا علي طالب، (لاهور: دار سنگ ميل، 2009م).

(3) مجهول، سيرة فيروز شاهي، مخطوط فارسي، مكتبة خدا بخش الشرقية العامة، پتنه، تحت رقم (Hand List No.99, Cat No. 547)؛ نسخة مصوَّرة من مخطوط مكتبة خدا بخش تحت مجموعة جامعة عليگره الإسلامية، رقم المخطوط 111.

(4) تغلق، فيروز شاه، فتوحات فيروز شاهي، مخطوط فارسي تحت رقم (OR.2039)، المتحف البريطاني، لندن.

(5) عين الملك عبد الله بن ماهرو، إنشاي ماهرو، تصحيح وتحقيق: الشيخ عبد الرشيد، (لاهور: إدارة تحقيقات بجامعة پنجاب، 1965م).

(6) إندرپتي، فريد الدين عالم بن العلا الأنصاري، مخطوط، نسخة رامپور رقم 361؛ خدا بخش رقم 1715-1719؛ المكتبة الآصفية، المجلد الثاني، 1052. صدر بتحقيق كلٍّ من: قاضي سجاد حسين، (حيدر آباد: دائرة المعارف العثمانية، 1984م)، وشبير أحمد القاسمي، (ديوبند: مكتبة زكريا، 1487هـ).

(7) فتاوى فيروز شاهي، مجموعة جامعة عليگره الإسلامية، فارسي مذهب وتصوف، رقم (260)، الأوراق (5/ 2، 6/ 1، 507/ 2)؛ فتاوى فيروز شاهي (ناقص الطرفين)، مجموعة جامعة عليگره الإسلامية، ملحق ف-فقه، رقم (5)، الأوراق (209/ 1، 256/ 2).

(8) شرف محمد العطائي، فوائد فيروز شاهي، نسخة خطية محفوظة في مكتبة آزاد جامعة عليگره، مجموعة سبحان الله (3 .297/ 27).

(9) ضياء الدين برني، فتاوى جهانداري، تحقيق: أفسر سليم خان، (لاهور: 1972م)، ترجمة إنجليزية: محمد حبيب وأفسر سليم خان، (دهلي: 1972م).

(10) الحاج عبد الحميد المحرر الغزنوي، دستور الألباب في علم الحساب، نسخة خطية محفوظة في مكتبة رضا تحت رقم (1221 فارسي).

سِيَرَهم الذاتية أو أي مذكرات خاصة بهم. أما رسالة «تغلق نامه» المزعوم أنها مذكرة أو سيرة ذاتية لمحمد بن تغلق، فقد رفض مؤرخون متخصصون نسبة تلك الرسالة إليه، معتبرين إياها ملفقة ومشكوكًا في صحتها وأصالتها[1].

تظهر شخصية فيروز شاه في هذه الرسالة أكثر جرأة وانفتاحًا، فقد دوَّن آراءه الدينية واتجاهاته السياسية بلُغة بسيطة وواضحة ومن دون تكلُّف أو تفاخر. والحقيقة أن مضامين الرسالة في الأصل اقتُبست من نقش وُضع على المنارة المُثَمَّنة من الجامع الكبير بمدينة فيروز آباد، الأمر الذي يلقي الضوء على الهدف من ذلك السرد وأسلوب تدوينه. وتظهر مضامينها وكأن السلطان فيروز شاه يلقي خطبة الجمعة، ويخاطب المصلين، ويستعرض حياته ومآثره بوصفه ملكًا متدينًا حريصًا على تطبيق الأوامر الشرعية في ممارسات فعلية حياتية.

---

(1) Khaliq Ahmad Nizami, *'The So-called Autobiography of Sultan Muhammad bin Tughluq'*, in On History and Historians of Medieval India, (Delhi: Munshiram Manoharlal publisher pvt. Ltd., 1983), pp. 188-204.

وفقًا للباحث آغا مهدي حسين فإنه عثر على بعض الأوراق داخل مخطوط «طبقات ناصري» لصاحبه «منهاج السراج الجوزجاني»، المحفوظ في المتحف البريطاني بلندن، وبعد النظر فيه ومطالعته اتضح له أنه جزء من المذكرة التي أعدَّها السلطان محمد بن تغلق نفسه، غير أن جميع أوراق تلك المذكرة ضاعت ما عدا تلك، وقد ترجمها الباحث المذكور ووضعها في رسالته للدكتوراه التي تقدم بها إلى جامعة لندن في عام 1935م، ثم نشرها في صورة كتاب فيما بعد بعنوان:

Agha Mahdi Husain, The Rise and Fall of Muhammad bin Tughluq, (London: Luzac & Co., 1938), p. 251.

ولعله من المفيد أن نعرف هنا كتاب «تغلق نامه» الآخر الذي أعدَّه الشاعر والأديب أمير خسرو. ووفقًا لما جاء في ديباچة «تغلق نامه»، فإنه من أواخر مصنفات الشاعر أمير خسرو الذي دونه في قالب شعري بتوجيه السلطان غياث الدين تغلق، وذكر فيه أحداثًا ووقائع تاريخية لبعض السلاطين الخلجيين، غير أنه خصص بعض الأبيات لذكر مآثر السلطان غياث الدين تغلق السياسية، لكن تلك الأبيات ليست موجودة ضمن الأشعار في المخطوطات المتوفرة الآن التي كان عددها يبلغ نحو ثلاثة آلاف بيت. وتحتوي معظم تلك الأبيات الشعرية المتبقية على الوقائع التاريخية الخاصة بقتل قطب الدين الخلجي، وكيفية سقوط الأسرة الخلجية الحاكمة، وجلوس الحاكم من الهنود حديثي الإسلام، وتلك المصائب والشدائد التي مر بها مسلمو دهلي آنذاك. راجع: ديباچه مثنوي تغلق نامه خسرو دهلوي، تهذيب وتحشية: السيد هاشمي فريد آبادي، (أورنگ آباد: المطبعة الأردية، 1352هـ/ 1933م)، ص1-5. وفي تعريف ذلك الكتاب جاء في كشف الظنون: «تعلق [تغلق] نامه لمير خسرو الدهلوي المُتوفَّى سنة 725هـ (خمس وعشرين وسبعمائة)، وهو نظم فارسي في ثلاثة آلاف بيت». راجع: مصطفى بن عبد الله الشهير بحاجي خليفة، كشف الظنون عن أسامي الكتب والفنون، (بيروت: دار إحياء التراث العربي، بدون تاريخ)، جـ1، ص423.

ولا يمكن استبعاد وجهة النظر القائلة إن مضامين «فتوحات فيروز شاهي» كانت في الأصل جزءًا من تلك المذكرة «وقف نامه»، التي أرسلها السلطان إلى المتوكل على الله، الخليفة العباسي في القاهرة، الذي أرسل بدوره الخلعة والمنشور ووقف نامه بعد التصديق عليها إلى فيروز شاه عام 771هـ/ 1369م. وكان فيروز شاه في حاجة إليها لتقوية مكانته السياسية في الهند، لا سيما أن محمد بن علاء الدين البهمني حاكم الإمارة البهمنية الإسلامية[1] في جنوب الهند، قد حصل على الخلعة والمنشور من الخليفة العباسي نفسه، لذلك كان فيروز شاه حريصًا على استرداد مكانته السياسية وتقويتها في الهند[2].

ومن أجل دعم مطالبته بالهيمنة السياسية على جميع أنحاء الهند، قدَّم فيروز شاه في تلك الرسالة المذكورة المرسلة إلى الخليفة في القاهرة جميع إنجازاته الدينية والسياسية والعسكرية بسلاسة وموضوعية. إذن، كان توق فيروز شاه المُعلَن إلى ترسيخ حكمه هو ما دفعه إلى البحث عن أسس جديدة للشرعية، ولذلك رأى أن تقوية العلاقات بالخلافة العباسية في القاهرة، حتى وإن كانت اسمية، ستوفر له سندًا شرعيًّا لتحقيق أهدافه السياسية المنشودة في الهند.

ويتضح من مضامين «فتوحات فيروز شاهي» كيف كانت تمضي المشاعر الدينية والملكية جنبًا إلى جنب بصورة جلية، ويتمثل هذا في استخدام فيروز الضمير «أنا» عند

---

(1) حينما ضعفت سلطة محمد بن تغلق خلال النصف الثاني من حكمه، أخذت بعض الأجزاء المفتوحة حديثًا من منطقة جنوب الهند في الانفصال عن دهلي. فاستقلت إمارة هندوسية في المعبر، غير أن أقوى تلك الإمارات وأكثرها بقاء، كانت تلك التي أقامها الأمير حسن گنگو على هضبة الدكن باسم الإمارة البهمنية (748-934هـ/ 1347-1527م)، وهو يُعَد مؤسسها. وجعل البهمنيون مدينة «گلبرگه» عاصمة لهم، وظلت مركزًا لهم طوال ثمانين عامًا. وقويت تلك الإمارة فيما بعد، وحظيت بشهرة بين بلاد العالم الإسلامي بصفة عامة، خصوصًا أنهم جعلوا من بلاطهم مركزًا عظيمًا من مراكز العلم والمعرفة، كما ظهر في عهدهم أسلوب من أساليب العمارة الإسلامية تميز بطابعه الدكني الخاص. وقد كانوا أول قوة في جنوب الهند تتبادل السفراء مع الخلافة العباسية في القاهرة ومع العثمانيين في إسطنبول فيما بعد، فضلًا عما كانت تتمتع به من قوة عسكرية، وبنظام إداري جيد التنظيم. تفككت تلك الإمارة في القرن العاشر الهجري إلى خمس إمارات إسلامية شيعية قضى عليها كلٌّ من السلطان أكبر والسلطان أورنگ زيب، وضُمت إلى الدولة المغولية. للتفصيل عنها، راجع: كليفورد ا. بوزورث، الأسرات الحاكمة في التاريخ الإسلامي: دراسة في التاريخ والأنساب، ترجمة عربية: سليمان إبراهيم العسكري، (القاهرة: عين للدراسات والبحوث الإنسانية والاجتماعية، 1995م)، ص277-280.

(2) راجع: نظامي، خليق أحمد، سلاطين دهلي كي مذهبي رجحانات، (دهلي: ندوة المصنفين، 1981م)، ص431-432.

الدعاء إلى الله والتضرع والتوسل إليه، و«نحن» عند مخاطبة الناس والرعايا. كما تُلقي مضامين الرسالة الضوء على جوانب دينية وسياسية عدة في شخصية فيروز شاه، ويمكن إجمالها في النقاط التالية:

- نزعته الدينية والسياسية.
- جهوده في تطبيق الشريعة الإسلامية في النُّظم المالية والإدارية.
- نفوره الشديد، واشمئزازه الكبير، من توقيع العقوبات الشديدة، والتزامه بالعقوبات المسموحة في الشريعة الإسلامية وتطبيقها.
- اهتمامه الكبير بأعمال الرفاهية العامة.
- شدته وصرامته في التعامل مع الحركات الدينية الإسلامية والهندوسية المنحرفة والهرطقية، ومقاومة انتشارها بين الرعايا.
- توقه الشديد إلى تحسين النغمة الأخلاقية للمجتمع، من خلال معاقبة الطوائف والجماعات الإباحية والدهرية والإلحادية.
- اهتمامه الكبير بفرض القيود الصارمة على التعبير العلني عن الأفكار والنظريات المتعلقة بوحدة الوجود والأديان.
- حرصه الشديد على الالتزام بالضوابط والثوابت الإسلامية في تنظيم شؤون البلاط السلطاني وحياة القصر.
- قلقه الكبير حيال مشاعر الذين عانوا في عهد سلفه محمد بن تغلق، ومحاولة استمالتهم عن طريق إغداق الأموال والهبات والهدايا عليهم.

ومن الأعمال المعاصرة المهمة للسلطان فيروز، التي تذكُر بشيء من التفصيل مضامين رسالة «فتوحات فيروز شاهي»، كتاب «سيرة فيروز شاهي» لكاتب مجهول. غير أنه بتأمُّل بعض جمل هذا الكتاب وفقراته يتضح أن صاحبه دوَّنه بتوجيه من السلطان نفسه. ومع ذلك، لا نجد إشارات عند المؤرخين والكُتَّاب المعاصرين لعهد السلطان عن رسالة «فتوحات فيروز شاهي»، لكن مضامينها العديدة تماثل تلك التي نجدها في كتابَي «تاريخ فيروز شاهي» لكلٍّ من ضياء الدين برني وشمس سراج عفيف. غير أن المؤرخين في زمن السلطان أكبر المغولي أشاروا إلى تلك الرسالة بشيء من التفصيل، فكتب المؤرخ الرسمي نظام الدين الهروي في كتابه:

«وقد اطَّلعت على رسالة من تأليف السلطان فيروز شاه التي جمع فيها الأخير وقائع أحواله وسماها بـ«فتوحات فيروز شاهي». وقد بنى هذا السلطان العادل قبة عالية مُثَمَّنة على المسجد الجامع بفيروز آباد، ونُقشت مضامين مقالات الرسالة الثمانية على الأحجار الموضوعة على تلك القبة المُثَمَّنة»[1].

والسؤال المطروح هو: هل يمكن تصنيف هذه الرسالة المعنية بوصفها سيرة ذاتية، أم هي عبارة عن كلام منقوش للذكرى؟

الحق أنه لا يُنظر إليها بوصفها مذكرات شخصية أو سيرة ذاتية بالمعنى التقليدي للكلمة، إنما كانت مضامينها عبارة عن نقوش مكتوبة على القبة المُثَمَّنة في المسجد الجامع لتوجيه الناس وإرشادهم، مع إخبارهم عن مآثر السلطان الدينية والسياسية والإدارية، إلخ. ولذلك نستطيع القول إنه كان يهدف من تدوين تلك الرسالة إلى مخاطبة شعبه، وعرض نفسه بوصفه حاكمًا مسلمًا متدينًا، وحاميًا للشريعة الإسلامية التي يحترمها احترامًا شديدًا ويحاول تطبيقها تطبيقًا عمليًّا.

ووفقًا لبعض الباحثين، فقد تباينَت آراء المؤرخين في تعريف تلك الرسالة وتحديد مكانتها في الآداب الفارسية: فمنهم مَن يَعُدها مذكرات وسيرة ذاتية، ومنهم مَن يتعامل معها بوصفها من الآداب السلطانية أو دليلًا إداريًّا، دوَّن فيها فيروز نظرياته السياسية والإدارية، بيد أن مضامين تلك الرسالة لم تُدرس بوصفها نقوشًا حيث تكمُن أهميتها التاريخية الحقيقية. وفي الواقع، لا يمكن تقييم قيمتها التاريخية من دون تقدير لحقيقة أن مضامين تلك الرسالة استُخرجت في الأصل من النقوش الموضوعة على منارة الجامع الكبير في مدينة فيروز آباد[2].

وقد حاول بعض السلاطين المسلمين السابقين السير على النهج نفسه، غير أنهم لم يدوِّنوا مثل تلك القوانين أو لم يسجلوا مآثرهم الدينية والسياسية، وكانت تلك العادة قد اتُّبعت في العصور الهندية القديمة، لا سيما في زمن الملك أشوكا الذي سجَّل مآثره وقوانينه على المسلَّات والأعمدة الحجرية. ولأن السلطان فيروز شاه اطَّلع على تلك

---

(1) راجع: الهروي، نظام الدين أحمد بخشي، طبقات أكبري، ترجمة عربية: أحمد عبد القادر الشاذلي، (القاهرة: الهيئة المصرية العامة للكتاب، 1995م)، جـ1، ص197. راجع أيضًا: الحسني، عبد الحي فخر الدين، نزهة الخواطر وبهجة المسامع والنواظر أو الإعلام بمَن في تاريخ الهند من الأعلام، (بيروت: دار ابن حزم، 1420هـ/ 1999م)، جـ2، ص189.

(2) Nizami, On History and Historians..., p. 205.

المضامين المنقوشة على تلك الأعمدة والمسلَّات، فيمكن القول إنه تأثَّر بذلك وحاول تطبيقه على أرض الواقع[1].

لعله من المناسب أن نشير إلى أن الملك أشوكا نشر القوانين الدينية والنظريات السياسية بين الرعايا عن طريق نقش تلك القوانين على أعمدة ومسلَّات حجرية، وتثبيتها في أجزاء مختلفة من إمبراطوريته. وقد أمر السلطان فيروز شاه باستخراج العديد من تلك الأعمدة وجلبها إلى دهلي، وإعادة تثبيتها على واجهات القصور وفي ساحة مبنى البلاط السلطاني، إضافةً إلى أنه راجع العديد من علماء اللغة السنسكريتية بشأن محتوى تلك النقوش، غير أن أحدًا منهم لم يستطع أن يعطيه فكرة دقيقة وشاملة عن طبيعة تلك النقوش ومعاني مضامينها. ويُخبرنا كتاب «سيرة فيروز شاهي» بأن تلك المضامين مكتوبة بطريقة معينة، بحيث لا يستطيع أحد فكَّ رموزها بسهولة ويسر[2].

ولأن فيروز شاه كان مهتمًّا جدًّا بالحفاظ على الآثار المعمارية، فربما رأى أن وضع النقوش على المباني وسيلة آمنة للحفاظ على سجل عهده من ويلات الزمن. ولأنه يشير في الرسالة إلى المنشآت الدينية والاجتماعية التي شُيِّدَت في زمن أسلافه من سلاطين دهلي

---

(1) وقد خصص عفيف صفحات عديدة لذكر موقف السلطان فيروز شاه من تلك المسلات والاهتمام بها، وذلك تحت عنوان «شرح آوردن منارهاي سنگين»، تاريخ فيروز شاهي، ص305-314. وقد درس بعض الباحثين دراسة مقارنة بين مضامين تلك المسلات القديمة ومضامين رسالة فيروز شاه، وخلصوا إلى أن السلطان فيروز شاه قلَّد الملك أشوكا في نقش مضامين رسالته على منارة المسجد. راجع:
Nizami, On History and Historians, pp. 206-207.

(2) كان لديه اهتمام كبير بالثقافة الهندية القديمة. ولذلك، أولى اهتمامًا خاصًّا بجمْع مسلات وأعمدة قديمة عبارة عن عمود حجري مثل مسلة «أشوكا»، التي عليها كتابات ورسومات باللغات السنسكريتية والپالية، منقوش فيها مضامين دينية واجتماعية وقوانين وأوامر وشرائع للحضارة الهندية القديمة، إلخ. ومن أشهر تلك المسلات أو الأعمدة مسلات «أشوكا» التي عُثر عليها في منطقة «ميرته» و«توبرا» بالقرب من رادو پور بجمنا نگر بولاية هريانة الحالية. استخرجت تلك المسلات بعناية تامة، ولُفَّت في الأقمشة الحريرية، وجُلبَت إلى دهلي باهتمام شديد بواسطة قارب ملَكي، ونُصب أحد تلك الأعمدة في ساحة قصره في مدينة فيروز شاه كوتله. وتوجد في ثنايا مخطوط «سيرة فيروز شاهي» رسوم وصفية رائعة ودقيقة عن عملية نقل عمودَي «أشوكا» إلى «فيروز آباد» بدهلي. راجع: مجهول، سيرة فيروز شاهي، ص185-188، 193-195. راجع أيضًا:
James Prinsep, "*Interpretation of the Most Ancient of the Inscriptions on the Pillar Called the Lat of Feroz Shah, near Delhi*," Journal of the Asiatic Society of Bengal 6 (1837), pp. 566-609; Thapar, Romilla, *Medieval India*, (Delhi: NCERT, 1988), p. 41.

ولم تكن ثمة حاجة لِذِكرها مفصلًا، فهذا يدل على أنه كان يخاطب الجيل القادم، وكان حريصًا على الحفاظ على إنجازات عهده في مجال السياسة والعمران. والحق أن عادة تدوين المذكرات والسِّير الذاتية الملَكية بدأت في الهند الإسلامية منذ قيام الدولة المغولية، فقد دوَّن كلٌّ من الأمير تيمور، والسلطان بابر، وجهانگير، سيرَهم ومذكراتهم الشخصية[1].

والسؤال الذي يطرح نفسه هنا: هل تحتوي مضامين تلك الرسالة على كل مآثر السلطان فيروز شاه ونشاطاته السياسية والإدارية والعسكرية؟

في الواقع، إن مجرد القراءة غير المتعمقة لمحتويات الرسالة، تُبرز أنه لم يُدوِّن فيها سوى بعض السياسات والإجراءات والنشاطات التي تتعلق بالجوانب الدينية والاجتماعية في المقام الأول. وإذا ما قُورنت مضامينها مع إجمالي الأنشطة السياسية والعسكرية والثقافية وغيرها من أنشطته المذكورة في الحوليات والكتب التاريخية الأخرى، يتضح تمامًا أنه اقتصر على ذِكر بعض أهم نشاطاته ومآثره في تلك الرسالة، نظرًا إلى أنه لم يكن من المناسب تدوين المآثر والأعمال التي لا تتعلق بالجوانب الدينية والاجتماعية تعلقًا وثيقًا ومباشرًا. وعليه، يرى بعض الباحثين أن الرسالة في الأساس نقش ديني، وينبغي لنا استعمالها واعتبارها على هذا النحو، وليس بوصفها شرحًا دقيقًا وشاملًا لنظريات فيروز السياسية والإدارية[2]. ربما لم يكن ذلك المجال للتوسع متاحًا أمامه، أو لعله رأى أنه ليس من مهمته الاستقصاء،

---

(1) لعل الأمير تيمور لنگ أول مَن أعدَّ مذكراته الشخصية باللغة التركية الچغتائية، ونقلها أبو طالب الحسيني التربتي إلى اللغة الفارسية بعنوان «توزكات تيمور أو واقعات تيموري»، ونشرها ميجر ديوي للمرة الأولى مع الترجمة الإنجليزية في أكسفورد في عام 1783م. أما السلطان بابر فأعد مذكراته أو سيرته الذاتية باللغة التركية الچغتائية، بعنوان «توزك بابري»، وترجمها الأمير عبد الرحيم خان خانان إلى اللغة الفارسية بتوجيه السلطان أكبر، ثم تُرجمت إلى معظم اللغات الهندية والأوروبية في عصر الاستعمار البريطاني. وتغطي مذكراته أحداثًا ووقائع متعلقة بحياته الخاصة، والتاريخ والجغرافيا للمناطق التي عاش فيها، وكذلك الأشخاص الذين اتصل بهم، وكذلك تستوعب موضوعات متنوعة، مثل: علم الفلك، والجغرافيا، وفن الحكم والسياسة، والمسائل العسكرية والأسلحة والمعارك، والنباتات والحيوانات وغيرها. أما السلطان جهانگير ابن السلطان أكبر، فسار على منهج جده الأمجد السلطان بابر في تدوين مذكراته باسم «توزك جهانگيري أو جهانگير نامه» باللغة الفارسية، غير أنه ذهب إلى أبعد من جده، فبالإضافة إلى تدوين تاريخ عهده السياسي والعسكري والإداري، فإنه حاول تضمين تفاصيل أخرى في مجال الفن والرسم والسياسة والأمور الإدارية ومعلومات مفصلة عن أهله وأسرته. تُرجِمَت تلك المذكرة إلى معظم اللغات الهندية والأوروبية.

(2) Nizami, On History and Historians, p. 210.

فالأحداث والوقائع كثيرة ومتنوعة ولم يكن المحل محل استيعاب، إنما عزم على الإبانة عن أهمها، خصوصًا تلك التي تتعلق بالجوانب الدينية والاجتماعية في المقام الأول.

لقد نشأت علاقتي بهذه الرسالة منذ مدة، خصوصًا عند إعداد كتابي المنشور «العلم والثقافة في الهند زمن السلطان فيروز شاه تغلق»، إذ إنني طالعت تلك الرسالة مطالعة دقيقة، وعرَّفت مضامينها في ذلك الكتاب ضمن الفصل الخاص بتعريف المؤلفات والمصنفات التي دُوِّنت في عهد السلطان المذكور، وبذلك استمرت صلتي بهذه الرسالة حتى بعد الانتهاء من ذلك الكتاب. والحق أن فكرة ترجمتها إلى العربية خطرت ببالي عند مطالعتها ودراستها آنذاك.

هذا، وقد اقتضت خطة العمل على تلك الرسالة تقسيم كتابي هذا إلى: مقدمة (عرَّفت فيها الرسالة، ومضامينها، وأهميتها التاريخية)، وتمهيد (يشتمل على خمسة مباحث، وتناولت فيه ترجمة مفصَّلة لصاحب الكتاب، ونشأته، وتربيته العلمية والثقافية والسياسية، وشخصيته وصفاته، والوضع السياسي والاجتماعي والثقافي والعلمي في عهده)، ثم الفصل الأول الخاص بتعريف الرسالة وتقييمها (يشتمل على أربعة مباحث)، ثم الفصل الثاني الخاص بترجمة نص الرسالة، وتقسيم مضامينها إلى سبع مقالات، ثم ملاحق الكتاب (تشتمل على خمسة ملاحق)، ثم قائمة بالمصادر والمراجع.

وسار عملي الخاص بالترجمة والتحقيق وفق المنهج التالي:

- أجريت مقارنة بين النسخ الخطية والمنشورة التي استطعت اقتناءها.
- ترجمت النص الكامل للرسالة من اللغة الفارسية إلى العربية معتمدًا على النسخة المطبوعة لعزرا علوي، وعلى النسخة الخطية المحفوظة في جامعة عليگره الإسلامية.
- قسَّمت الرسالة المترجمة إلى مقالات وفقًا للموضوعات والمضامين.
- وضعت حواشي شاملة لشرح مضامين الرسالة وبيانها، فضلًا عن توضيح عبارة أو تعريف مفردة لغوية.
- أوضحت الإشارات والوقائع والأحداث التاريخية بالرجوع إلى كتب التاريخ والدراسات الخاصة بعهد السلطان فيروز شاه، ولا سيما كتابَي «تاريخ فيروز شاهي» لكلٍّ من برني وعفيف، و«سيرة فيروز شاهي» لمؤرخ مجهول؛ وذلك في صفحات الكتاب كله.

- عرَّفت جميع الأعلام والأمكنة المذكورة في الرسالة تعريفًا جامعًا، مُستعينًا بمصادر موثوقة.
- خرَّجت الآيات القرآنية وفقَ مواضعها من المصحف الشريف.
- خرَّجت الأحاديث النبوية وفق مواضعها من كُتب السُّنة النبوية المعتبَرة.
- علَّقت على المواضع التي كانت بحاجة إلى زيادة إيضاح، أو بسط مفردة أو مسألة أو بيان مشكل، إلخ.
- أضفت مجموعة ملاحق في نهاية الكتاب، تشتمل على: قائمة خاصة جمعت فيها معظم المفردات والمصطلحات والجمل العربية الواردة في الرسالة، التي كانت تُستعمل في الآداب الفارسية آنذاك. وبعض أوراق الرسالة من نسخة جامعة عليگره الإسلامية. وبعض الخرائط والصور.
- وضعت قائمة بالمصادر والمراجع التي اعتمدت عليها في أثناء الترجمة، أو في أثناء تحقيق الرسالة وشرح موضوعاتها.
- جمعت العناوين في فهرس تفصيلي في أول الكتاب، يساعد القارئ الباحث في الرجوع إلى ما يبتغيه من مادة الكتاب.

وفيما يتعلق بترجمة النص والنصوص الأخرى في حواشي الكتاب، أرى أن أهم مميزات المترجم المُبدع هي القدرة على نقل مشاعر المؤلف نقلًا مخلصًا إلى اللغة المُترجَم إليها، على أن يخلو ذلك النقل من التعبيرات الركيكة أو الاصطلاحية الجافة في اللغة المترجَم عنها، والإسهاب والإيجاز اللذين تتسم بهما بعض الألسنة واللغات، وكذلك الخلو من الاصطناع والتكلُّف.

وأرجو أن يكون هذا الكتاب مرجعًا قيِّمًا بين يدي الباحث المتخصص، وأن يستفيد منه القارئ الكريم، وأن يُضيف لبنة جديدة إلى صرح المكتبة العربية بإذن الله تعالى.

ومن باب الشكر وردِّ الفضل إلى أهله، يجدر بي أن أذكر هنا أن الجهود التي بذلتها الدكتورة عزرا علوي في إخراج النص الكامل لتلك الرسالة معتمدة على النسخة الأم المحفوظة في المكتبة البريطانية، مع مقارنة جميع النسخ الخطية منها والمطبوعة[1]، كانت بلا ريب جهودًا طيبة ومباركة، ووفَّرت النسخة التي أمدَّتني بها والنسخ المطبوعة الأخرى

---

(1) The Futuhat-i-Firuz Shahi, Edited with introduction, English Translation and Notes by Azra Alavi, (Delhi: Idarah-I Adabiyat-I Delli, 2009).

وقتًا وجهدًا في قراءة النُّسخ الخطية ومقارنتها ببعضها، وبتلك التي طُبعت مرات عديدة، فكان توفيقًا أحمد الله عليه، لأني تمكنت من الحصول على معظم تلك النسخ الخطية والمطبوعة، فضلًا عن ترجمات عديدة للنص الكامل إلى اللغات الهندية/ الأردية والإنجليزية، مما ساعدني كثيرًا على فهم النص ومقارنتها بعضها ببعض.

لقد رأيت بعد مطالعة هذه الرسالة أنه بواسطة مضامينها ستنجلي أوضاع الدولة التغلقية، وخفايا أخبارها، وأحوال المجتمع، وموقف القادة فيه من سلاطينه وأمرائه ووزرائه وأركان دولتهم ورجال الدين والصوفية، ولذلك فكرت أن أنشرها مترجمة ومحققة، مع ذكر تراجم وافية للسلطان فيروز، ولعهده ومآثره السياسية والاقتصادية والاجتماعية والدينية، فضلًا عن تعريف كلِّ مَن ذُكر في الرسالة من الأعلام وما ورد من الأماكن، إضافةً إلى تعريف جميع المفردات والمصطلحات الفارسية والهندية، حتى يتمكن الباحثون والدارسون والقرّاء العرب من الاستفادة من تلك الرسالة، لما تزخر به من حقائق وأخبار ومقالات قد لا نجدها في الكتب التاريخية والأدبية التي دُوِّنَت في عهده.

كنت شديد الحرص على أن أبذل في إخراج هذا الكتاب جهدًا وافرًا، يناسب ما لمؤلفه (فيروز شاه) من المكانة التاريخية بين السلاطين الهنود العظام، ويوافق حاجة المكتبة العربية إلى مثل هذه الكتب التي تبرز تاريخ الهند، ومدى ازدهاره إبان الحكم الإسلامي، وتُجلي وجوهًا شتى من آثار المسلمين، وشؤون حياتهم الدينية والاجتماعية.

وأرجو أن ينال هذا الكتاب المترجَم والمهم مكانه اللائق في المكتبة العربية، وفي أوساط الباحثين والدارسين، والمعنيين بالمصادر التاريخية لسلطنة دهلي، والمشتغلين بدراسة تاريخها وحضارتها. كما أرجو أن أكون قد وُفِّقت فيما نويت، مساهمًا في نشر التراث الإسلامي الهندي العتيد. وأسأل الله أن يجعل عملي هذا خالصًا لوجهه الكريم، وأن ينفع به الناس، إنه سميع مجيب. وآخر دعوانا أن الحمد لله رب العالمين.

صاحب عالم الأعظمي الندوي

الدوحة – 2020م

تمهيد

المبحث الأول: أسرة فيروز شاه تغلق، وولادته، ونشأته

كان السلطان فيروز شاه حاكمًا مسلما تركيًّا، ينتمي إلى سلالة تغلق[1]، وحكَم سلطنة دهلي منذ عام 752هـ/ 1351م إلى عام 790هـ/ 1388م[2]. واسمه الأصلي «ملك فيروز». أما لقبه الملكي فهو «سلطان فيروز شاه تغلق»[3]. وكان والده - واسمه رجب - الشقيق الأصغر لتغلق غازي ملك الذي اشتُهر بـ«غياث الدين تغلق» مؤسس الأسرة التغلقية الحاكمة. وكانت وظيفة والده «سپاه سالار»[4] للسلالة الخلجية التي حكمَت قبل قيام السلالة التغلقية.

وُلد فيروز شاه في عام 709هـ/ 1309م من أم هندوسية راجپوتية. وكتب المؤرِّخ سراج عفيف قصة طريفة عن زواج تلك الأميرة بوالده رجب الذي كان يعمل في الجيش في منطقة «ديبال پور»[5] الواقعة في إقليم «پنجاب»:

---

(1) ليس لدينا تفاصيل عن أصل هذه الأسرة ونشاطاتها في خراسان قبل مجيء بعض أفرادها إلى الهند، إذ إن المؤرخ المعاصر عفيف يخبرنا بأن الإخوة الثلاثة: تغلق، وأبو بكر، ورجب، قدِموا من خراسان إلى دهلي في عهد السلطان علاء الدين الخلجي المُتوفَّى في 715هـ/ 1316م، وشملهم السلطان بعنايته الخاصة، وأدخلهم في بلاطه، وأثبت الإخوة كفاءتهم وجدارتهم المهنية، وقدرتهم السياسية والعسكرية، وظلوا يرتقون حتى وصلوا إلى المناصب العسكرية العليا، ورضي بهم السلطان ومنحهم بلد ديبال پور الواقعة في ولاية پنجاب نظير خدماتهم العسكرية. وحينما دبَّ الضعف والهوان في الأسرة الخلجية بعد وفاة السلطان علاء الدين، لمع نجم تغلق في الجيش والإدارة. وبعد سقوط الأسرة الخلجية اختاره الجيش للجلوس على عرش دهلي، وهكذا قامت الدَّولة التغلقية. راجع: عفيف، تاريخ فيروز شاهي، ص24.

(2) *Tughlaq Shahi Kings of Delhi: Chart, in 'The Imperial Gazetteer of India*, (Oxford: Clarendon Press, 1908-1931), v. 2, p. 369.

(3) راجع: برني، تاريخ فيروز شاهي، ترجمة أردية، ص745. وضبط بعض الباحثين اسمه «أبو المظفر كمال الدين فيروز شاه بن سالار رجب». راجع: الحسني، عبد الحي، نزهة الخواطر، ج2، ص188.

(4) «سپاه سالار»: كلمة فارسية، تعني: رئيس الأركان العامة للجيش أو القائد العام للجيش. للتفصيل، راجع: Wilson, H.H., *A Glossary of Judicial and Revenue Terms...*, (London: H. Allen & co, 1855), p. 485.

(5) «ديبال پور»: قصبة متصرفية تابعة لولاية الپنجاب. الندوي، معين الدين، معجم الأمكنة التي لها ذكر في نزهة الخواطر، (حيدر آباد: مطبعة دائرة المعارف العثمانية، 1353هـ)، ص27.

أراد تغلق تزويج شقيقه رجب من فتاة جميلة في ديبال پور، وفي أثناء البحث عن العروس بلغه أن «رانا مل بهتي» لديه ابنة جميلة، تتحلّى بمكارم الأخلاق والصفات والفضائل العالية. وكانت أسرة رانا تنتمي إلى قبيلة «متياو بهت» المقيمة في منطقة «آبوهر» التابعة لديبال پور، وكان رانا حاكمًا عليها وتابعًا لتغلق[1]. فأرسل تغلق رجاله إلى بلاط رانا طالبًا يد ابنته لشقيقه رجب، لكن رانا رفض رفضًا باتًّا. وعندما بلغ تغلق ذلك، استشار حاشيته في الأمر، فأشاروا عليه أن يطلب من رانا دفع الإتاوة السنوية المفروضة عليه نقدًا ومرة واحدة. وعليه، تحرَّك تغلق إلى منطقة رانا، وطلب تنفيذ الأمر المتَّفق عليه، ولم يكن بإمكان رانا مل تلبية ذلك الطلب الذي صار مصدر قلق وإزعاج له ولرعيته، ولم يكن بإمكانه أن يتحمل ذلك العبء الثقيل. وحينما سمعت والدة رانا مل بذلك الأمر، ذهبت إلى قصر ابنها، وقابلت حفيدتها، وعبَّرت لها عن حزنها الشديد، وحكت لها عن تلك المعاملة القاسية الشديدة التي يعاني منها رانا ورعيته بسبب رفضه لزواجها من شقيق تغلق، فقالت لها الأميرة: «يا جدَّتي، لا داعي للقلق، وإذا كان عقد زواجي به يضمن الخير للجميع، وتنقشع به سُحب الهَم والحزن والمعاناة عن الرعية، فإنه يجدر بنا قبول طلبهم». أبلغت الجدة ابنها رانا مل برأي حفيدتها وموافقتها على الزواج، فاستسلم رانا لرغبة تغلق، ووافق على زواج ابنته من شقيقه رجب. وكان اسم تلك الأميرة «بي بي ناله أو نائلة»، غير أنه بعد زواجها من رجب، غيَّر تغلق اسمها إلى «سلطانة بي بي كدبانو»، ومعناه «سيدة المنزل»، أو «الأميرة» بالفارسية. وأنجبت سلطانة طفلًا في الشهر العاشر من الزواج سُمِّي «ملك فيروز»[2].

ولم يخبرنا عفيف عن كيفية عقد القِران، وهل اعتنقت الأميرة الإسلام قبل العَقد أم بعده، أم ظلت على ديانتها الهندوسية. وعلى أي حال، عندما بلغ فيروز من العمر سبع سنوات، تُوفِّي والده، فتعهده تغلق برعايته وإشرافه[3].

لم تكن والدة فيروز وحدها التي تنتمي إلى الأسرة الهندوسية الراجپوتية، بل كان أول وزير لفيروز هندوسيًّا من «تلنگانه» بجنوب الهند، لكنه اعتنق الإسلام في عهد السلطان محمد بن تغلق الذي سماه بـ«مقبول» ولقَّبه بـ«قُوام الملك»، وفي عهد فيروز شاه

(1) راجع: عفيف، تاريخ فيروز شاهي، ص24.

(2) المصدر السابق نفسه، ص25-26.

(3) المصدر السابق نفسه، ص26.

لُقِّب بـ«خان جهان»[1]، وجعله «وكيل كل»، أي: رئيس وزراء الدولة[2]، وكان السلطان يعتمد عليه اعتمادًا كبيرًا[3]. وعندما خرج السلطان في حملة تأديبية نحو السند والگجرات[4]، ولم تصل إلى دهلي أخبار عن الجيش لمدة ستة أشهر، استطاع ذلك الوزير المخلص إدارة الشؤون السياسية والإدارية بجدارة واقتدار ونجاح في تلك الأثناء[5].

وقد بالغ عفيف في مدح هذا الوزير والثناء عليه، وشبَّهه بأرسطو الذي أظهر كفاءة وقدرة عالية في إدارة شؤون البلاد في غياب الملك الإسكندر المقدوني، ولم يخطر بباله قَطُّ أن يُنصِّب نفسه ملكًا على الرغم من طول غياب الملك وانقطاع أخباره. وهذا ما حدث مع الوزير خان جهان الذي أثبت كفاءةً ومقدرةً في إدارة شؤون دهلي وما حولها أثناء غياب السلطان فيروز شاه في حملته العسكرية إلى منطقة «تهته» في السند، وانقطاع أي خبر عنه وعن الجيش لمدة ستة أشهر. وحتى بعد إتمام تلك المهمة لم يرجع السلطان إلى دهلي مباشرة، بل خرج في حملات عسكرية أخرى نحو منطقة پنجاب وبنگال. وعلى الرغم من عودته إلى دهلي بعد عامين ونصف العام، فقد وجدها معمورة ومحروسة، وجميع أمورها وشؤونها تسير على أكمل وجه في رعاية الوزير خان جهان[6].

وقد ظل كثيرون من أقارب الوزير المذكور[7] على ديانتهم الهندوسية، واستمروا في خدمة الدولة في الإدارة والجيش بكل أمانة وإخلاص. وعلى الرغم من دعم السلطان الرسمي للمسلمين وإعطاء الأفضلية لهم على الأغلبية الهندوسية في السلطنة، فقد كان في الممارسة العملية أكثر ميلًا وتسامحًا وانسجامًا مع الهندوس، بخلاف أسلافه. وكذلك،

---

(1) خان جهان سرور: ضبَط البلاد، وفتح القلاع والحصون، وضمَّ البنگال، تُوفِّي في عام 802هـ/ 1399م. راجع: الحسني، عبد الحي فخر الدين، الهند في العهد الإسلامي، (حيدر آباد: دائرة المعارف العثمانية، 1392هـ/ 1973م)، ص242.

(2) عفيف، تاريخ فيروز شاهي، ص57.

(3) Ahmend, Manazir, *Sultan Firoz Shah Tughlaq, 1351-1388 A.D.*, (Allahabad: Chugh Publications, 1978), pp. 46-95.

(4) تقع گجرات في شمال غرب الهند على بحر الهند والعرب. وكانت إمارة إسلامية مستقلة في القرن التاسع الهجري، إلى أن ضمَّها المغول إلى الدولة المغولية في القرن العاشر الهجري. الندوي، معجم الأمكنة، ص45.

(5) Kulke, Hermann; Rothermund, Dietmar, *A History of India*, (London: Routledge, 1998), p. 167.

(6) عفيف، تاريخ فيروز شاهي، ص129–130.

(7) للتفصيل عن حياة ذلك الوزير ونشاطاته السياسية والإدارية، راجع: عفيف، تاريخ فيروز شاهي، ص223–226.

فإن اهتماماته المعمارية الكبيرة تشير إلى حاكم متفهِّم ومتسامح تجاه المنشآت الدينية والاجتماعية الهندوسية[1]. ومع ذلك، فالسلطان فيروز أول من حاول ترغيب الهندوس في اعتناق الإسلام، ومن أجل تحقيق ذلك الهدف مهَّد الطريق أمامهم، وكتب في فتوحاته قائلًا:

> «الحمد لله رب العالمين، فقد وُفِّقت بدعوة أهل الذِّمة إلى الإسلام، والترغيب في الدِّين الإسلامي. ومن أجل تحقيق هذا الهدف الأسمى، أعلنت أن كل من ينطق الشهادتين ويدخل في الإسلام سيُعفى من دفع الجزية طبقًا للشريعة الإسلامية. وحينما سمع الهندوس هذا الإعلان دخلوا في دين الإسلام أفواجًا وجماعات. ولا يزال الناس من الهندوس إلى يومنا هذا يأتون إلينا من أماكن مختلفة، ويتشرفون بقبول الإسلام، ويُعفون من دفع الجزية، وينعمون بالمكافآت والخلعات»[2][3].

ولعله من المناسب أن نسوق هنا واقعة أخرى، تُخبرنا بأثر سجايا السلطان فيروز شاه تغلق الطَّيبة في تحويل أسرة راجپوتية هندوسية إلى الإسلام، وقد تمكنت فيما بعد من تأسيس إمارة إسلامية قوية في منطقة گجرات مترامية الأطراف، واستمرت نحو قرنين من الزمان، إلى أن ضُمَّت تلك الإمارة إلى الدولة المغولية على عهد السلطان أكبر. ووفقًا لتلك الواقعة التي ذُكرت في كتب التاريخ، فإن السلطان فيروز شاه تغلق حينما كان أميرًا على عهد السلطان محمد بن تغلق، خرج ذات مرة في رحلة صيد في المنطقة التي تُعرف الآن بـ«ضلع كهيرا» الواقعة في منطقة گجرات، وأوغل في طلب الصيد، وضل الطريق هو ومن معه، وانفرد عن أصحابه، وفي أثناء البحث عن طريقه وصل وحده إلى قرية «تهسرا»، حيث

---

(1) Anthony Welch, "*A Medieval Center of Learning in India: The Hauz Khas Madrasa in Delhi*", Muqarnas, Vol. 13 (1996), pp. 169-170.

(2) «به ترغيب أهل ذمة به سوي دين هدى توفيق يا فتيم وبه إعلام گفتيم هر كه از كفار كلمه توحيد گويد ودين إسلام پذيرد، چنانكه در دين محمد مصطفى صلى الله عليه وسلم آمده أست جزيه ازو دور كنند، صيت آن به گوش عام رسيد فوج فوج وجماعت جماعت هنود آمدند وبه شرف إسلام مشرف شدند. وهمچنين إلى يومنا هذا از أطراف مي آيند وايمان مي آرند وجزيه از ايشان دو رمي شود وبه انعامات وتشريفات مخصوص مي كردند، الحمد لله رب العالمين». راجع: فيروز شاه تغلق، فتوحات فيروز شاهي، مخطوط فارسي، مجموعة جامعة عليگره الإسلامية، رقم المخطوط (أخبار 2/ 79/ 4)، ص13.

(3) راجع: فيروز شاه، فتوحات فيروز شاهي، تصحيح وترتيب: شيخ عبد الرشيد، (عليگره: قسم التاريخ، بجامعة عليگره الإسلامية، 1954م)، ص16-17. راجع أيضًا: فتوحات فيروز شاهي، ترجمة وتحقيق وتعليق: عزرا علوي، (دهلي: إدارة أدبيات دلي، 1996م)، ص25.

رحَّب به أخوان من أسرة «راجپوتية تنكا»، وهما «سادهو» و«سدهارن»، زعيما تلك القرية، واستضافاه عندهما، وبالغا في الكرم والوفادة وحسن الضيافة، على الرغم من أن فيروز لم يُفصح لهما عن هويته. وبعد مرور فترة الضيافة كشف لهما عن شخصيته، وأخبرهما أنه ابن عم السلطان محمد بن تغلق، فما كان من الأخوين إلا أن قدَّما له أختهما الجميلة للزواج، فقبل فيروز هذه المصاهرة، وحمل العروس إلى دهلي يرافقها أخواها. وبعد وصولهما إلى دهلي والاستقرار فيها في رعاية الأمير تأثّرا بالإسلام واعتنقاه، واتخذ «سادهو» اسمًا جديدًا هو «شمشير خان»، في حين سمَّى «سدهارن» نفسه «وجيه الملك». ودخلا في إرادة الشيخ الصوفي مخدوم السيد جلال الدين البخاري الملقب بـ«مخدوم جهانيان»[1]. وأخيرًا، حينما اعتلى فيروز كرسي الحكم في عام 752هـ/ 1351م، جعل ظفر خان ابن وجيه الملك حامل الكؤوس والأكواب للسلطان في البلاط السلطاني ثم رفعه إلى مرتبة النبلاء[2].

فيما بعد، عيَّن السلطان نصير الدين محمد شاه الثالث المتوفَّى في 797هـ/ 1394م وأحد أبناء السلطان فيروز شاه تغلق، الأميرَ ظفر خان ابن وجيه الملك واليًا على ولاية گجرات، ومنحه لقب «مظفر خان»، وقد تمكَّن من السيطرة السياسية والإدارية في منطقة گجرات[3]. وعندما سقطت الدولة التغلقية إثر الحروب الأهلية التي نشبت بين أفراد الأسرة التغلقية (وقد استمرت تلك الحروب حتى عام 800هـ/ 1398م إلى أن جاء تيمور لنگ ودمر دهلي وما حولها)، لم يعُد لمظفر خان أي تبعية لتلك الأسرة الحاكمة، فأعلن نفسه سلطانًا على إمارة گجرات، ولقَّب نفسه بـ«مظفر شاه»، وأخذ شارة الملوك والسلاطين، وسك نقودًا وعملات باسمه[4]، وحكم من بعده أولاده وأحفاده الذين بلغ عددهم نحو ستة عشر سلطانًا، وكان

---

(1) Taylor, Georg P., *"The Coins of the Gujarat Saltanat,"* Royal Asiatic Society of Bombay, Vol., XXI, 1902, pp. 2, 66.

(2) Taylor, Ibid, p. 2; Nayak, Chhotubhai Ranchhodji, History of Islamic Sultanate in Gujarat (in Gujarati), (Ahmedabad: Gujarat University, 1982), pp. 65-66.

(3) Arshia Shafqat, *"Pre-Annexation Sultante: Adminstration under Gujarat Sultans,"* Procceedings of the Indian History Congress, Vol. 69 (2008), pp. 251-264.

(4) Satish Ch. Misra, Muzaffar Shah, *"The founder of the dynasty of the Sultans of Gujarat- An appreciation,"* Proceedings of the Indian History Congress, Vol. 23, PART I (1960), pp. 163-167; S. Bashir Hasan, *"The Muzaffaris in Malwa and the shift to imperial Currency,"* Proceedings of the Indian History Congress, Vol. 56 (1995), pp. 338-352.

آخرهم مظفر شاه الثالث الذي هزمه السلطان أكبر في عام 991هـ/ 1584م، واستولى على تلك الإمارة وضمَّها إلى السيادة المغولية(1).

لا يتسع المقام هنا لذكر مآثر تلك السلالة الدينية والثقافية الإسلامية في گجرات، ودورها في توسيع نطاق السيادة الإسلامية وثقافتها في تلك المنطقة، فلذلك أخبار مطوَّلة مذكورة ومدوَّنة في المصادر الگجراتية والهندية والإنجليزية، بيد أنه يمكن الإشارة بإيجاز إلى أن مدينة أحمد آباد، عاصمة تلك الإمارة الإسلامية، أصبحت واحدة من أكبر المدن في العالم وأغناها إبان تلك الحقبة التاريخية، وقد أولى سلاطين آل مظفر اهتمامًا بالغًا بالنشاطات التجارية البحرية، والمظاهر الحضارية والثقافية والمعمارية في جميع أنحاء گجرات(2).

المبحث الثاني: نشأته الدينية والعلمية والثقافية والسياسية

كان السلاطين الأتراك الأوائل في دهلي ينتمون إلى قبائل ومجموعات عِرقية في آسيا الوسطى، لم تكن تمتلك تقاليد راسخة في التعليم والثقافة الدينية أو غير الدينية. وفي الواقع، بعض تلك القبائل كانت حديثة عهد بالإسلام، وتفتقر إلى المعرفة الصحيحة بالمُثل والمبادئ الأساسية للدين الإسلامي والتشريع. ومع مرور سنوات، وبسبب غزو المغول والغُز، حُشدت كثير من الأُسر العلمية والشيوخ الصوفيين في الهند، مما أدى إلى النمو السريع للمراكز والمؤسسات التعليمية التي أثَّرت في سلاطين دهلي، لا سيما منذ عهد السلطان غياث الدين بلبن المُتوفَّى في 685هـ/ 1287م، وقد أسهموا بدورهم في نشر العلوم والمعرفة في دهلي وما حولها(3).

---

(1) James Macnabb Campbell (ed.), History of Gujarát: Gazetteer of the Bombay Presidency, Volume I. Part II, Musalmán Gujarát (A.D. 1297-1760.), (Bombay: The Government Central Press, 1896), pp. 230-264.

(2) M. A. Chaghatai, *"Muslim Monuments of Ahmadabad through their inscriptions,"* Bulletin of the Deccan College Post-Graduate and Research Institute, Vol. 3, No. 2, (March 1942), pp. 1-110, 1-18; Adhya B. Saxena, *"Urban Growth in South Gujarat: A case study of Bharuch from fourteenth to mid-eighteenth century,"* Proceedings of the Indian History Congress, Vol. 62 (2001), pp. 227-238.

(3) Powell Prince J.C., *A History of India*, (London: Thomas Nelson and sons Ltd., 1955), p. 150; Prasad, Ishwari, *History of Medieval India*, (Allahabad: The Indian Press, 1966), p. 26.

وحينما قامت الدولة التغلقية، كانت تلك العلوم والمعارف قد رسَّخَت قواعدها، وجعلت سلاطين تغلق من رجال السيف والقلم[1]. وكان التدهور الأخلاقي والعلمي الذي انتشر خلال عهد حكم قطب الدين مبارك شاه الخلجي المُتوفَّى في 720هـ/ 1320م، وخسرو شاه المُتوفَّى في 720هـ/ 1320م في عصر الدولة الخلجية، لم يُكتب له البقاء الطويل والتأثير السلبي. فمنذ بداية تأسيس الدولة التغلقية بذل كلٌّ من غياث الدين تغلق ونجله محمد بن تغلق جهودًا كبيرة في غرس القيم الأخلاقية والتعليم والتربية في البلاط السلطاني، وفي المجتمع الهندي، من خلال تشجيع دراسة الفلسفة والفقه، وإنشاء المؤسسات التعليمية، وتبني مشروعات التنمية والمشاركة فيها، والقيام بالأعمال الخيرية ودعمها وتشجيعها وتنظيمها. وكان من أكثر السلاطين التغلقيين الذين عملوا على نشر العلم والثقافة غياث الدين تغلق[2].

أما السلطان محمد بن تغلق فكان من الموهوبين، وكان يتمتع بالعلم والمعرفة والأخلاق الفاضلة، وقد أشاد العلماء والشيوخ المعاصرون بخِصاله الحميدة، وإن كان شديدًا في تطبيق المنهج الديني المعين الذي أخذه من بعض العلماء والشيوخ من تلامذة الشيخ ابن تيمية[3]، وذكروا أن التحلي بالعلم والمعرفة الواسعة أضاف نكهة جديدة لشخصيته الكاريزمية[4].

حوَّل السلطان بلاطه إلى مركز للعلم والمعرفة، وبذل جهودًا كبيرة في جلب علماء وشيوخ من سوريا وآسيا الوسطى ومصر، وكانوا يُعجبون بمخزونه الواسع من العلم والمعرفة والصلابة[5]. وفي الواقع، لم يوجد سلطان في الهند في عصر سلطنة دهلي أثار الكثير من النقاش حول سياسته الدينية مثلما فعل السلطان محمد بن تغلق، وقد كان بلا شك الرجل الأكثر قدرة بين سلاطين دهلي في العصور الإسلامية[6].

---

(1) Husain, Agha Mahdi, *Tughlaq Dynasty*, (Delhi: S. chand & co., 1976), p. 472.

(2) برني، تاريخ فيروز شاهي، ص425-429-441-443؛ سرهندي، يحيى بن أحمد، تاريخ مبارك شاهي، (كلكتا: الجمعية الآسيوية، 1931م)، ص91؛ نظامي، سلاطين دهلي كي مذهبي رجحانات، ص314-321.

(3) عن وصول تلامذة الشيخ ابن تيمية إلى البلاط السلطاني، لا سيما الشيخ عبد العزيز الأردبيلي، واهتمام السلطان محمد بن تغلق بهم، والتأثر بأفكار ابن تيمية الدينية والسياسية، راجع: ابن بطوطة، الرحلة، ص466-467؛ نظامي، مذهبي رجحانات، ص336-337.

(4) Agha, op., cit., *Tughlaq dynasty*, p. 482; Nizami, Khaliq Ahmad, *State and Culture in Medieval India*, (Delhi: Adam Publishers & Distributors, 1985), p. 112-114.

(5) برني، تاريخ فيروز شاهي، ص462-467.

(6) نظامي، سلاطين دهلي كي مذهبي رجحانات، ص327-328.

وفيما يتعلق بتعليم فيروز شاه وثقافته، فوفقًا لبعض الباحثين، كانت لديه معرفة علمية ودينية واسعة، وكان يولي اهتمامًا شديدًا بنشر العلم والمعرفة، وترويج الثقافة الإسلامية، وثمة قائمة طويلة من السلاطين المسلمين يتشاركون في هذا، غير أنه لا يضاهيه أحد منهم في نشر التعليم والمعرفة والثقافة الإسلامية في المجتمع الهندي[1]. لا ريب أن فيروز شاه بحكم وجوده في بلاط ابن عمه محمد بن تغلق، قد استفاد من العلماء والشيوخ العرب والهنود، غير أن البيان المذكور سابقًا لا يخلو من الغلو والمدح والإطراء.

في الواقع، لا تمدُّنا مصادر معاصرة للسلطان فيروز شاه بمعلومات مفصَّلة ودقيقة عن التعليم الديني المبكر الذي ناله، لكن الاهتمام الكبير الذي أخذه على عاتقه في سنوات حكمه بإنشاء المدارس والمساجد، ونشر العلوم والمعارف - خصوصًا جهوده في تدوين الفتاوى، وفي تطوير علم الفلك والطب والعلوم الطبيعية، كما هو واضح ومبيَّن في سيرته الذاتية «سيرة فيروز شاهي»[2]، وفي رسالته «فتوحات فيروز شاهي»[3] - يدل على أنه كان متعلمًا ومثقفًا إلى حدٍّ كبير، وأنه درس ثقافة عصره بواسطة القنوات العديدة المتمثلة في الثقافة العربية والفارسية والهندية واليونانية، وقد امتلأ وعاؤه من تلك الثقافات، حيث لازم العلماء والشيوخ والصوفية أثناء مدة وزارته وحكمه الطويل، كما جاء في ترجمته السابقة.

ويجدر بنا في هذا المقام أن نشير إلى بعض المعلومات من كتاب «سيرة فيروز شاهي»، لإلقاء الضوء على مؤهلات فيروز شاه العلمية. وفقًا لهذا الكتاب، كان السلطان فيروز شاه على دراية جيدة بجميع العلوم النقلية مثل: الفقه، ومبادئ الشريعة وفقًا للمذاهب الإسلامية الأربعة. وإضافةً إلى معرفته الدينية كان رجل دولة، ولديه قدرات عالية في الشؤون الإدارية والعسكرية، وكان بارعًا في العلوم العقلية، خصوصًا علوم الطب والتنجيم والفَلك، وألَّف رسائل عديدة مفيدة في مجال صناعة الأسطرلابات، ويُعَد «دلائل فيروز شاهي» أحد تلك الأعمال التي تُرجمت تحت رعايته من اللغة السنسكريتية إلى اللغة الفارسية[4].

---

(1) Narendra Nath Law, *Promotion of Learning in India during Muhammadan Rule*, (Delhi: Idarai Adabiyati Dehli, 1973), p. 56.

(2) سيرة فيروز شاهي، نسخة مصوَّرة ومطبوعة، (پتنه: مكتبة خدا بخش الشَّرقية، 1999م)، ص297-356.

(3) فيروز شاه، فتوحات فيروز شاهي، نسخة جامعة عليگره الإسلامية، ص11-12.

(4) سيرة فيروز شاهي، ورقة 158 ألف، 160 ب.

وقد ألَّف السلطان فيروز شاه بنفسه كتابًا خاصًّا بعنوان «شكار نامه فتح خان»، تناول فيه اثنتي عشرة علامة لدائرة الأبراج الفلكية وتأثيراتها في الصيد والقنص. ووفقًا لهذا الكتاب، ينبغي النظر في تلك الدوائر الفلكية في أثناء تحديد الوقت للصيد. وألَّف كذلك ثلاث رسائل أخرى تُعنى بحركة النجوم، والفلسفة، والترجمة. وكان يولي اهتمامًا خاصًّا بصنع الأسطرلاب، حيث اختُرِع أسطرلابان فضيَّان، ووُضعت عليهما رسوم ثنائية البُعد للقبة السماوية والفلكية التي تمثِّل منطقتَي الشمال والجنوب، بهدف حل المسائل المتعلقة بأماكن الأجرام السماوية. وصُنع أسطرلاب كبير آخر من الذهب، سُمِّي «أسطرلاب فيروز شاه»، وثُبِّت على مئذنة قصر «فيروز آباد»[1].

وطبقًا لمؤلف الكتاب، اختُرع الأسطرلاب لأول مرة في الإسكندرية في أثناء عهد الإسكندر الأكبر، لكن ذلك الأسطرلاب كان يحمل رسومًا تمثِّل نصف الكرة الشمالي فحسب[2]، في حين يمثِّل الأسطرلاب الفيروزشاهي نصفَي الكرة الأرضية، الجنوبي والشمالي معًا. ويعطي المؤلف تفاصيل عن الأسطرلاب والدرجات والنقاط والجداول التي طُبعت على هيكله من أجل قياس ارتفاع الشمس في السماء، وتقدير الوقت في النهار أو الليل، وتحديد وقت بزوغ الشمس أو تكبُّد النجوم. وتحتوي أيضًا جداول ذلك الأسطرلاب على معلومات عن منحنيات لتحويل الوقت، ومقومة لتحويل اليوم في الشهر إلى مكان للشمس في دائرة البروج، ومقاييس مثلَّثية، وتدريجات لـ360 درجة، فضلًا عن معلومات عن حركة النجوم ومواقعها على مدار السَّنة، وعلامات الأبراج وحركة كلٍّ منها، إضافةً إلى طباعة أسماء المدن المهمة في العالم، والمسافة بينها بالدرجات. وكان ذلك الأسطرلاب متاحًا للجميع من أجل البحث والدراسة في المكتبة الملكية[3].

ووفقًا لمؤلف الكتاب، كان السلطان فيروز شاه يمتلك مؤهلات جيدة في مجال الطب، حيث درس علم التشريح البشري جيدًا، فضلًا عن معرفته الدقيقة بالجهاز العصبي، ومختلف الأوردة والأجهزة في الجسم ووظائفها. وناقش مفصَّلًا موضوعات عديدة متعلقة

---

(1) سيرة فيروز شاهي، ورقة 161 ألف.

(2) *Encyclopedia of Islam*, (Leiden: E. J. Brill, 1913), Ic, Jan. 1935, pp. 221-231; July 1946, pp. 267-281.

(3) سيرة فيروز شاهي، ورقة 161 ب، ورقة 162 ب.

بالقلب والدماغ والمعدة والكبد والكليتين ووظائفها[1]. وكان لدى السلطان إلمام تام بطرق علاج الأمراض المختلفة، ومعالجة المرضى المصابين بأمراض العيون، والاضطرابات العقلية، إلخ.

أعطى المؤلف أسماء الأدوية لمختلف الأمراض التي شخَّصها السلطان، بما فيها تلك الأدوية التي تُستعمل في علاج التشوُّهات المختلفة في الجسم، وكذلك أمراض الشَّعر، إلخ[2]. وقد ذكر بالتفصيل جميع الوصفات الطِّبية التي وضعها السلطان، كما قدَّم اقتراحات خاصة بالنظام الغذائي للمرضى بترتيب منتظم للغاية. وكانت جميع أنواع الأدوية متاحة ومتوفرة بالمجان للمحتاجين في المستوصف الملكي. وينتهي ذلك الباب بقصيدة أبرز فيها المؤلف مكانة فيروز شاه العلمية والثقافية، وكتب أنه انتهى من إنجاز ذلك الكتاب في عام 772هـ/ 1370م[3].

وحقيقة الأمر، أن السلطان غياث الدين تغلق اهتم بتعليم فيروز شاه وتثقيفه مثلما فعل مع ولده محمد بن تغلق[4]. وعندما تُوفِّي السلطان غياث الدين تغلق وعُمر فيروز شاه ثمانية عشر عامًا، عمد السلطان محمد بن تغلق على إشراكه في الحكم والإدارة، وعلَّمه جميع شؤون الدولة السياسية والإدارية المهمة، وجعله نائب أمير الحاجب له، وبذلك سنحت له الفرص للالتقاء بالعلماء والشيوخ الذين يحضرون البلاط السلطاني والمجالس العلمية التي يهتم السلطان محمد بإقامتها اهتمامًا بالغًا[5].

ووفقًا لكلام الرَّحالة ابن بطوطة[6]، فإن الأمير فيروز شاه كان من أقرب ندماء السلطان محمد بن تغلق، وحاجبه الأول، وكان يتناول معه الطعام، وهو امتياز قلَّما يحصل عليه

(1) سيرة فيروز شاهي، ورقة 180 ألف، ب.

(2) سيرة فيروز شاهي، ورقة 181ألف-ورقة 190ب.

(3) سيرة فيروز شاهي، ورقة 189 ألف.

(4) راجع: عفيف، تاريخ فيروز شاهي، ص26.

(5) للتفصيل، راجع: أمير خورد، سيد محمد مبارك كرماني، سير الأولياء، (دهلي: مطبعة محب، 1302هـ)، ص254.

(6) ابن بطوطة: محمد بن عبد الله الطنجي، رحَّالة ومؤرخ، وُلد ونشأ في طنجة، خرج منها في عام 725هـ/ 1325م، فطاف بلاد المغرب ومصر والشام والحجاز والعراق واليمن والبحرين وتركستان وما وراء النهر، وبعض مدن الهند والصين وأواسط أفريقيا، واتصل بالملوك والأمراء، وألَّف كتابه «تحفة النظار في غرائب الأمصار». استغرقت رحلته 27 سنة، وتُوفِّي في عام 779هـ/ 1377م. الزركلي، خير الدين، الأعلام، (بيروت: دار العلم للملايين، 1417هـ/ 1997م)، جـ6، ص235-236؛ سامي، ش، قاموس الأعلام، (إسطنبول: مهران مطبعي، 1308هـ/ 1891م)، جـ1، ص607.

أشخاص آخرون محيطون به ومرتبطون معه في السفر والحضر؛ فكان السلطان محمد بن تغلق يصطحبه في معظم عملياته العسكرية، وفي بعض الأحيان يتركه خلفه في العاصمة للحكم نيابة عنه. وهكذا، لم تتوفر له فرص تدريب في فن الإدارة والسياسة فحسب، بل كان يحصل على فرص للمشاركة في العمليات العسكرية والفتوحات[1].

وعلى الرغم من أنه عند مقارنة مستوى فيروز شاه الفكري والمعرفي بمستوى السلطان محمد بن تغلق، فإنه يتضح تقدُّم الأخير في مجالات العلوم الدينية والفلسفية، لكن فيروز شاه كان يمتلك ناصية العلوم والفنون ومعظم المعارف الإنسانية، وبهذا يكون قد سبق محمد بن تغلق الذي كان يهتم بالعلوم الدينية والفلسفية أكثر من العلوم التطبيقية.

ووفقًا لبعض المؤرخين المعاصرين له، وُفِّق السلطان فيروز شاه غاية التوفيق حتى في العلوم الإسلامية، بسبب وجود ثُلة من العلماء والصوفيين الكبار، سواء في السفر أو في الحضر. وفي أثناء رحلته من السند إلى دهلي زار معظم الخانقاوات والأضرحة والمؤسسات العلمية التي طالما عانت في عهد السلطان محمد بن تغلق، وأجرى عليها أحباسًا وأوقافًا بهدف إدارة شؤونها المالية والإدارية[2]، وكان هدفه الرئيسي من تلك الزيارات هو الحصول على الشرعية السياسية والدينية، وإقناع الشيوخ الصوفيين وبعض العلماء بأن السياسة التي اختارها سلفه قد غيَّرها هو كلية، فضلًا عن جبر خواطرهم وإرضائهم واجتذابهم إلى البلاط السلطاني.

وحقيقة الأمر، أنه بعد وصوله إلى سُدة الحكم غيَّر الكثير من سياسات الحكم والإدارة، ولم يكن يحب الخوض في التجارب الدينية والفلسفية الجريئة التي خاضها محمد بن تغلق، وعهِد بمسؤولياته الإدارية الروتينية إلى وزيره مقبول، ووجَّه انتباهه وطاقته إلى إدارة الشؤون الاجتماعية، وتنفيذ المشروعات الخاصة برعاية الشعب ورفاهيته، واضطلع بعدة برامج لتطوير التعليم والعلوم والمعارف[3].

---

(1) وطبقًا لبيان ابن بطوطة: «وكبير الحُجَّاب هو فيروز ملك ابن عم السلطان ونائبه، وهو أدنى الحُجَّاب من السلطان...». للتفصيل، راجع: ابن بطوطة، محمد بن عبد الله بن محمد بن إبراهيم أبو عبد الله، تحفة النظار في غرائب الأمصار، تحقيق: محمد عبد المنعم العريان، (بيروت: دار إحياء العلوم، 1407هـ/ 1987م)، ص455-461.

(2) برني، تاريخ فيروز شاهي، ص538-539.

(3) سيرة فيروز شاهي، ص142.

وتُشيد المصادر الفارسية المعاصرة بالإجماع بعظمته وجهوده في توفير الأمن والرخاء والتعليم للشعب الهندي. وقد نعتته تلك المصادر المعاصرة بأنه شخصية متواضعة ولطيفة وكريمة، ومؤمنة بمبادئ الإسلام وتعاليمه السامية، كما استعرضت كثيرًا من أفكاره وتوجيهاته وفهمه للفكر الإسلامي[1].

وطبقًا للمصادر المعاصرة، عُرف عن السلطان تديُّنه العميق، ومواظبته على أداء جميع الصلوات في المساجد، وتلاوة القرآن يوميًّا، وقراءة سورة الكهف في يوم الجمعة، واهتمامه الشديد بالفقه الإسلامي[2]؛ وبتأثيره، حظَر استخدام الأدوات والأواني المصنوعة من الذهب والفضة في القصر الملكي وفي البلاط السلطاني، وكتب هو نفسه قائلًا: «لقد منعت استخدام الأواني المصنوعة من الذهب والفضة، وأمرت بصناعة أغماد السيوف من جلود الحيوانات وعظامها، وبدأت أستعمل تلك الأدوات والأواني التي يجوز استخدامها شرعًا»[3]. وأصدر مرسومًا لمنع النساء من زيارة المقابر والأضرحة والمهرجانات، وكذلك منع استخدام الملابس الحريرية للرجال، إلخ[4].

وتؤكد تلك الإجراءات على اهتمامه العميق بالدِّين والثقافة الإسلامية، غير أن هناك جانبًا آخر مناقِضًا في شخصيته يتمثَّل في ولعه الشديد بمعاقرة الخمر، واهتمامه الكبير بعلم الفلك والتنجيم والفأل والنبوءة والتمائم والسِّحر والموسيقى، إلخ[5]. ووفقًا للمصادر المعاصرة له، كان السلطان يؤمن بالفأل تمام الإيمان، غير أنه يفعل ذلك بواسطة «المصحف الشريف»، حتى إنه كان يعيِّن الولاة متفائلًا بالقرآن[6].

ولأنه كان يعتقد في التمائم والأحجبة، ونظرًا لاهتمامه بها، فقد دوَّن الشيخ عبد القوي، المعروف بـ«ضياء»، كتابًا خاصًّا في هذا الشأن، سمَّاه «راحة الإنسان»، وقدَّمه إلى السلطان. ويقع هذا الكتاب في ثلاثة أبواب رئيسية مقسمة إلى أربعة وسبعين فصلًا، يتناول معظمها المسائل والقضايا الخاصة بالتمائم والأحجبة والرُّقى، إلخ[7]. ولذلك، لا يمكن إجراء تقييم

---

(1) برني، تاريخ فيروز شاهي، ص548.
(2) راجع: عفيف، تاريخ فيروز شاهي، ص278؛ نظامي، مذهبي رجحانات، ص396.
(3) فتوحات فيروز شاهي، نسخة جامعة عليگره الإسلامية، ص8-9.
(4) نظامي، مذهبي رجحانات، ص402؛ فتوحات فيروز شاهي، نسخة جامعة عليگره الإسلامية، ص7، 9.
(5) نظامي، مذهبي رجحانات، ص400. للتفصيل، راجع: عفيف، تاريخ فيروز شاهي، ص79، 147-368.
(6) عفيف، تاريخ فيروز شاهي، ص225.
(7) نظامي، مذهبي رجحانات، ص400.

دقيق وكامل لشخصيته وأفكاره الدينية إذا جُهِل هذا الجانب من صفاته وطباعه وميوله. وقد لاحظ بعض الباحثين أن فيروز شاه حاول تجسيد صورة شخصيته الدينية في صفحات كتابه «فتوحات فيروز شاهي» التي قد تكون صحيحة إلى حدٍّ ما، لكنها ليست كاملة[1].

وكان اهتمام فيروز شاه الشخصي بالطب محفزًا ومشجعًا على دراسة الطب وتطويره، وقد شجَّع الأطباء وأجرى عليهم رواتب شهرية[2]. وخلال تلك الفترة وُضِعت لائحة لتدريس الطب في المدارس، وأصبح ضمن المنهج التعليمي للكليات الحكومية، وكان السلطان نفسه يدوِّن الوصفات الطبية مثل ابن عمه السلطان محمد بن تغلق، وأُعِد عمل شامل في الطب تحت إشرافه الشخصي ورعايته، بعنوان: «طب فيروز شاهي»، يتناول شرح الأمراض المتنوعة وطرق علاجها[3]. واهتم السلطان أيضًا بالعلوم البيطرية، وناقش الأمراض التي تصيب الحيوانات والطيور، وقدَّم طرق علاجها في كُتيِّب بعنوان: «شكار نامه فيروز شاهي»[4][5]. ومع ذلك، فإن اهتمامه بعلم الفلك والتنجيم والفأل تجاوز اهتمام السلاطين الآخرين.

لم يحصل فيروز شاه على الكتب السنسكريتية القديمة الخاصة بعلم الفلك والتنجيم فحسب، بل تُرجمت تلك الكتب إلى اللغة الفارسية تحت رعايته وإشرافه الشخصي، مثل كتاب «دلائل فيروز شاهي». ووفقًا للمصادر المعاصرة، فإنه جمع مكتبة كاملة من تلك الكتب التي تتناول علم الفلك والتنجيم[6]. ووصل شغفه بعلم الفلك إلى درجة أن عملية صيد الحيوانات كانت تُقرَّر وفقًا للحسابات الفلكية[7]، وكان ذلك الشغف دافعًا

---

(1) Alavi, Azra, *Futuhat-i-Firoz Shahi*, edited with Introduction, translation and notes, (Delhi: Idarah-i- Adabiyat-i-Delli, 1996), p. 8.

(2) عفيف، تاريخ فيروز شاهي، ص245.

(3) سيرة فيروز شاهي، ص53.

(4) Nizami, K.A., *Royalty in Medieval India*, (Delhi: Munshiram Manoharlal Publishers, 1997), p. 132.

(5) يوجد مخطوط آخر باسم «باز نامه فيروز شاهي»، لمؤلف مجهول، تناول فيه صاحبه موضوعات خاصة بالصقور وكيفية تربيتها ورعايتها الصحية وممارسة الصيد بها، إلخ. راجع: عارف نوشاهي، فهرست نسخه هاي خطي فارسي پاكستان، (طهران: نشاني ناشر، 1396هـ)، جـ2، ص1030.

(6) سيرة فيروز شاهي، ص301.

(7) المصدر السابق نفسه، ص95-96.

لصناعة آلات فلكية وأسطرلابات متنوعة[1]، وحدث أيضًا تطور كبير في صنع الأجهزة الميكانيكية[2]. وقد اهتم السلطان فيروز شاه اهتمامًا كبيرًا بتعليم عبيده وتدريبهم وتثقيفهم في القصر السلطاني[3].

لعله من المناسب أن نذكِّر هنا بأن السلطان فيروز شاه كان مهتمًّا بتوفير التعليم والتربية لعبيد القصر، وأصدر أمرًا بتعيين أساتذة ماهرين لتعليمهم وتربيتهم الدينية وتدريبهم الفني والإداري والعسكري، إلخ[4]. ويخبرنا عفيف قائلاً:

«لقد بلغ مستوى التعليم والثقافة في القصر السلطاني إلى درجة أن السلطان أصدر قانونًا لتعليم العبيد والجواري وتثقيفهم، ويمكن للمرء أن يشاهد نتائج ذلك الاهتمام العلمي في العبيد الذين يقضون أوقاتهم في الأعمال والواجبات والتعليم، وبلغ الكثير منهم مستوى عاليًا من التعليم والثقافة، وعملوا في تخصصات عديدة، فالبعض منهم كانوا يقضون أوقاتهم في تحفيظ القرآن والأحاديث، والبعض الآخر يعملون على نَسخ الكتب العربية والفارسية، والبعض الآخر يتدربون تحت رعاية الأساتذة المحترفين في الفنون لتعليم الفنون والحِرف والتقنية والميكانيكا، إلى أن صار البعض منهم أساتذة، وعُينوا في كارخانات لتعليم الآخرين. وأذِن السلطان للبعض الآخر بالسفر إلى الحرمين الشريفين لمجاورتهما، وكذلك خُصص أكثر من أربعين ألف غلام للحرس السلطاني من أجل تأمين الحراسة للسلطان في السفر والحضر، وكافة القصور والدواوين والضيافات السلطانية، وجميع المناسبات التي يحضرها السلطان، وهكذا بلغ عدد أولئك العبيد نحو مائة وثمانين ألف غلام في العاصمة وفي الولايات والمدن الكبرى»[5].

ويتضح من كلام المؤرخ نفسه أن السلطان كان يختار منهم من يصلح للعمل في المناصب العليا في البلاط السلطاني وفي الجيش والإدارة، وكذلك كان يجعلهم في جميع مرافق الدولة. ووفقًا لكلامه، فإن السلطان بعد اعتلاء العرش عيَّن غلامه بشير في منصب

---

(1) المصدر السابق نفسه، ص302.
(2) عفيف، تاريخ فيروز شاهي، ص255-369-370.
(3) المصدر السابق نفسه، ص164.
(4) المصدر السابق نفسه، ص163.
(5) المصدر السابق نفسه، ص164-165.

عماد الملك[1]. وبذلك، فقد رفع السلطان فيروز شاه مكانتهم السياسية والاجتماعية والفكرية والاقتصادية، وجعلهم مفيدين لأنفسهم وللمجتمع، غير أن جمْع السلطان لذلك العدد الكبير من الرقيق والعبيد جعله يتعرض للانتقاد.

وفي الواقع، كانت تربط سلاطين دهلي صلات قوية بأولئك الموالي والعبيد، لذلك عمَدوا إلى رفع شأنهم والاعتماد عليهم في إدارة شؤون قصورهم وبلاطهم، الأمر الذي حدا بهم إلى أن يتعلموا اللغات العربية والفارسية والهندية والعلوم الأخرى، ويتقنوها ليكونوا جديرين بخدمة السلاطين وشؤونهم، فبرز منهم العلماء والأدباء والشعراء والرُّواة أصحاب الأذواق المرهفة، متأثرين بثقافة الهند القديمة التي نقلوها إلى اللغة الفارسية. ولا شك أن الترجمة كان لها أثر كبير في ترقيق أذواقهم الفنية والعلمية والثقافية، فأصبح أولئك العلماء والأدباء والمترجمون - وحتى سلاطين دهلي أنفسهم - لا يحكمون على الآثار العلمية والأدبية بطبيعتهم وذوقهم الفارسي فحسب، بل انضمت إلى ذوقهم الفارسي الثقافة الهندية التي أتقنوها وأجادوها، وبذلك أصبحت جميع العلوم العقلية والنقلية ثمرة امتزاج الحضارة الإسلامية بالثقافة الهندية مختلفة الأمزجة التي تغذت بها العقول والأفكار، وحكمت على ضوئها.

ومن المعلومات الواردة سلفًا عن التعليم الشخصي للسلطان فيروز شاه، يمكننا أن نستنتج أنه قد أُوليت عناية كبيرة لتوفير أفضل تعليم ممكن للأمراء والسلاطين، وحتى العبيد. وبخلاف الموضوعات النظرية للدراسة، بما في ذلك الموضوعات الدينية والعلوم التطبيقية، كانوا يتدربون أيضًا على التكتيكات العسكرية وفن الإدارة. ويمكن التخمين بأن الدافع وراء مثل تلك الترتيبات الجيدة من أجل توفير التعليم المناسب للأمراء كان يتمثَّل في تجهيزهم لاعتلاء عرش دهلي. وفي الواقع، كان السلطان يرى أن شرف السلاطين وعزَّتهم

---

(1) راجع: عفيف، المصدر السابق نفسه، ص31. كان يُطلق على وزارة الدفاع «ديوان العرض» الذي يترأسه «ديوان المماليك أو عماد الملك»، أي: مستشار الجيش. وقد كان قائدًا أول للجيش، ومديرًا للشؤون العسكرية إدارة كاملة. وكذلك عمل ضابطًا ورئيسًا للتجنيد، يقرر رواتب جميع الجنود الخاضعين والمرشَّحين للاختبار الذي يقام في حضوره. كما كانت إدارة وسائل النقل تحت رعايته وإشرافه. وفي ساحة المعركة كان يُشرف في حالة النصر على جمع الغنائم التي تُقسَّم في حضور القائد العام للجيش. للتفصيل، راجع:

Qureshi, Ishtiaq Husain, *The Administration of the Sultanate of Delhi*, (Delhi: Oriental Books Reprint Corporation, 1971), pp. 137-138.

لا يتحقق إلا بتعلُّم الفنون المتنوعة بما فيها العلوم والفنون التطبيقية، ولا بد أن السلطان قد أحاط عقله بما في كتب الفلسفة الهندية القديمة التي أنتجها الهنود القدماء، وبما كتبه الهنود في أحوال الكون والأفلاك وحركات النجوم والكواكب، إلخ.

المبحث الثالث: جلوسه على سرير الحكم وشخصيته وصفاته

حينما تُوفِّي ابن عمه محمد بن تغلق في عام 752هـ/ 1351م في تهته بالسند، في إحدى حملاته العسكرية للقضاء على ثورة حاكم الگجرات، كان الأمير فيروز شاه في معية السلطان محمد بن تغلق، مما أدى إلى حالة من الفوضى السياسية في دهلي نفسها، إذ إن الوزير أحمد أياز الملقَّب بـ«خان جهان»[1] وضع صبيًّا على العرش مدَّعيًا أنه ابن محمد بن تغلق. وعليه، حدث انقسام كبير في صفوف الجيش والإدارة السياسية في دهلي بين الموالين والمعارضين[2]، وسنحت الفرصة لبعض الولاة في البنگال في الشرق والگجرات ووارنگل[3] وغيرها للعصيان والتمرد ضد الأسرة التغلقية، بهدف الحصول على الاستقلالية في الحكم والإدارة[4]. وعلى أي حال، اجتمع أركان الجيش وتمكنوا من إقناع الأمير فيروز شاه بأخذ البيعة الخاصة والجلوس على العرش. وعندما وصل الجيش إلى دهلي جرت البيعة العامة لفيروز، واستطاع السلطان فيروز شاه القضاء على كل مظاهر العصيان والتمرد في دهلي، وفي الولايات التابعة لها[5].

ويتضح من كلام المؤرخ المعاصر أن الشيوخ الصوفيين والعلماء سارعوا لتقديم كل ما في وسعهم من دعم معنوي لضمان ترسيخ سلطة فيروز شاه الشرعية، وكذلك

---

(1) اسمه الكامل: أحمد بن أياز الدهلوي، الوزير الكبير المعروف بـ«خواجه جهان». كان شحنة العمارة في أيام السلطان غياث الدين تغلق، وبعد وفاة الأخير جعله ابنه محمد بن تغلق وزيرًا له ولقَّبه بـ«خان جهان». وبعد تلك الحادثة المذكورة آنفًا حضر بين يدَي السلطان فيروز شاه، واعتذر عمَّا بدَر منه، فقبله فيروز وفوَّضه إلى شحنة مدينة هانسي، وقيل أيضًا إن السلطان أقطعه سامانه ليعتزل بها ويشتغل بالعبادة، فلما خرج عن دهلي وسار مسيرة يومين أو ثلاثة أيام قُتل، وكان ذلك سنة اثنتين وخمسين وسبعمائة. راجع: الحسني، عبد الحي، نزهة الخواطر، جـ2، ص145.

(2) راجع: عفيف، تاريخ فيروز شاهي، ص35.

(3) تقع بلدة وارنگل في شمال شرق مدينة حيدر آباد. الندوي، معجم الأمكنة، ص54.

(4) Sarkar, Jadunath, *A History of Jaipur*, (Bombay: Orient Blackswan, 1984), p. 37.

(5) Banerjee, Anil Chandra, *A New History Of Medieval India*, (Delhi: S Chand & Company, 1983), pp. 61-62.

تولى كبار الجيش توجيه الأحداث التي انتهت على الفور باعتراف الجيش وجميع الناس في دهلي به سلطانًا فعليًا وشرعيًا للدولة التغلقية[1]. ولكي يتمكن فيروز شاه من استمالة العلماء والشيوخ الصوفيين إلى جانبه، سعى إلى تحسين علاقته بهم بزيارته لهم شخصيًا بدلًا من أن يطلب إليهم الحضور إلى البلاط السلطاني، وفيما بعد سعى إلى تسوية الخلافات الواقعة بينهم وبين البلاط السلطاني، التي حدثت في عهد السلطان محمد بن تغلق[2].

ولعل سيرته الذاتية «فتوحات فيروز شاهي» أوثق مصدر للمعرفة عن حياته المبكرة عند جلوسه على عرش دهلي[3]. ووفقًا لبعض المقالات المذكورة في تلك السيرة، أصبح فيروز شاه سلطانًا على دهلي وهو في العام الخامس والأربعين من عمره[4]، وقد تمكن من القضاء على معظم الفتن والثورات، وأسهم في إنشاء العديد من المنشآت الدينية والمدنية، بجانب إصلاحه المنشآت القديمة، مثل خزانات المياه والآبار والمساجد والأضرحة والمدارس وغيرها[5]. وعندما ضرب برق سماوي بعض أجزاء «قطب منار» في عام 769هـ/ 1368م، وحدث انفجار في الطابقين العلويين، أمر السلطان بترميمهما وإصلاحهما باستخدام مواد البناء الصلبة من الأحجار الحمراء والرخام الأبيض. وشيَّد أيضًا «شكار گاه» الذي كان عبارة عن منزل الحرس الكبير، ومكان الصيد أطلَق عليه «كوشك محل»، والذي انضم فيما بعد لمدينة «فيروز آباد»[6] التي أُنشئت على ضفة نهر «جمنا». وكذلك أسَّس عدة مدن - وشيَّد فيها قصورًا فخمة وأحياء عامة وخاصة - حول دهلي وفي أماكن أخرى، ومن أشهرها: «حصار فيروز»[7]،

(1) عفيف، تاريخ فيروز شاهي، ص29-31.

(2) عفيف، المصدر السابق نفسه، ص37-39-44-49-52-55.

(3) Nizami, Khaliq Ahmad, *On History and Historians of Medieval India*, pp. 205-210.

(4) Nizami, Khaliq Ahmad, "*The Futuhat-i-Firuz Shahi as a medieval inscription*", Proceedings of the Seminar on Medieval Inscriptions (6-8th = Feb., 1970) Centre of Advanced Study, Department of History, Aligarh Muslim University, pp. 28-33.

(5) للتفصيل، راجع: عفيف، تاريخ فيروز شاهي، ص196.

(6) للتفصيل عن تشييد هذه المدينة، راجع: عفيف، المصدر السابق نفسه، ص84-85.

(7) «حصار فيروز شاه»: مدينة ذات أسوار وقلعة حصينة، تقع بالقرب من دهلي. الندوي، معجم الأمكنة، ص23. ولمزيد من التفاصيل عن منطقة حصار فيروز شاه، راجع:
Imperial Gazetteer of India, v. 13, p. 144-156.

و«فتح آباد»[1]، و«جونپور»[2]، وغيرها[3]. وعلى الرغم من أن الكثير من المباني الواقعة في مدينة «فيروز آباد» دمرها الحكام اللاحقون بهدف الحصول على موادها وإعادة استخدامها في المباني والمنشآت التي أُنشئت في عهودهم، فلا تزال آثار تلك المدينة الزاهرة باقية حتى يومنا هذا[4].

كان السلطان فيروز شاه مُسلمًا متدينًا، غير أن بعض الباحثين فسَّروا تدينه والتزاماته الدينية تفسيرًا خاطئًا، فكانوا يرون أنه قدَّم عددًا من التنازلات المهمة للعلماء ورجال الدين والشيوخ الصوفيين لأنه - طبقًا لقولهم - قرَّر أن يُرضي النبلاء والعلماء ورجال الدين للحصول على الشرعية السياسية والاستمرار في الحكم، غير أن الحقيقة تكمُن في أن ميوله الدينية جعلته يقوِّي صلته بهم، ويجذبهم إلى البلاط السلطاني، ويُغدق عليهم الأموال والعقارات، وبتوجيههم شدَّد في منع بعض الممارسات غير الإسلامية، مثل: استعمال الأواني الفضية والذهبية، ورسم ذوات الأرواح، غير أنه سمح برسم المناظر والمشاهد الطبيعية والأشجار والأزهار، إلخ. وفي الوقت نفسه أبطل جميع الإتاوات والضرائب غير الشرعية، وفرض الزكاة والجزية[5]، ومنع النساء المسلمات من زيارة القبور والأضرحة، وأمر بعدم الاختلاط مع الرجال في المناسبات الاجتماعية، إلخ[6]. لكن هذه السياسة في نظر أولئك الباحثين سياسة ظالمة وغير شرعية، وكذلك يرون أنه اضطهد عددًا من الطوائف الإسلامية التي عدَّها العلماء ورجال الدين هراطقة. وفي الواقع، كانت تلك الطوائف والجماعات الدينية تدعو الناس إلى الكفر والشرك[7]. في حين تفيد المصادر أنه حاول بشتى الطُّرق محو آثار الظلم

---

(1) «فتح آباد»: تقع في الجزء الجنوبي الغربي من منطقة هريانه، وتحيط بها الپنجاب من الشَّمال، ومدينة حصار فيروز من الجنوب، وراجستان من الغرب. للتفصيل، راجع:

Imperial Gazetteer of India, (London: Oxford, Clarendon Press, 1908-1931), Vol. 8, p. 91.

(2) «جونپور»: تقع على ضفاف نهر «گومتى»، وهي مدينة إسلامية بناها السلطان محمد بن تغلق، وطورها السلطان فيروز شاه تغلق. الندوي، معجم الأمكنة، ص23-24.

(3) Sen, Sailendra, *A Textbook of Medieval Indian History*, (Delhi: Primus Books, 2013), pp. 97-100.

(4) راجع: المعالم الأثرية الخاصة بمدينة فيروز آباد في الملحق الخامس.

(5) للتفصيل عن هذه القوانين واللوائح، راجع: عفيف، تاريخ فيروز شاهي، ص214-216-218.

(6) راجع: نظامي، مذهبي رجحانات، ص466.

(7) Chaurasia, Radhey Shyam, *History of Medieval India: From 1000 A.D. to 1707 A.D.*, (Delhi: Atlantic Publishers, 2002), pp. 67-76.

والاعتداءات التي مورست ضد بعض العلماء والصوفيين من الطرق الچشتية والسهروردية في عهد ابن عمه محمد بن تغلق(1).

وعلى الرغم من أنه لم يسعَ إلى مزيد من الفتوحات وتوسيع نطاق السيادة، فإنه شن حملات عسكرية عديدة ضد الهجمات المغولية في بداية حكمه(2)، وسعى للقضاء على التمرد والعصيان في بعض الولايات التابعة لسلطنة دهلي، ومنها على سبيل المثال بعض الولايات الجنوبية التي حاولت الحصول على الاستقلالية عن السلطنة، وكذلك وقع التمرد واشتعلت الثورات في الگجرات والسند، في حين أعلن حاكم البنگال استقلاله، ودفعت تلك الظروف السلطان فيروز شاه إلى قيادة الحملات العسكرية إلى البنگال مرتين: أولاهما في عام 753هـ/ 1353م، وثانيتهما في عام 758هـ/ 1358م، للقضاء على التمرد والعصيان(3)، ثم شن حملة تأديبية ضد «راجا أريسا»(4) وأجبره على دفع الجزية. كما شن حملات عديدة ضد قلعة كانگرا الواقعة في ولاية «هماچل پرديش»، وضرب حصارًا طويلًا عليها، وتمكن من إجبار «راجا نگركوت»(5) على دفع الجزية، وكذلك تمكن من إخماد الثورات في السند والگجرات(6).

ووفقًا للمصادر التاريخية المعاصرة، كان عهد السلطان فيروز شاه يتميز بالأمن والأمان. ومن أهم خصائص عهده عدم وجود ظاهرة البطالة والأزمات المالية، ووجود فرص عمل كثيرة لجميع الطوائف الحِرَفية والعمالية، وتنشيط التجارة الداخلية والخارجية، وتحسين

---

(1) كتب عفيف أن السطان شيَّد مائة وعشرين خانقاه في دهلي وحدَها للشيوخ الصوفيين، وأمر إدارة الخزينة بتحمُّل جميع النفقات لتلك الخوانق ولجميع الزوار والمقيمين فيها من الشيوخ ومريديهم وزوارهم، وعيَّن فيها نُظارًا ومُتولين لإدارة شؤونها المالية والإدارية. راجع: عفيف، تاريخ فيروز شاهي، ص195، ولمزيد من التفاصيل عن علاقته القوية بالعلماء والصوفيين، راجع: المصدر السابق نفسه، ص39-49-50-263-264.

(2) راجع: عفيف، تاريخ فيروز شاهي، ص32.

(3) عن قيامه بقمع تلك التمردات، راجع: عفيف، المصدر السابق نفسه، ص69-72-113-116-143.

(4) أريسا أو أوديشا: تقع في الساحل الشمالي الشرقي للهند، وتحيط بها ولايات غرب البنگال إلى الشمال الشرقي، ويبلغ طول سواحلها 485 كيلومترًا على طول خليج البنگال على شرقها من بالاسور إلى گنجم. راجع: *Imperial Gazetteer of India*, vol. 1, pp. 120-163-384; vol. 2, pp. 174-398.

(5) نگركوت أو كانگره: قصبة متصرفية في ولاية الپنجاب، كانت تُسمى «قلعة بهيم»، وكان لها قلعة حصينة عظيمة البناء على رأس جبل، فتحها السلطان محمود الغزنوي. الندوي، معجم الأمكنة، ص53. راجع أيضًا: *Imperial Gazetteer of India*, vol. 2, pp. 352-364; vol. 20, p. 263.

(6) Sen, Sailendra, op., cit., p. 97-100.

الزراعة ورواجها‍(1)، وعدم حدوث كوارث طبيعية ممثَّلة في القحط والوباء والجدب، وعدم وجود حملات عسكرية خارجية ضد سلطنة دهلي، وتمكُّنه من القضاء على جميع الثورات والفتن، إلخ‍(2).

وكان من خصائص النُّظم المالية والإدارية لعهده أنه أمر بتوفير الحماية الكاملة والحصانة السياسية والإدارية لجميع الأمراء والوزراء والعاملين في الإدارة، وأغدَق الأموال عليهم‍(3)، مما أدى بطبيعة الحال إلى انتشار الفساد المالي والإداري‍(4).

وقد صدق بعض الباحثين الذين درسوا تلك القضية بواسطة بعض المصادر المعاصرة، ومنهم البروفيسور خليق أحمد نظامي الذي كتب قائلًا:

"إذا اعتبرنا الروايات والأخبار المذكورة في كتاب عين ماهرو مرآةً صادقةً، فهي تعكس صورة حقيقية لظاهرة الفساد المالي والإداري والاختلاس في عهده، التي استحوذت على جميع الموظفين في الإدارة المالية، وكانوا يمارسونها علنًا، ويفتخرون قائلين إنهم لا يؤذون أحدًا، ولا يضايقون أحدًا، غير أنهم يقومون بسرقة أموال الدولة! وفي الواقع كان عهد السلطان فيروز شاه يُعَد عهدًا معروفًا في الفساد الإداري والرشوة، إلخ. قد لا تضاهيه عهود أخرى في الهند الإسلامية"‍(5).

ولا شك أن عدم الرقابة الصارمة والمحاسبة الشديدة والتجاوزات القانونية كانت تشجعهم على ذلك‍(6).

ويؤكد لنا مؤرخ رسمي معاصر على وجود الجشع والطمع لدى الأمراء والنُّبلاء، قائلًا:

"إن الأمراء والنُّبلاء الذين منحهم السلطان قرى وعقارات وأراضي زراعية عديدة بدلًا من تخصيص رواتب شهرية لهم، لا يحضرون بأنفسهم في مناسبة استعراض الجيش، بل يرسلون عبيدهم وخدمهم أو أفراد أهلهم وأقاربهم، ثم يأخذون أموالهم

---

(1) راجع: عفيف، تاريخ فيروز شاهي، ص109-110.
(2) راجع: برني، تاريخ فيروز شاهي، ترجمة أردية، ص777.
(3) راجع: عفيف، تاريخ فيروز شاهي، ص174-176.
(4) خورشيد، سيد محمد أسد علي، إنشاي ماهرو كا تنقيدي مطالعة، رسالة ماجستير غير منشورة قُدِّمت في قسم اللغة الفارسية، (جامعة عليگره: 1995م)، ص23-24.
(5) نظامي، خليق أحمد، جامع تاريخ هند، (دهلي: ترقي أردو بيورو، 1984م)، ص830.
(6) وقد اعترف بذلك مؤرخ رسمي، عفيف، في كتابه اعترافًا واضحًا. راجع: تاريخ فيروز شاهي، ص200.

ورواتبهم بالاحتيال. ومن منا لا يعرف ثروات هؤلاء الأمراء والنُّبلاء ورفاهيتهم وعيشهم في الرغد والسعة، واستغراقهم في الملذات والشهوات والإسراف؟»(1).

وقد بلغ الأمر إلى درجة أن الموظفين العاملين في الخزينة الملكية اجترأوا على اختلاس الأموال من الخزينة. ووفقًا للمؤرخ المعاصر: حتى بعد الكشف عن ذلك لم يتخذ السلطان إجراءات صارمة ضدهم(2)!

وهنالك نماذج عديدة اتخذها بعض الباحثين أدلة للتأكيد على وجود المحسوبية والوساطة في الإدارة، وعلى أنه - في بعض الأحيان - كان أهل الوساطة والمحسوبية يُوظَّفون ويُمنَحون مناصب إدارية من دون مراعاة الكفاءة والمقدرة والجدارة والأهلية. فمثلًا، كان السلطان نفسه قد أصدر مرَّة أمرًا بمنح منصب كبير لأحد أبناء النبلاء من دون تقييم مؤهلاته الإدارية. وكان الشيء نفسه يحدث في الجيش، إذ كان باستطاعة جندي قديم أن يرسل ابنه أو صهره أو حتى عبيده مكانه في حملات عسكرية، أو في استعراض القوات العسكرية(3). وفي عهد فيروز شاه زادت رواتب النبلاء والوزراء وأركان الدولة أضعافًا مضاعفة. إذن، لم تُراعَ تلك الاعتبارات التي تتمثَّل في تحقيق أعلى مستويات الكفاءة والنزاهة. ومع ذلك، وضع السلطان بعض القوانين والسياسات المتسامحة والإيجابية، مثل وقف بعض أنواع العقوبات القاسية والشديدة، كفرض عقوبة قطع اليد على مرتكبي الجرائم، وكذلك أمر بتخفيض الضرائب المفروضة على الأراضي الزراعية التي فرضها سلفه قسرًا وكرهًا(4).

وقد بالغ عفيف فيما كتب عن شخصية فيروز شاه وصفاته، من أنه - لا شك - حاز قصب السبق بين السلاطين في حكم سلطنة دهلي حُكمًا ناجحًا، وكان عهده يتميز بالعدل والإنصاف، وقد تحققت أمنيات جميع أفراد شعبه في عهد حكمه، وشهد عهده الازدهار والاستقرار والرخاء ورغد العيش والرفاهية والأمن والسلام(5).

---

(1) برني، تاريخ فيروز شاهي، ترجمة أردية، ص776-779.

(2) عفيف، تاريخ فيروز شاهي، ص225.

(3) Jackson, Peter, *The Delhi Sultanate: A Political and Military History*, (London: Cambridge University Press, 1999), p. 304.

(4) Chaurasia, op., cit., 75.

(5) راجع: عفيف، تاريخ فيروز شاهي، ص17-19-20.

وفي أيامه الأخيرة، تُوفِّي ابنه الأكبر فتح خان في عام 776هـ/ 1375م[1]، ثم تنازل السلطان عن حكمه في عام 789هـ/ 1387م، وجعل ابنه الآخر الأمير محمد سلطانًا بلقب نصير الدين محمد، وقُرئت الخطبة باسمه مع ذِكر اسم والده فيروز، غير أن العبيد أجبروه على التخلي عن الحكم، وأجلسوا مكانه حفيد السلطان فيروز -تغلق خان-[2].

تُوفِّي السلطان فيروز شاه في الثالث من شهر رمضان عام 790هـ (23 أكتوبر عام 1388م)[3]. وقد أدت وفاته إلى حروب طويلة على الخلافة، وأسهمت في إضعاف قوة الدولة وسطوتها وهيمنتها وعزتها وهيبتها[4]. وسنحت الفرصة للوزراء الخونة للتخريب، والسعي تدريجيًّا لإضعاف أركان الدولة ودعائمها. وعلى الرغم من قيام خَلَف السلطان بتحسين الأوضاع السياسية والعسكرية، فإنه لم يأتِ بالنتائج المرجوة، نتيجة للتآمر المستمر بين الوزراء وأركان الدولة، إضافةً إلى تغلغل الفساد، وشدة الخلاف فيما بينهم. ولم يتمكن خلفه غياث الدين تغلق الثاني من السيطرة على الوضع السيئ، وكبح جماح قوة العبيد والنبلاء الناشئة، والقضاء على تآمرهم. وأنهكت الحروب الدامية الجيش السلطاني وجعلته ضعيفًا وغير قادر على احتواء الوضع السياسي المتردي، واستطاعت بعض الولايات الحصول على استقلاليتها وحُكمها الذاتي، وبذلك تقلَّصت سيادة سلطنة دهلي في حجمها وقوتها وسيطرتها. وبعد عشر سنوات فقط من وفاة السلطان فيروز شاه، وصل عدو جديد إلى دهلي ودخلها من دون مقاومة تُذكر، لأنه لم يكن هنالك أي قوة كبيرة للوقوف في وجهه، وكان ذلك العدو الجديد هو الأمير تيمور لنگ الذي نهب دهلي وأطرافها لعدة أيام، ونجح في كسر دعائم المملكة التركية، ودمَّرها تدميرًا كاملًا[5].

لعله من المناسب أن نقتبس هنا تلك الترجمة الوجيزة التي جاءت في أول طبعة لرسالة «فتوحات فيروز شاهي»، إذ ورد فيها قوله: هو السلطان فيروز شاه المعروف بـ«فيروز باربك»، ابن عم السلطان محمد شاه تغلق، واسم أبيه رجب سالار. وهو معروف بالتدين في بلاد

---

(1) لم يذكر عفيف تفاصيل وفاته مع أنه كان أحد شهود العيان على ذلك الحادث الكبير. راجع: تاريخ فيروز شاهي، ص212.

(2) فرشته، تاريخ فرشته، ترجمة إنجليزية، جـ1، ص459.

(3) راجع: المصدر السابق نفسه، جـ1، ص461. وراجع أيضًا: عفيف، تاريخ فيروز شاهي، ص264.

(4) عفيف، تاريخ فيروز شاهي، ص264.

(5) Moreland, W.H., Chatterjee, Atul Chandra, *A Short History of India*, (London: Longmans Green and Co., Ltd., 1944), pp. 170-71.

الهند. وبعد وفاة السلطان محمد شاه تغلق جلس على عرش الملك سنة 752هـ/ 1351م، وهو ابن اثنتين وأربعين سنة، واستأثرت به رحمة الله وله ثمانون سنة، ومدة حُكمه 38 سنة، وكان يعاصر الأمير «تيمور الگوركاني»، وتاريخ وفاته يُستخرَج من كلمة «وفاة فيروز شاه»[1].

وكان السلطان موصوفًا بالخصال الحميدة الكثيرة، مُحِبًّا للحق، فقد قال صاحب سِير المتأخرين: قد بلغت تربيته بالناس وإصلاحهم مبلغًا لم يحتج أحد منهم إلى تعزير، وببركة عدله قد انسدَّت مسالك الظلم والاعتداء، ولم يلقَ أحد من الناس على عهد حكمه أذى، وبَنى كثيرًا من الأبنية الجديدة. فقد قال بعض المؤرخين: بنى ثلاثين مدينة مثل فيروز آباد، وأربعين مسجدًا كبيرًا، وثلاثين مدرسة، وعشرين زاوية، ومائتي رباط، ومائة نهر، ومائة مبنى عالٍ، ومائة واثنين وخمسين حمَّامًا، وخمسة مستشفيات، ومائة مقبرة، وعشر منارات كبيرة، وبساتين كثيرة، ومدنًا كثيرة، منها: مدينة «جونپور»، و«جونا آباد» (جونا گره)، و«كوتله»، و«دهلي»، و«لاته»، وكلها باقية حتى الآن، وسوف تبقى إلى مدة طويلة. وكما قال الشاعر الفارسي: «انظر إلى جزاء حُسن العمل، فإن الدهر لم يخرب حتى الآن إيوان كسرى»[2].

المبحث الرابع: إصلاحاته الدينية والسياسية والاجتماعية والقانونية

حاز عهد السلطان فيروز شاه مكانة بارزة في تاريخ سلطنة دهلي، لدوره السياسي، ولإنجازاته في مجال العلم والثقافة والنظم الإدارية والمالية. لقد اعترى السلطان محمد بن تغلق في السنوات الأخيرة من حكمه حزن شديد، فاعترف بتلك الاضطرابات والفوضى

(1) لعله من المناسب أن نشير هنا إلى عادة استخراج تاريخ الوفاة بآية قرآنية أو لفظة معينة جرت عند العلماء والصوفية في العصور الإسلامية في الهند وفي الدول العربية والإسلامية الأخرى. ووفقًا لبعض الكتب الصوفية، فإن كثيرًا من المتأخرين من أولئك العلماء والصوفية استخرجوا الوفيات والولادات بطريقة حساب الجمل الموافقة لأعداد الآيات مع السنوات التاريخية، كاستخراج بعضهم تاريخ وفاة العارف الكبير الشيخ شمس الدين حبيب الله جان جانان مظهر النقشبندي من قوله تعالى ﴿فَأُوْلَٰٓئِكَ مَعَ ٱلَّذِينَ أَنْعَمَ ٱللَّهُ عَلَيْهِم﴾ [النساء: 69]، ﴿أُوْلَٰٓئِكَ﴾ [27]، ﴿مَعَ﴾ [110]، ﴿ٱلَّذِينَ﴾ [791]، ﴿أَنْعَمَ﴾ [121]، ﴿ٱللَّهُ﴾ [22]. انتهى. راجع: محمد عبد الحي بن عبد الكبير الحسني الكتاني، السر الحقي الامتناني الواصل إلى ذاكر الراتب الكتاني، (بيروت: دار الكتب العلمية، 2008م)، ص226. هذا، وكان الشيخ والصوفي شمس الدين حبيب الله، المُتوفَّى في 1195هـ/ 1780م، والملقب بـ«مرزا مظهر جان جانان الدهلوي»، من كبار الشيوخ الصوفية النقشبندية في الهند. ولترجمته الكاملة، راجع: الحسني، عبد الحي، نزهة الخواطر، جـ6، ص705-707.

(2) راجع: السيد مير حسن، فتوحات فيروز شاهي، (دهلي: مطبعة رضوى 1302هـ/ 1885م).

السياسية التي مرَّت بها دولته آنذاك قائلًا: «لقد دب الضعف والمرض في أوصال دولتي»[1].

وكان توريث النظام السياسي الذي يعاني من متاعب واضطرابات في كل اتجاه اختبارًا صعبًا وصارمًا لحنكة فيروز شاه السياسية ونفاذ بصيرته وقوة شكيمته. لذلك، كان الحفاظ على النظام السياسي، وإدارة شؤون الدولة ببراعة فائقة ولمدة أربعة عقود في أوقات عصيبة وفوضى عارمة إنجازًا كبيرًا لا يضاهيه فيه أحد سلاطين دهلي. وعلى الرغم من أن السلطان نفسه لم يقُل قَطُّ إن الدولة ستغرق في فيضان الاضطرابات والفوضى السياسية بعد وفاته، فإن شيخًا صوفيًّا رثا لحاله بأسف في أحد الأيام وهو ينظر إلى قصره قائلًا: «كل مصائب العالم مختفية تحت قدميه، وسوف يعرف العالم تلك المِحَن التي ستتعرض لها الدولة بعد وفاته»[2].

تمكَّن السلطان محمد بن تغلق من توسيع نطاق السيادة السياسية إلى المناطق الجنوبية، ومن توحيد الهند الشمالية والجنوبية تحت راية واحدة تقريبًا، وبدأ يمارس سياسة «الإمبريالية العظمى»[3]. فقد امتدت إمبراطوريته من السند إلى البنگال، ومن لاهور إلى منطقة جنوب الهند حتى إمارة هويسالا وعاصمتها دووارسامودرا الواقعة في ولاية كرناتكا في الوقت الحالي[4]. غير أنه في ظل ظروف الحياة في تلك العصور لم تنجح تلك السياسة الإمبريالية كثيرًا، فقد بدأ النظام السياسي يتدهور في عهد محمد بن تغلق نفسه، ونشطت الإمارة البهمنية الإسلامية في منطقة جنوب الهند، كما فقدَت الدولة التغلقية منطقة بنگال. ومع أن السلطان فيروز شاه قاد حملتين إلى بنگال، فإنه لم ينجح في استردادها إلى حكم دهلي. وفي عهد الأخير قويَت الإمارة البهمنية، ونجحت في الحصول على الشرعية السياسية من الخليفة العباسي في القاهرة.

---

(1) برني، تاريخ فيروز شاهي، ص521.

(2) عفيف، تاريخ فيروز شاهي، ص22.

(3) Mohammad Habib & Khaliq Ahmad Nizami, A Comprehensive History of India: The Delhi Sultanat (A.D. 1206-1526), (Delhi: People's Publishing House, 1970), Vol. V, p. 492.

(4) الحق أنه في أواخر عام 709هـ/ 1310م أرسل السلطان علاء الدين الخلجي حملة عسكرية نحو جنوب الهند، وتمكَّن جيشه تحت قيادة قائده ملك كافور من السيطرة على إمارة هويسالا الهندوسية. وعليه، استسلم حاكمها من دون مقاومة كبيرة، ووافق على دفع الخراج والجزية سنويًّا، كما أرسل هدايا ثمينة من الأموال والأفيال والخيول إلى دهلي هدية للسلطان علاء الدين الخلجي.

Kishori Saran Lal, History of the Khaljis (1290-1320), (Allahabad: The Indian Press, 1950), pp. 201-202, 203, 207, 214.

على الرغم من كل تلك النكسات والعوائق، نجح فيروز شاه إلى حدٍّ كبير وببراعة تامة في الحفاظ على الهيكل السياسي المركزي لسلطنة دهلي. وجلبت سياسته الاقتصادية الرخاء للرعايا الذين عانوا في ظل النظام السابق. لقد خفَّف السلطان عبء الضرائب، وألغى معظم الضرائب غير الشرعية، وسدَّد جميع ديون عهد محمد بن تغلق، وشيَّد مدنًا جديدة، وأنشأ حدائق وبساتين، واهتم بالزراعة اهتمامًا كبيرًا، فجدَّ في حفر الآبار والقنوات المائية، وعمَّ الرخاء حتى ليقال إن ضفتي نهر گنگا كانتا عامرتين بسلسلة من القرى المتصلة ببعضها وبينها مزارع نضرة، وبنى سدودًا، وشقَّ نهرًا للري في جنوب غرب البنجاب طوله مائة وخمسون كيلومترًا، وأكثر من بناء المساجد والمدارس والمشافي والحمَّامات، وأوقف عليها أوقافًا كثيرة، فأتيحت مجانًا أمام كل من يريد العلم أو التداوي أو الاستجمام، وتمسَّك بقواعد الشرع وتوفير العدالة والإنصاف لرعاياه. وكانت الأعمال العامة لرفاهية الرعايا وتنظيم القانون الجنائي وتنفيذه في إطار الشريعة الإسلامية، قد جعلت فيروز محبوبًا ومرغوبًا عند الرعايا الذين نظروا إليه بوصفه حاكمًا مستنيرًا ومطبوعًا على حب الخير للجميع، وعلى العدل والإنصاف[1].

وإذا كان السلطان محمد بن تغلق قد أسَّس ديوان سياست للنظر في القضايا الجنائية ولمعاقبة الجناة، فإن السلطان فيروز شاه تغلق أنشأ ديوان الخيرات، وهو ديوان فريد من نوعه لم نعثر له على نظير في الحكومات السابقة لسلطنة دهلي، سواء في فكرته أو رسالته السامية في الحياة الاجتماعية. ومع أن السلطان نفسه لم يُشِر إلى ذلك الديوان في فتوحاته، غير أن المؤرخ عفيف خصَّص صفحة كاملة لذكر تلك المأثرة. ووفقًا لما جاء فيها، فإن السلطان فيروز اهتم لحال الأسر الفقيرة التي تعجز عن تحمُّل نفقات تزويج بناتهم، فأمر بإنشاء ديوان الخيرات ليعين على تزويج الفتيات الفقيرات، وأقام عليه أشخاصًا أمناء وصادقين ومخلصين، ومنهم على سبيل المثال: السيد أمير، الذي كان يبذل كل ما في وسعه في سبيل أداء هذا العمل الخيري بكل أمانة ومقدرة وإخلاص. وأمر السلطان مسؤولي ذلك الديوان بأن يتحروا عن أحوال البنات المسكينات، وأماكن الأسر الفقيرة، ويسجلوا أسماءها، ويُقدموا لها كل العون لتزويج بناتها. وبتوجيهه قُسِّمت تلك الأسر الفقيرة إلى ثلاثة أقسام: فكانت الأسر من القسم الأول تحصل على خمسين تنكه، ومن القسم الثاني ثلاثين تنكه، ومن القسم الثالث عشرين تنكه.

---

[1] عفيف، تاريخ فيروز شاهي، ص359-360.

وبالجملة، فقد أنشئ ذلك الديوان، وانشغل مسؤولوه في تنظيمه وترتيب أعماله، وبدأت النساء المستورات يترددن عليه لتسجيل أسماء بناتهن لدى ذلك الديوان الذي كان يتكفَّل بتجهيزهن تجهيزًا كاملًا عند زواجهن. ووفقًا لعفيف، بهذه الطريقة وبعناية السلطان ولطفه جرى تزويج آلاف من البنات على حساب ذلك الديوان[1]. وهكذا، نجد أن فيروز شاه قد أولى اهتمامًا عظيمًا بالتنظيم والإصلاح والإنشاء والتعمير، وصار نموذجًا للسلاطين المصلحين في الهند فيما بعد.

وفي المجال الديني والثقافي، شهد عهد فيروز شاه تطورات مهمة للغاية. حيث تأثرت أفكار محمد بن تغلق السياسية والدينية بأفكار الشيخ ابن تيمية وأيديولوجيته[2]، خصوصًا بعد قدوم تلميذه الشيخ عبد العزيز الأردبيلي إلى دهلي، الذي حينما وصل إلى البلاط ترجَّل السلطان محمد بن تغلق عن العرش وقبَّل يده ورجله على مرأى من الحضور، وفقًا لابن بطوطة[3]. ولا ريب أنه، وبسبب تأثُّره بأفكار الشيخ ابن تيمية، ضيَّق الخناق على جميع الطرق الصوفية على حدٍّ سواء ومن دون أدنى تفريق، وهو الأمر الذي أدى إلى إثارة غضب الصوفية ومريديهم من العامة والخاصة[4]. لكن فيروز شاه سعى إلى تعديل سياسة سلفه، لا سيما أن الشيوخ الصوفيين ساعدوه في الوصول إلى عرش دهلي، ومن بينهم في المقام الأول الشيخ نصير الدين چراغ الدهلوي، الذي عامله محمد بن تغلق معاملة قاسية وشديدة[5]. تمكَّن فيروز شاه من إرضاء شيوخ ورؤساء جميع الطرق الصوفية، وفاز بودِّهم وثقتهم، عن طريق زيارتهم وتقديم المنح والهدايا الفخمة لهم ولـ«جماعت خانه»، وبإظهار الاحترام والتقدير العميقين لكبار الشيوخ الصوفيين للطريقة الچشتية والسهروردية المسيطرة على الأفكار الدينية والروحية آنذاك[6].

ووفقًا لعفيف، فإن العلاقات بين السلطان والشيوخ الصوفيين توطَّدت إلى درجة أنه لم يكن يغادر دهلي من دون زيارتهم والتردد على مزارات الشيوخ المتوفين، خصوصًا

---

(1) راجع: عفيف، تاريخ فيروز شاهي، ص204.

(2) Khaliq Ahmad Nizami, "The Impact of Ibn Taimiyya on South Asia," Journal of Islamic Studies, Vol. 1 (1990), pp. 120-149

(3) راجع: ابن بطوطة، الرحلة، ص466-467.

(4) نظامي، مذهبي رجحانات، ص336-337.

(5) برني، تاريخ فيروز شاهي، ص535-536. ولمزيد من التفصيل، راجع: نظامي، مذهبي رجحانات، ص362-368.

(6) راجع: عفيف، تاريخ فيروز شاهي، ص120.

الشيخ نظام الدين أولياء. وخصَّص عفيف صفحتين أورد فيهما كيفية زيارته لهم وللقبور، واهتمامه بها، وإغداق الأموال عليها وعلى متوليها، وتوزيع الأموال على المريدين والفقراء والمساكين المقيمين في تلك المزارات. وبلغ به الأمر أنه كتب أن السلطان لم يُبالِ بنفسه وعظمته ومكانته بسبب الحب والاحترام والتقدير الذي يكنُّه للشيوخ الصوفيين، ثم انتهى بقوله: «ولا ريب أن هذا الأمر من صفات أولياء الله، وكما قال النبي صلى الله عليه وسلم: «إذا تحيَّرتم في الأمور فاستعينوا بأهل القبور»»[1].

يخبرنا المؤرخ برني قائلًا ومبالغًا:

> «كانت الخانقاوات والزوايا في المدن وضواحيها، وفي البلدات الواقعة على بُعد أربعة أو خمسة أميال من المدينة في جميع أنحاء البلاد، خاوية على عروشها منذ سنوات عديدة، وما إن جلس فيروز على العرش حتى غدَت تلك الأماكن ملجأ ومأوى للعلماء والصوفية والفقراء والمساكين والمسافرين»[2].

وهكذا، فعلى الصعيد السياسي الديني سعى فيروز إلى تحسين علاقته بالعلماء والشيوخ الصوفيين لجميع الطرق، وذلك بتقديم الدعم المطلَق لهم، ماديًّا ومعنويًّا، مع التأكيد لهم على أن حقبة إهمالهم وعدم احترامهم قد انتهت، مما جعل علاقته بهم تزداد متانة بالتدريج، خصوصًا الشيوخ الصوفيين من الطريقة الچشتية الذين كانوا يحظون بنفوذ ديني مؤثر في المجتمع الإسلامي والهندوسي على حدٍّ سواء[3].

---

(1) يتضح من كلامه ومقالاته أن السلطان كان يستعين بأصحاب تلك القبور من المشايخ الصوفيين، فكتب أنه من عادة السلطان عند زيارة قبر الشيخ نظام الدين أنه يجلس عند قبره ويتلو القرآن وفقًا لأحكام الشرع، وبعد التفرغ من ذلك، يمسك أهداب القطيفة أو الكساء الموضوع على قبره، ثم يذكر حاجاته، ثم يقرأ الفاتحة على القبور الأخرى ويغادر المكان. راجع: عفيف، تاريخ فيروز شاهي، ص118-119. ومن أجل التأكيد على ذلك ذكر عفيف ذلك الحديث المكذوب على النبي صلى الله عليه وسلم. ومن المعلوم أن ذلك الحديث موضوع، لأن الاستعانة طلب العون، وفي سورة الفاتحة يعلِّمنا الله تعالى بقوله: ﴿وَإِيَّاكَ نَسْتَعِينُ﴾، إذن، فإن الاستعانة لا تكون إلا بالله وحده، أي لا يُطلب العون إلا من الله سبحانه وتعالى. وعليه، فهذا القول مُعارِض للقرآن الكريم. راجع: عبد العزيز بن عبد الله بن باز، مجموع فتاوى ومقالات متنوعة، جمع وإشراف: محمد بن سعد الشويعر، (الرياض: دار القاسم للنشر، 1420هـ)، جـ4، ص327-328. خلاصة حكم المحدث: مكذوب على رسول الله صلى الله عليه وسلم، كما نبه على ذلك غير واحد من أهل العلم.

(2) برني، تاريخ فيروز شاهي، ص560.

(3) برني، المصدر السابق نفسه، ص543. ولمزيد من التفصيل، راجع: نظامي، مذهبي رجحانات، ص392.

وفي الوقت الذي أبدى فيه فيروز شاه احترامًا عميقًا لشيوخ جميع الطُّرق والسلاسل، مثل الطريقة الچشتية والسهروردية والفردوسية وغيرها، تعامَل بعزم وحزم شديدين مع الأفكار الدينية والمذهبية المتطرفة، وتلك التي ظهرت آنذاك نتيجة ترويج أفكار وحدة الوجود والأديان في القارة الهندية. ولم يتردد في معاقبة أحمد البهاري وآخرين بسبب قيامهم بنشر البدع والخرافات والأعمال الهرطقية بين العامة. ويبدو أن فيروز شاه لم يكن يبالي بغضب بعض الشيوخ الصوفيين وعداوتهم عند معاقبة أهل البدع والضلالات والقضاء على النزعات الدينية والمذهبية الهرطقية، ويبدو أيضًا أنه بهدف القضاء فكريًّا على مثل تلك النزعات الفكرية والفلسفية، شجع العلماء والفقهاء على تدوين كتب الفتاوى الفقهية وترويجها[1].

جهوده في إصلاح النظام الضريبي

لعله من المناسب أن نذكر جهوده في إصلاح النظام الضريبي ومواءمته مع الشريعة الإسلامية. وكانت سياساته المالية الأكثر أهمية لديه هي ما يتعلق بهيكل إيرادات السلطنة. فقد فُرض في العهود السابقة كثير من الضرائب اعتبرها السلطان فيروز غير شرعية، لذلك أصدر أوامره بإلغاء تلك الضرائب والمكوس جميعها. ولا ريب أن ذلك القرار كان جريئًا للغاية، فقد ترتبت عليه آثار اقتصادية سلبية بعيدة المدى. ووفقًا لعفيف، أدى إلغاء تلك الضرائب غير الشرعية إلى خسارة نحو ثلاثة ملايين تنكه للدولة[2]. ولا ننسى أن معظم تلك الضرائب والمكوس الملغاة كانت مفروضة على سكان الحضر. وقد استشار السلطان الفقهاء قبل إلغاء تلك الضرائب، ويبدو أن بعض الشخصيات الدينية المعاصرة له رفضت رفضًا باتًّا فرض مثل تلك الضرائب غير الشرعية، حيث ورد أن الشيخ الصوفي جلال الدين مخدوم جهانيان اعترض على فرض مثل تلك الضرائب غير الشرعية، واعتبرها من أشكال الظلم الصريح والطغيان والقسوة[3].

---

(1) عن اهتمامه الشديد بمطالعة الكتب الفقهية ومناقشة الفقهاء في ذلك المجال، راجع: سيرة فيروز شاهي، ص151.

(2) عفيف، تاريخ فيروز شاهي، ص379.

(3) سراج الهداية، ملفوظات الشيخ السيد جلال الدين بخاري مخدوم جهانيان، تحقيق: القاضي سجاد حسين (دهلي: بدون تاريخ)، ص111-112. كان الشيخ السيد جلال الدين البخاري الملقب بـ«مخدوم جهانيان»، والمُتوفَّى في عام 788هـ/ 1386م، يُنسب إلى الطريقة السهروردية ويُدير مشيختها في السند والملتان،

ولعله من المناسب أيضًا، أن نذكر هنا أن فيروز شاه ذكر في فتوحاته أربعًا وعشرين ضريبة ألغاها وأبطلها في عهده. وتوجد قائمة موحَّدة لمثل تلك الضرائب غير الشرعية التي ألغاها في رسالة «فتوحات فيروز شاهي»، وهي التي جرى استكمالها في كلٍّ من «سيرة فيروز شاهي»، و«ملفوظات الشيخ مخدوم جهانيان»، وفي كتابَي عفيف ونظام الدين الهروي، وفرشته وسجان راي، وغيرهم. وقد أشار مؤرخون لاحقون - مثل المؤرخ المغولي سجان راي - إلى بعض الضرائب الأخرى التي ألغاها السلطان فيروز شاه وأبطلها[1]. ومن الصعب التأكد من المصدر الذي حصلوا منه على المعلومات عن تلك الضرائب والمكوس التي أُلغيت في زمن السلطان فيروز وفقًا لأقوالهم، حيث يتبادر سؤال لماذا لم يذكرها فيروز شاه نفسه في كتابه المعنون؟ وعلى كل حال، نذكرها فيما يلي:

1. مندوي برگ: كلمة «مندوي» تعني: سوق، و«برگ» تعني: ورق. ويبدو أن القصد من ذلك ضريبة على الخضراوات، لكن الضريبة على الخضراوات مذكورة صراحة باسم «ضريبة على الخضراوات»، وهذه اللفظة العربية الأخيرة مستعمَلة استعمالًا عامًّا في اللغة الفارسية. وثمة آراء متباينة، لكن معظم المؤرخين الهنود متفقون على أن القصد من ذلك ضريبة على السوق[2].
2. دلالت بازاري: ضريبة على السمسرة أو الدلالة.
3. جزاري: ضريبة جزاري تؤخذ من الجزارين بنسبة 12 جيتلًا على كل رأس من الأبقار[3].

وكان مسافرًا إلى الحجاز عند وفاة السلطان محمد بن تغلق، ولما عاد إلى الهند زار السلطان فيروز تغلق، وقويت الصداقة والمودة بينهما. وكان الشيخ يزور دهلي بين الفينة والأخرى، ويستقبله السلطان بحفاوة بالغة، ويوفر له الإقامة في قصر من القصور الملَكية. وعند زيارته للبلاط يقوم السلطان لاستقباله، ويُجلسه إلى جواره. ويزوره أثناء وجوده في دهلي كثير من خلق الله من المساكين والفقراء ومن أهل الاحتياجات، ويسجل خادمه طلباتهم. وعند زيارة السلطان تقدم قائمة الطلبات له، وكان السلطان يشعر بالسعادة البالغة في تحقيق تلك المطالب. للتفصيل، راجع: عفيف، تاريخ فيروز شاهي، ص263-264. وذكر الشيخ نحو ثمانٍ وعشرين ضريبة غير شرعية كانت تؤخذ آنذاك وقد أبطلها السلطان فيروز. راجع: ملفوظات قطب عالم، نسخة خطية، ورقة 33، نقلًا عن نظامي، مذهبي رجحانات، ص416-417.

(1) راجع: سجان راي بهنداري، خلاصة التواريخ، تحقيق: ظفر حسن، (دهلي: مطبعة جي وأولاده، 1918م)، ص249.

(2) نظامي، مذهبي رجحانات، ص421.

(3) راجع: عفيف، تاريخ فيروز شاهي، ص375.

4. أميران طرب: ضريبة على الملاهي والترفيه.
5. گل فروشي: ضريبة على بيع الأزهار.
6. جزية تنبول: ضريبة على حصاد التمور. كانت تلك الضريبة تُفرض على بيع التنبول، لكنْ هناك اختلاف في الرأي بين المؤرخين حول طبيعة هذه الضريبة.
7. چنگي گله: ضريبة على الحبوب.
8. كَيَّالي: ضريبة على الأوزان.
9. نيل گري: ضريبة على صناعة النِّيلَج (النِّيلَة).
10. ماهي فروشي: ضريبة على بيع الأسماك أو صيد الأسماك. تفيد بعض كتب الملفوظات المدونة قبل عهد السلطان فيروز بأن أحد صيادي الأسماك شكا إلى الشيخ الصوفي حميد الدين الناگوري، أنه لا يمكنه كسب قوت يومه من بيع الأسماك[1].
11. نَدَّافي: ضريبة على مهنة النِّدَافَة وحرفتها.
12. صابن گري: ضريبة على صناعة الصابون.
13. ريسمان فروشي: ضريبة على بيع الحبال وغيرها.
14. روگن گري: ضريبة على صناعة الزيت.
15. نخود بريان گري: ضريبة على شراء الحبوب المحمصة.
16. ته بازاري: ضريبة على مراقبي الأكشاك على الأراضي العامة.
17. چهته: ضريبة على بناء الشرفات على المنازل.
18. قمار خانه: ضريبة على منازل القمار.
19. باد بيگي (داد بيگي): ضريبة على الدعاوى والعرائض في المحاكم.
20. كوتوالي: ضريبة البلدية.
21. احتسابي: ضريبة تُدفع للمحتسبين الذين يجوبون الأسواق والأماكن العامة لتطبيق الأمر بالمعروف والنهي عن المنكر، ورعاية الأخلاق العامة.
22. قصابي: ضريبة على القصَّابين.
23. كوزه وخشت پزي: ضريبة على صناعة الطوب والأواني الفخارية وغيرها.

---

(1) راجع: سرور الصدور، ص36، نقلاً عن نظامي، مذهبي رجحانات، ص421، هامش.

24. كرهي أو گرهي: ضريبة على البيوت والمنازل في القرى والأرياف.
25. چراي: ضريبة الرعي.
26. مصادرات: ضريبة ذات طبيعة متنوعة، بما في ذلك غرامات من أنواع مختلفة.
27. خضراوات: ضريبة على الخضراوات والفواكه.
28. دانگانه: ضريبة على السلع والبضائع التجارية.
29. نكاحي: ضريبة على الزواج.
30. داروغي: ضريبة تُدفع للضباط من أجل تلبية مقتضياتهم[1].

جهوده في إصلاح القانون الجنائي والعقوبات

وفيما يتعلق بسعيه إلى إصلاح القانون الجنائي وتقويم بعض الجوانب المهمة فيه، فمن الجدير أن نذكر هنا أنه كان على السلاطين أن يتعاملوا مع نوعين من الحالات: الدولة مقابل الفرد، والفرد مقابل الفرد. وكانت آلية الدولة وأجهزتها القانونية والإدارية عادلة وصارمة في التعامل مع القضايا الخلافية بين الأفراد، ولكن عندما كانت القضايا تتعارض مع مصالح الدولة، لم تكن الأجهزة الإدارية والقانونية تتردد في ممارسة السلطة الملكية وصلاحيتها إلى أبعد الحدود. وعند التعامل مع القضايا الخاصة بالتمرد والعصيان والثورات قلَّما احتُرِم قانون العقوبات الإسلامية ضد المتمردين في نظر الدولة.

وكان محمد بن تغلق الذي اشتهر بصِلاته القوية بكبار العلماء والفقهاء، وبتعمُّقه في أصول الفقه والفتاوى، ودرايته القوية بالشريعة الإسلامية، واشتداده في إقامة أحكام الشرع، يحصل على أوامر الإعدام جاهزة من مجلس العلماء، ويُعذِّب أشخاصًا تعذيبًا شديدًا لمجرد الاشتباه في تآمرهم ضد الدولة[2]. وقد اعترف ذات مرة وهو في مزاج متسم بالتهور قائلاً:

---

(1) راجع: سجان راي، خلاصة التواريخ، ص249. ولمزيد من التفاصيل عن مثل تلك الضرائب والمكوس، راجع: الشيخ عبد الحميد المحرر الغزنوي الذي أعد مقالة عن الضرائب والمكوس الشرعية وغير الشرعية في عهد السلطان فيروز شاه ضمن كتابه «دستور الألباب في علم الحساب»، وقد ترجم الشيخ عبد الرشيد الباب الخاص بالضرائب والمكوس من ذلك الكتاب، ونشره في مجلة فصلية للهند في العصور الإسلامية. راجع: عبد الحميد محرر الغزنوي، دستور الألباب في علم الحساب، ترجمة إنجليزية: الشيخ عبد الرشيد، (Medieval India Quarterly, Vol. I, nos. 3 & 4, 1950)، ص59-99.

(2) سرهندي، تاريخ مبارك شاهي، ص115-116.

«لقد انقبضت نفسي وصرت أشعر بغيظ وغضب إزاء الناس. وكلما عارضوا سياستي زاد البطش والفتك والقتل!»[1].

وذكر ابن بطوطة نماذج عديدة لمثل ذلك البطش والفتك والعقوبات الشديدة التي تعرَّضت لها شخصيات دينية وسياسية بأمر السلطان محمد بن تغلق. على سبيل المثال، عندما جيء بأخيه غير الشقيق مسعود خان بتهمة التمرد والعصيان، لم يتردد لحظة في تنفيذ الحكم عليه بالقتل. وحينما سأله عن ذلك أقرَّ بالتهمة خوفًا من العذاب؛ فإن مَن أنكر ما يدَّعيه عليه السلطان من مثل ذلك يُنكَّل به تنكيلًا شديدًا، فكان الناس يرون أن القتل أهون عليهم من العذاب. فأمر به، فضُربت عنقه وسط السوق، وظل مطروحًا هناك ثلاثة أيام للعبرة[2].

والظاهر أن عقاب محمد بن تغلق وتعذيبه الفظيع قد ألقى الخوف والرعب والاشمئزاز في قلوب الناس، وقد ظل ذلك حتى بعد وفاته. وعلى أي حال، أوقف خليفته السلطان فيروز شاه التعذيب الشديد وتلك العقوبات جميعها، وبذل جهدًا لجعل القانون الجنائي يتماشى مع قوانين الشريعة الإسلامية.

وقد ذكر المؤرخ عفيف العديد من آليات الملاطفة والاستقطاب التي اعتمدها السلطان فيروز شاه، وهي تُبرز السجايا الطيِّبة والقِيم والقواعد السلوكية التي سلكها السلطان نحو رعيته منذ بداية جلوسه على كرسي الحكم، وتلك السلوكيات في الواقع أدت إلى امتلاك قلوب الرعية واستقطاب أفئدتهم، وساعدت تلقائيًّا على تثبيت أركان الدولة، وتضييق الفجوة بين الحاكم والمحكوم[3].

وفي الواقع، لم يكن فيروز شاه بحاجة إلى مَن ينصحه بتجنب استعمال القوة والعنف والغِلظة، إذ كان يدرك جيدًا أن العنف يزيد من تهييج الرعية. ولعله من المناسب أن نذكر هنا قوله في إحدى الجلسات الدينية والعلمية التي جمعته بالشيخ الصوفي السهروردي صدر الدين، سبط الشيخ بهاء الدين زكريا الملتاني[4]، الذي كان يشغل منصب شيخ الإسلام في

---

(1) برني، تاريخ فيروز شاهي، ص467.

(2) راجع: ابن بطوطة، الرحلة، ص482. وقد ذكر ابن بطوطة أحداثًا عديدة لبطشه وفتكه بالعلماء والشيوخ الصوفيين والشخصيات السياسية. للتفصيل، راجع: مقالاته بعنوان «ذكر فتكات هذا السلطان وما نقم من أفعاله»، الرحلة، ص481-494.

(3) راجع: عفيف، تاريخ فيروز شاهي، ص109-110، 174-177.

(4) يُعد الشيخ بهاء الدين زكريا الملتاني، المُتوفَّى في 661هـ/ 1262م، المؤسس الحقيقي للطريقة السهروردية في الهند، فهو الذي وطَّد دعائمها، ونشر أفكارها، وروَّج لها في منطقة السند والملتان، حيث كان استقراره

عهد السلطان فيروز شاه، وتحدث فيها الشيخ عن مسألة مدد معاش وأهميته عند الأشخاص المتقاعدين وذويهم. ولأن السلطان فيروز شاه جعل مدد معاش مؤبدًا لكل عامل وموظف، بحيث لا ينقطع حتى بعد موت صاحبه إنما ينتقل إلى أفراد أسرته[1]، فقد أثنى شيخ الإسلام على ذلك الصنيع ثناء عطرًا، فبكى السلطان في تلك الجلسة، وقال مخاطبًا الشيخ: «يا شيخ الإسلام، لقد رأيت بنفسك أن الدنيا ليست دار خلود، وأن من سبقوني من السلاطين والملوك لم يبقَ أحد منهم في الحكم والسياسة إلا أيامًا معدودات، وأنا كذلك سوف أنتقل من دار الدنيا إلى الدار الآخرة»، ثم قرأ بيتًا شعريًا باللغة الفارسية، ومعناه: حينما ترى مكاني شاغرًا في المحفلِ الذي طالما شهد صولاتي وجولاتي، فستقول إنه لم يعُد ذلك الشخص العظيم الذي كان ملء السمع والبصر[2].

أما في مجال العقوبات، فثمة معطيات نصية مذكورة في فتوحاته تبين أنه وضع حدودًا لإصدار الأحكام العقابية. ووفقًا لما جاء فيها فإن العقوبة تكون على قدر الجريمة؛ فلا يجوز أن تُطبَّق الأحكام نفسها على مقترفي الجرائم صغارها وكبارها، كما أنه ألغى تقريبًا عقوبة القتل إلا في الأحداث الخاصة جدًّا. فقد سُنَّ قانون غير شرعي على عهد السلطان علاء الدين الخلجي[3]، لمعاقبة المتمردين والخارجين على الدولة، فكان أفراد أُسَرهم جميعهم يتعرَّضون لشتى أنواع التنكيل والتعذيب والاضطهاد، مما يُعَد مخالفة صارخة لقول الله تعالى: ﴿وَلَا تَزِرُ وَازِرَةٌ وِزْرَ أُخْرَىٰ﴾ [الأنعام: 164]، كما أن النبي صلى الله عليه وسلم أعلن صراحة في خطابه الذي ألقاه في حِجة الوداع، القضاء على هذه العادة الجاهلية، حينما قال: «لا يجني جانٍ إلا على نفسه، ولا يجني والد على ولده، ولا مَولود على والده»[4].

فيها، وما كان يرى أي بأس في تقوية العلاقات مع سلاطين دهلي بعكس سياسة الطريقة الچشتيه. وأسهم تلاميذه ومريدوه بدورهم في نشر أفكار تلك الطريقة في گجرات وبنگال وپنجاب وغيرها فيما بعد. للتفصيل عنه وعن طريقته، راجع: صاحب عالم الأعظمي الندوي، علاقة الصوفية الچشتية والسهروردية مع سلاطين دهلي، بحث منشور في مجلة ثقافة الهند، مج64، عدد 2، عام 2013م، ص101–166.

(1) راجع: عفيف، تاريخ فيروز شاهي، ص182–183.

(2) للتفصيل، راجع: المصدر السابق نفسه، ص59–60.

(3) علاء الدين محمد شاه الخلجي، تولى ملك دهلي لمدة عشرين عامًا، وتُوفِّي في عام 716هـ/ 1316م. راجع: الحسني، نزهة الخواطر، ج2، ص205.

(4) للتفصيل، راجع: محمد عبد الرحمن المباركفوري، تحفة الأحوذي بشرح جامع الترمذي، (بيروت: دار الكتب العلمية، بدون تاريخ)، كتاب الفتن، الباب الثاني، جـ6، ص269.

لم يكتفِ فيروز شاه بتدوين تفاصيل تلك العقوبات غير الشرعية، بل عمل جاهدًا على إلغاء ذلك القانون، وتلك العقوبات غير الشرعية. وفي هذا الصَّدد أمر ولاته بأن يأخذوا الحيطة والحذر الشديد في مسائل القضايا الجنائية وفي تنفيذ العقوبات، وألا تتغلب عليهم الرغبات النفسانية عند التعامل مع تلك القضايا، وأن يكفلوا الاحترام للنفس الإنسانية فهي مُكرَّمة ومعظَّمة، امتثالًا لقول الله تعالى: ﴿وَلَا تَقْتُلُواْ ٱلنَّفْسَ ٱلَّتِي حَرَّمَ ٱللَّهُ إِلَّا بِٱلْحَقِّ﴾ [الأنعام: 151][1].

ولعله من المناسب، أن نسوق هنا واقعة واحدة حدثت في عهد السلطان علاء الدين الخلجي، حينما شق بعض المغول حديثو العهد بالإسلام عصا الطاعة، وتمردوا وأشاعوا الفوضى في دهلي، فلم يكتفِ السلطان بدحرهم وذبحهم، بل أمر بقتل نسائهم وأولادهم أيضًا. وقد ذكر المؤرخ برني تلك الواقعة بالتفصيل، ثم علَّق عليها قائلًا: «لم تُعاقَب النساء والأطفال على جرائم الرجال في دهلي قبل ذلك، فلم يكن من العادة أن يُلقى القبض على نساء المجرمين وأطفالهم، ويُزَج بهم في السجن»[2]. ثم عبَّر برني عن غضبه حيال ذلك القانون غير الشرعي قائلًا: «وهذا ظلم عظيم، لم يرتكبه أي شخص حتى من أصحاب الديانات والمذاهب غير الإسلامية، غير الفراعنة والنمرود»[3]. وساق برني في مواضع عديدة في كتابه، عددًا من الوقائع المماثلة، قُتل فيها أفراد أهالي المجرمين والمتمردين[4].

وتفيد بعض الأحداث والوقائع بأن السلطان فيروز شاه كان حليمًا واسع الصدر، ولم تكن سورة الغضب والانفعال لتتمكن منه فتُفقده صوابه ورباطة جأشه مهما كان الموقف شديدًا. وخير مثال يجدر بنا أن نسوقه في هذا الصدد واقعة تمرُّد ومؤامرة ضده حاكتها

(1) لمزيد من التفصيل، راجع: منشور (فرمان) السلطان فيروز شاه إلى ابنه خان أعظم همايون فتح خان. وفي المنشور نفسه، وبجانب تلك الأوامر والتعليمات عن أصول الحكم وتفويض الحكم له في منطقة السنده، ذكرت فيه التفاصيل عن قوانين الدولة وتطبيقها وكيفية الالتزام بها في كل كبيرة وصغيرة. وكذلك أمره باتباع الأوامر واجتناب النواهي وفقًا لتعليمات القرآن والأحاديث النبوية وإرشاداتهما، مع التحرز التام من الوقوع في المحظورات. وكذلك أمره بالاهتمام بالعلماء والأولياء وأفراد أهل البيت وغيرهم، وبالتحلي بحسن الأخلاق المحمودة. كما طلب منه بذل كل المجهودات لرفاهية الشعب وازدهار ولايته وعمرانها. للتفصيل، راجع: ماهرو، إنشاي ماهرو، المكتوب الأول، ص2-8.

(2) راجع: برني، تاريخ فيروز شاهي، ص253.

(3) برني، المصدر السابق نفسه، ص276.

(4) برني، المصدر السابق نفسه، ص336.

الأميرة خداوند زاده شقيقة السلطان محمد بن تغلق، وابنها خسرو ملك، وزوجها داور ملك، الذين وفَّر لهم فيروز شاه حياة كريمة ومعيشة مرفهة في القصر الملكي الخاص بهم، بعد اعتلائه كرسي الحكم. وكان فيروز قد اعتاد أن يزور الأميرة وأهلها في قصرها في أيام الجُمع متوددًا وواصلًا لهم، وعند حضورها إلى المجلس كان يقف لها إجلالًا واحترامًا وبمنتهى التواضع والانكسار. ولكن هذه المعاملة الطيِّبة لم تُخمِد نار الغدر في صدرها ضده، فحاكت مع ابنها وزوجها مؤامرة، ودبَّروا لقتله في الخفاء، واستأجروا قتلة محترفين لتحقيق تلك الغاية، مستغلين في ذلك المال الذي تدفق بين أيديهم بفضله! وطلبوا من القتلة أن يختبئوا في مكان معين داخل القصر يوم زيارته في أحد أيام الجمع، غير أن إشارة من أحد خدم القصر جعلت السلطان فيروز يفطن إلى أن هناك أمرًا مُريبًا يُدبَّر له، فطلب على الفور دخول حراسه الخواص الذين أحاطوا بالقصر من كل جانب واستولوا عليه وتمكنوا من القبض على أولئك القتلة الذين أحيلت قضيتهم إلى دار القضاء. وسرعان ما اكتشفوا ضلوع الأميرة وابنها وزوجها في تلك المؤامرة الإجرامية. وعلى الرغم من هذا، لم يأمر فيروز بقتل أحد منهم، بل أمر فقط بتحديد إقامة الأميرة في القصر الخاص بها، وقرر لها مدد معاش. وبعد التحقيق والتحريات عُثر على خزينة كبيرة في قصر الأميرة خداوند زاده، فصودرَت وضُمَّت إلى الخزينة الملكية. أما ابنها خسرو ملك، فاقتصرت عقوبته على طرده ونفيه خارج الهند. ولم يأخذ فيروز أي إجراءات أو عقوبة شديدة ضد زوج الأميرة داور ملك، لكنه أمره أن يحضر البلاط السلطاني غُرَّة كل شهر لتقديم السلام والتحية للسلطان. وهكذا، نجا السلطان من تلك المؤامرة، وفي الوقت نفسه لم يأمر بقتل أحد من أولئك المتآمرين والقتلة[1].

ومع أن فيروز شاه لم يدوِّن اهتمامه بحقوق السجناء، بيد أننا نجد مقالة خاصة بذلك الأمر في كتاب عفيف، الذي ذكَّر باهتمام السلطان بحق المسجونين وتحسين ظروف سجنهم وتفقُّد أحوالهم، خصوصًا فيما يتعلق بطعامهم وكسوتهم، إلخ. ووفقًا لقوله، فإن السلطان فيروز كان يُشدِّد على استقصاء ثلاثة أمور: التحقيق في أحوال السجن، وفيما إذا كانت الجناية المرتكَبة تستحق عقوبة السجن، وإطلاق المسجونين فورًا إذا استحقوا ذلك. وإذا قرر القضاة إجلاء سجين ما ونفيه، كان ذلك السجين يُعطى مبلغًا من المال لكيلا يعاني

(1) للتفصيل، راجع: عفيف، تاريخ فيروز شاهي، ص63–65.

من ضيق العيش والهم في سفره وغربته. وكان السلطان فيروز شاه يحرص على تعيين قضاة ورِعين مشهود لهم بالنزاهة والاستقامة والمعايير الأخلاقية الصارمة الموافِقة لروح العدالة، ويُطالبهم دائمًا بعدم إبقاء المسجونين في السجن لمدة طويلة، لأن لهم عائلات وعيالًا ليس لهم مَن يعيلهم. وبالجملة، كان السلطان يوجه المسؤولين بالقضاء والسجون توجيهًا شديدًا بشأن المسجونين بأن يُطلق سراحهم بأقصى سرعة ممكنة، حتى إنه طلب منهم تقديم سجلات المسجونين له غُرَّة كل شهر للنظر في أحوالهم وإصدار العفو عن بعضهم[1].

ويجدر بنا في ختام الحديث عن هذا السلطان أن نذكر كيف أنه كان لفرط ورعه وخشيته يترفع عن سفك الدماء. وقد عبَّر عن إخلاصه لسلفه وابن عمه محمد بن تغلق بأن عوَّض أبناء كلِّ مَن عوقب بالقتل أو التعذيب أو تقطيع الأعضاء في عهده، فأنعم عليهم بالعطايا والوظائف، ثم أخذ منهم براءة لذمة السلطان المرحوم، وختمها بخاتم الأكابر والأمراء، وأودعها مقبرته، في تصرُّف ينم عن شدة الإخلاص ونقاء السريرة[2].

موقفه من ظهور الحركات والأفكار المذهبية

الحق أنه قد ظهر عدد من الحركات والجماعات المذهبية المنحرفة والهرطقية في عهد السلطان فيروز شاه، ربما نتيجة للتوجهات الدينية المختلفة وصراعاتها ونزاعاتها الفكرية في عهد سلفه، مثل: مفاهيم العقلانية المختلفة عند السلطان محمد بن تغلق، والنهج الروحي للطرق الصوفية، ووصول أيديولوجية ابن تيمية وأفكاره الدينية والسياسية، وتأثير الأفكار الروحية لوحدة الوجود والأديان لأتباع ابن عربي. ففي ظل تلك الظروف الدينية والفكرية الخاصة، كان لا بد من ظهور حركات ومذاهب منحرفة وهرطقية، ومنها تلك الحركات التي أشار إليها فيروز شاه في مقالاته[3].

ولعله من المناسب أن نشير هنا إلى مجموعة من تلك الحركات والمذاهب الفكرية التي حصرها الشيخ جلال الدين مخدوم جهانيان، وهي: الروافض، والخوارج، والجبرية،

---

(1) للتفصيل، راجع: المصدر السابق نفسه، ص262.

(2) راجع: الهروي، طبقات أكبري، جـ1، ص198.

(3) للتفصيل، راجع: فيروز شاه، فتوحات فيروز شاهي، نسخة جامعة عليگره الإسلامية، ص5-6؛ نظامي، مذهبي رجحانات، ص427-428.

والقدَرية، والجهمية، والمرجئة[1]. ثم تناول عقائدهم مفصلاً، ثم ذكر اثنتي عشرة فرقة للروافض، ومنها فرقة «المتربصية» التي كانت تؤيد الخروج على السلطان والإمام والحرب عليهما، وكتب عن فرقة «الخازهية» من الخوارج، قائلًا: «إن تلك الجماعة يجوز لديها أن يعاشر أحد امرأة غيره إذا شعر بالشهوة نحوها»[2]. وفي الغالب، فإن شعور فيروز بالنتائج الخطيرة في المجال الديني والاجتماعي والسياسي التي ستتمخض عن مثل تلك الأفكار والعقائد الباطلة والإباحية، هو ما دفعه إلى اتخاذ الإجراءات الصارمة ضد بعض الفرق الشيعية، على الرغم من تسليمه بمكانة أهل البيت وتوقيرهم واحترامهم وحبهم، نظرًا لقرابتهم من رسول الله صلى الله عليه وسلم. ووفقًا لبرني، فقد حاز فيروز قصب السبق في حبه لآل البيت وتوقيرهم واحترامهم، بكل إخلاص[3]. وقد بلغ في حبه وإخلاصه لآل البيت مبلغًا عظيمًا، حيث عيَّن بعضهم في المناصب العليا. فعلى سبيل المثال، جعل خداوند زاده قوام الدين ترمذي من كبار الأمراء ومنحه مناصب وألقابًا شريفة، وكذلك جعل ملك سيف الملك أحد أفراد آل البيت وزيرًا له للصيد والقنص، كما عيَّن ملكَ السادات والأمراء أشرفَ الملك في منصب نائب الوكيل في البلاط السلطاني. ووفقًا لبرني، فإن السلطان يفتح أمامهم أبواب الإنعام والإكرام والإحسان، وهذا الأمر ليس مقصورًا على أولئك الأمراء والوزراء، بل منح السلطان الأراضي والقرى لعدد من أسر السادة الأشراف، وأنعم على جملة السادات الأشراف في دهلي وما حولها بشتى العطايا والهبات السلطانية[4].

موقفه من الفرق الإباحية والتعامل الشديد معها

كانت الفرق الإباحية تدعو الناس إلى التحلل من قيود القوانين والشرائع والأخلاق والآداب والدين، وفي الوقت نفسه ترى وجوب إبطال قدرة الإنسان على اجتناب المنهيات والإتيان بالمأمورات، وتنفي ملكية الفرد، وتُشرك الجميع في الأموال والأزواج من دون التقيد بالسلوك والقواعد والقوانين الأخلاقية.

---

(1) راجع: سراج الهداية، ص390-401.

(2) نظامي، مذهبي رجحانات، ص424.

(3) برني، تاريخ فيروز شاهي، ص580.

(4) للتفصيل، راجع: برني، تاريخ فيروز شاهي، ترجمة أردية، ص810-811.

وقد ظهرت فرق إباحية عديدة بين المسلمين والهندوس في عصر سلطنة دهلي، وكانت تتستر بالمذاهب الدينية الباطنية الإسلامية والهندوسية والتصوف، وحاولت تطبيق أفكار الإباحية بواسطة تجمُّع الناس من الرجال والنساء في مكان وزمان معينَين للهو والطرب وإقامة العلاقات الجنسية العشوائية، إلخ. وبات ذلك الأمر مشهدًا فظيعًا في المجتمع خلال تلك الفترة.

وقد ذكر بعض الباحثين تفاصيل أنشطة تلك الفرق الإباحية[5]. ووفقًا للمصادر، فإن السلطان علاء الدين الخلجي سنَّ قوانين شديدة وصارمة ضد تلك الفرق الإباحية، ونشَّط الاستخبارات للكشف عن الأماكن المشبوهة وأنشطة الإباحيين، وتمكَّن بمساعدة تلك الأجهزة النشطة من القبض عليهم وإعدامهم[6]. ووفقًا لبرني، فقد أدت تلك العقوبات الشديدة إلى اندثار كلمة «إباحية» من ذاكرة الناس اللغوية[7].

ويتبيَّن من مقالات «فتوحات فيروز شاهي» أنه في عهد السلطان فيروز شاه عادت تلك الفرق إلى الظهور في المجتمع، لذلك جعل السلطان مقالة خاصة لِذِكر هذه الفِرق[8]. ووفقًا لبعض المؤرخين المتخصصين في تاريخ تلك الحقب، فإن الوضع الاجتماعي لمسلمي الهند أصبح مترديًا للغاية في القرن الثامن الهجري (الرابع عشر الميلادي)، وزاد الانحطاط الديني والخُلقي، نظرًا إلى ما كان شائعًا بين الناس من الجهل والضنك والضيق، مما أدى بهم إلى الإيمان السطحي بالله، وترسَّخت الأوهام الدينية والأساطير في الفكر الإسلامي، وظهر تعظيم القبور والتبرك بها، بل اتخاذها مساجد، والغلو في اعتقاد المريدين في شيوخهم الذين هم أعمدة التصوف الإسلامي وقوائمه، وتسابقت الحركات والجماعات المنحرفة والإباحية في نشر الأفكار والنظريات الإباحية في المجتمع، وأصبحت البدعة وزيارة قبور الأولياء أمرًا مألوفًا، ولم يكن هناك فرق بين المسلمين والهندوس في ممارسة مثل تلك النشاطات المنحرفة[9].

---

(5) H.W. Bellew, The Races of Afghanistan, (Calcutta: Thacker, Spink & Co., 1880), pp. 84-86, 95-96.

(6) راجع: برني، تاريخ فيروز شاهي، ص336.

(7) المصدر السابق نفسه، ص336.

(8) للتفصيل عن وضع الإباحية والإلحاد والحركات الدينية المنحرفة في زمن السلطان فيروز شاه، راجع: سيرة فيروز شاهي، ص50-51.

(9) راجع: نظامي، مذهبي رجحانات، ص390.

والسؤال المطروح هنا: لماذا كان أولئك الدعاة للإباحية يتسترون بالحركات الباطنية وبالتصوف والصوفية؟

لعل جواب الشيخ الإمام الغزالي يمدنا بمعلومات توضيحية عن ذلك، فقد عالج الإمام ذلك الموضوع في أحد مصنفاته، وتناوله في فصل خاص عقده بعنوان «في حقِّ الإباحية والزناديق...»، وكتب قائلًا:

«وأما سبب ازدياد هذه الفِرق الإباحية، فإن الشيطان حسد الصوفية الذين هم أحسن الخلق، وكانوا غير مبتلين بأية شهوة أو معصية، وحسد الفاسقين، وقال: «ولو أنهم من أسوأ الخلق، إلا أن باب الأمل مفتوح لهم... فلا بد من طريق لتلويث هؤلاء الطيبين بالمعاصي، وتعمية هؤلاء الفاسقين حتى لا يروا شرورهم وآثامهم». فأراد أن يجمع بين الصوفية والفاسقين، فجاء قائلًا للصوفية: «لماذا تزجرون أنفسكم بلا فائدة، حيث إن الله تعالى لا يحتاج لشيء من طاعتكم ولا يضره شيء من معصيتكم له. وأما أنتم فلكم هذه القربة...». فلما أثَّرت في قلوبهم هذه الوسوسة، وأمدتهم الطبيعة الحيوانية لطلب الشهوة، أخذت ترسخ وتستحكم حتى أخذوا بالمعاصي، وأباحوا النساء والأولاد، وكانوا في لبس ولباس الصوفية، وكانوا يقولون الألفاظ الموزونة... فلما زرع الشيطان في قلوبهم هذه الشجرة، انصرف عنهم، وعرف بأنهم سوف لا يصلحون ولا يقبلون العلاج، لأنهم أصبحوا أسرى لجميع الشهوات، وعاشوا في زي المتصوفة، وظنوا أنهم من المقربين إلى باب حضرة العزَّة. وفي الحقيقة أنهم أسوأ الخلق، وأردأ الأمة، وعلاجهم اليأس، ولا تفيدهم المناظرة ولا النصيحة، فمن الواجب استئصالهم وقمعهم وإراقة دمائهم، ولا طريق سوى هذا في إصلاحهم. يفعل الله بالسيف والسنان ما لا يفعل بالبرهان»[1].

موقفه من وحدة الوجود والأديان والحلولية وحركاتها

لعل أول مصدر للفلسفة الوجودية والحلولية هو «الأوپنشاد»[2]. وكانت تلك الفلسفة شائعة ومتداولة في المجتمعات الهندية، غير أنها راجت وشاعت بين المسلمين بعد وصول

---

(1) أبو حامد محمد الغزالي، فضائل الأنام من رسائل حجة الإسلام، ترجمة وتحقيق: نور الدين آل علي، (تونس: الدار التونسية للنشر، 1972م)، ص147-148.

(2) «الأوپنشد» أو «الأوپنشاد» السنسكريتية، لفظ مُركب من شقين: «أوپا» وتعني القرب، و«نشد» وتعني الجلوس، أي: الجلوس بين يدي المعلم الروحي لتلقي العلم والمعرفة الروحية. وكذلك تُطلَق هذه اللفظة

أفكار الشيخ محيي الدين ابن عربي - المتوفَّى في عام 638هـ/ 1240م، والمعروف بـ«الشيخ الأكبر» و«الكبريت الأحمر» عند الصوفية - إلى الهند، عن طريق مؤلفاته، خصوصًا «فصوص الحكم»، و«الفتوحات المكية»، وجرت دراسة مضامين هذين الكتابين وتوضيحها وتبيانها في الدوائر الصوفية على نطاق واسع في الهند آنذاك.

وليس بخافٍ أن هناك تماثلًا بنيويًّا بين بعض الطرق الصوفية الإسلامية والهندوسية في جانبهما الحلولي. ويتضح من كلام الشاعر والأديب مطهر أن كتابَي «فصوص الحكم» و«عوارف المعارف» كانا ضمن المناهج الدراسية في مدرسة فيروز شاهيه، وهو نفسه درس فيها[1]. ومع ذلك، فإن التعبير العلني عن الأفكار الوجودية والحلولية كان دائمًا موضع انتقادات وإدانة.

على أي حال، ففي عهد السلطان فيروز شاه تغلق، كان كلٌّ من الشيخ علي الهمداني[2]،

على «العقيدة الباطنية أو السرية». بيد أنه وفقًا لبعض علماء اللغة، فإن كلمة «أوپنشد» تعني الخروج من ظلمة الجهل بواسطة معرفة أسرار الروح العليا. وعلى أي حال تعني الأوپنشد في معناها العام: متونًا سنسكريتية قديمة تحوي التعليمات الروحية والأفكار الهندوسية العريقة، وهي ذات حضور وأهمية كبرى في جميع المذاهب والديانات المنشقة عن الهندوسية، مثل البوذية والجينية وغيرهما. وكذلك تفسر «الأوپنشد» النصوص المقدسة المذكورة في كتب الفيدا، لا سيما تلك التي تتعلق بالتأمل والتفكر والفلسفة والمعرفة الروحية ووحدة الوجود، إلخ. ولكونها أهم الأدبيات في تاريخ الأديان والثقافة الهندية، أدَّت «الأوپنشد» دورًا مهمًّا في تطوير الأفكار الروحية في الديانة الهندوسية، كما أثَّرت في معظم الفلسفات الهندية، وتبوأت منزلة رفيعة وشهرة وتداولًا بين جميع الأدبيات الفيدية. وتتبع تعاليمها فلسفتين رئيستين: ترى إحداهما أن ثمة حقيقة أساسية واحدة تسمى «برهما» أي الإله، ويقابله «أتما» وتعني الروح، وعلى ذلك فإنه لا يوجد تمييز حقيقي بين الروح والإله وفقًا لتلك الفلسفة. أما الفلسفة الأخرى، فإنها ترى أن كل روح هي بمفردها سرمدية. للتفصيل، راجع:

Jones, Constance, Encyclopedia of Hinduism, (New York: Infobase Publishing, 2007), p. 472; Wendy Doniger, Textual Sources for the Study of Hinduism, (Chicago: University of Chicago Press, 1990), pp. 2-3; Gavin Flood, An Introduction to Hinduism, (Cambridge: Cambridge University Press, 1996), pp. 35-39; Patrick Olivelle, The Early Upanisads, (Oxford: Oxford University Press, 2014), pp. 3-4.

(1) مطهر الدين أو مظهر الدين، «ديوان مطهر كره»، تحقيق: محمد شفيع ورفقائه، مجلة الكلية الشرقية، عدد 11، مايو وأغسطس (1935م)، ص199.

(2) صوفي معروف، عاش في كشمير، قدِمَ من إيران واستقر في كشمير، وتُوفِّي بها في عام 785هـ/ 1384م. وكان كثير التأليف والتصنيف. إضافةً إلى شرح «فصوص الحكم»، دوَّن أيضًا كتابًا في مجال التعليمات الإسلامية والأخلاق والحكم والسياسة والخلافة بعنوان «ذخيرة الملوك». راجع: نظامي، مذهبي رجحانات، ص388.

وأبي المحاسن شرف الدين الدهلوي[1]، والشيخ الصوفي السيد محمد گيسو دراز، قد شرحوا كتاب «فصوص الحكم»، ونشروا مضامينه وأفكاره من ناحية. وسعى كلٌّ من الشيخ الصوفي شرف الدين يحيى منيري، ومسعود بك، ومير السيد أمير ماه، من كبار المعتقدين في وحدة الوجود والأديان، إلى ترويج أفكار الكتاب وتعليماته من خلال ملفوظاتهم وأشعارهم من ناحية أخرى. وكان لمسعود بك صِلة قرابة بالسلطان فيروز شاه، وترك له ديوانًا شعريًّا وكتابًا في التصوف بعنوان «مرآة العارفين»[2]. ولا تخبرنا المصادر عن كيفية تعامُل السلطان معه ومع الشيخ الصوفي الكبير للطريقة الفردوسية شرف الدين يحيى منيري الذي استاء استياء شديدًا عندما أمر السلطان بإعدام أحمد البهاري الذي جهَر بوجهات نظره إزاء وحدة الوجود. وكما جاء في «فتوحات فيروز شاهي»، فإنه أعدم أيضًا أحد عبيد الأمير عين الملك ماهرو بسبب إعلانه «أنا الحق». وستأتي تفاصيل ذلك في ترجمة رسالة «فتوحات فيروز شاهي».

ولعله من المناسب أن نذكر هنا أن السلطان - وإن لم يُذكر في الرسالة - عاقب أولئك الذين حاولوا نشر أفكار الحركة «البهگتية» أيضًا، تلك التي أسستها شخصيات هندوسية وإسلامية بُغية التقارب الديني والفكري، وتحت ذريعة «وحدة الوجود والأديان»، وتأصيل قيم الحوار والتعايش السلمي والتنوع الفكري والمذهبي، غير أن تلك الحركة كانت تدعو إلى دمج الفكر الإسلامي مع الفكر الهندوسي، وخلْق سبل متبادلة للعبادة والسلوك غير المألوف، معتبرين الطقوس الدينية في الهندوسية والإسلام وفي المذاهب الأخرى لاغية لا معنى لها[3]. وعلى أي حال، تفيد المصادر بأن شخصًا اسمه «نواهون» قُبِض عليه في

(1) تُوفِّي في عام 794هـ/ 1392م، وترك كتابه «عين الفصوص شرح الفصوص»، وله نسخة خطية محفوظة في المكتبة الآصفية بحيدر آباد تحت رقم (المجلد الأول، 376). للتفصيل، راجع: نظامي، مذهبي رجحانات، ص388.

(2) للتفصيل، راجع: نظامي، مذهبي رجحانات، ص388، 412.

(3) كلمة «بهگتي» السنسكريتية مشتقة من أصل كلمة «بهاج» وتعني المشاركة أو الانتماء والولاء. ويعني مصطلح «البهگتي» طريق الخلاص والسلام، والتفاني، والولاء، والإيمان، والحب، والعبادة، والتقوى، إلخ، للمبدأ الديني والروحي، أو وسيلة للخلاص، والاتصال الكامل بالفكر التعبدي والإيماني. ظهرت الحركة البهگتية في العصور الهندوسية القديمة، وانتشرت مع الوقت في جميع أنحاء الهند. تاريخيًّا نشأت في القرن السابع الميلادي في منطقة تمل ناد الواقعة في جنوب الهند. ومنذ بداية القرن السابع الهجري (الثالث عشر الميلادي) فصاعدًا، بدأت أفكارها ودعوتها تنتشر في شمال الهند. وبلغت أوجها بين القرون الثامن والتاسع والعاشر والحادي عشر الهجرية (الرابع عشر والخامس عشر والسادس عشر والسابع عشر الميلادية). للتفصيل عن تطور الحركة البهگتية وأعلامها وتأثيرها في الحياة الدينية والاجتماعية في الهند الإسلامية، راجع:

دهلي بسبب اعتناق أفكار الحركة البهگتية وترويجها، ونظر القضاة والعلماء في مسألته، وأصدروا فتوى بجواز قتله بسبب ارتداده عن الإسلام[1].

المبحث الخامس: الوضع العلمي والثقافي في عهده

اشتهر عهد السلطان فيروز شاه بوجود العلماء والفقهاء والأدباء والشعراء والمترجمين. وكان السلطان يقدِّر العلم وأهله، وتجلى اهتمامه الكبير في تدوين الكتب في مجال الشريعة، خصوصًا تدوين الفتاوى، الأمر الذي جعله يقرِّب العلماء والفقهاء الذين حَظَوا بعظيم الاحترام في البلاط السلطاني.

وفي الواقع، كانت تلك النهضة العلمية والاهتمام بالعلم والعلماء امتدادًا للعهود السابقة. فعلى سبيل المثال، لم يكن السلطان علاء الدين الخلجي[2] مهتمًّا جدًّا بالعلوم الشرعية، لكن هذا لم يمنع نبوغ العلماء والفقهاء في عهده. ويمدُّنا برني بقائمة كبيرة من العلماء والفقهاء الذين أسهموا في تطوير العلوم الشرعية في عهده، سواء بواسطة حلقاتهم العلمية الخاصة، أو بواسطة المدارس الإسلامية الأهلية[3].

وعندما قامت الدولة التغلقية عقب سقوط الدولة الخلجية، واعتلى السلطان غياث الدين تغلق عرش دهلي، أعطى جُل اهتمامه للعلماء والفقهاء والعلوم الشرعية، وكتب عنه المؤرخ المعاصر برني قائلًا:

«أصدر السلطان أوامر قضائية بالامتناع عن التعدي على الشريعة الإسلامية، وحظي العلماء والقضاة والمفتون وهيئة الأمر بالمعروف والنَّهي عن المنكر وأركانها باحترام كبير، وعلا شأنهم في البلاط السلطاني»[4].

Rekha Pande, "The Bhakti Movement—An Interpretation", Proceedings of the Indian History Congress, Vol. 48 (1987), pp. 214-221; Christian Novetzke, "Bhakti and Its Public", International Journal of Hindu Studies, 11 (3) 2007, pp. 255-272; Patton E. Burchett, 'Sultans, Saints, and Songs: Persianate Culture, Sufism, and Bhakti in Sultanate India', in, A Genealogy of Devotion: Bhakti, Tantra, Yoga, and Sufism in North India, (Columbia University Press, 2019), pp. 64-98.

(1) للتفصيل، راجع: مولانا جمالي، سير العارفين، (دهلي: مطبعة رضوى، 1311هـ)، ص، 159-160.

(2) لترجمته المفصلة، راجع: الحسني، نزهة الخواطر، ج2، ص205.

(3) راجع: برني، تاريخ فيروز شاهي، ص513-519.

(4) برني، المصدر السابق نفسه، ص611-612.

أما السلطان محمد بن تغلق، فقد أبدى اهتمامًا خاصًّا بالعلم والعلماء الذين استقدمهم من الدول العربية والإسلامية، لا سيما العلماء المتخصصون في الفلسفة الإسلامية والأحاديث والفقه. وقد تمتع أولئك العلماء بمكانة خاصة في البلاط السلطاني، فكان السلطان محمد يجالسهم ويحاورهم ويناقشهم في العلوم الشرعية[1].

ولا شك أن السلطان فيروز شاه ورث تلك السُّنة الحسنة من ابن عمه، غير أنه حينما تولى مقاليد الحكم ركَّز جهوده على علوم الفقه ونشر الشريعة الإسلامية وترويجها[2]. وقد أدى ذلك الاهتمام إلى ظهور عدد من كتب الفتاوى الشهيرة في عهده، من أهمها «فتاوى فيروز شاهي»[3]. ووفقًا لسيرته الذاتية، كان السلطان يستمع إلى معظم الكتب الفقهية التي صُنعت وأُعدت تحت رعايته وبتوجيهه من البداية إلى النهاية[4]. وفيما يتعلَّق بـ«فتاوى فيروز شاهي»، فهذا الكتاب[5] أُعد بطلبه وبتوجيهه. والحقيقة أن الشيخ صدر الدين يعقوب مظفر كرماني بدأ في تأليف هذا الكتاب، غير أنه تُوفِّي قبل إتمامه، وبناءً على طلب السلطان أنجزه علماء آخرون مع بعض التعديلات والإضافات. وقد استعان صاحب الكتاب بكتب فقهية قديمة مثل: «الفتاوى الصغرى»[6]، و«الفتاوى الخانية»[7]، و«الفتاوى السراجية»[8]،

---

(1) حول اهتمامه بالعلم والعلماء، راجع: نظامي، مذهبي رجحانات، ص349-354.

(2) للتفصيل، راجع: إصلاحي، ظفر الإسلام، إسلامي قوانين كي ترويج وتنفيذ عهد فيروز شاهي كي هندوستان مين، (عليگره: إدارة علوم إسلامية، 1998م).

(3) النسخة المنشورة منقحة وموسعة من المخطوط الأصلي للسيد يعقوب مظفر كرماني. أما الكتاب نفسه فهو عبارة عن مجموعة كبيرة من المسائل الدينية والقوانين والشريعة. وكان الهدف من إعداده تقديم دليل شامل لتوجيه القضاة والمفتين على الخصوص، ولعامة المسلمين على العموم. لمزيد من المعلومات عن هذا الكتاب، راجع:

Islahi, Zafarul Islam, *Fatawa-Literature of the Sultanate period*, (Delhi: Kanishka Publishers, 2005), pp. 21-22.

(4) راجع: سيرة فيروز شاهي، ص151.

(5) توجد له نسخة خطية في مكتبة آزاد بجامعة عليگره الإسلامية. لمزيد من المعلومات، راجع: فهارس كتب خانه أنديا آفس رقم 2564؛ وأيضًا: فهارس مكتبة الجمعية الآسيوية ببنگال، ص499.

(6) كتاب «الفتاوى الصغرى» للإمام عمر بن عبد العزيز بن مازة البخاري الحنفي المُتوفَّى في 536هـ/ 1141م، والذي جمعه وبوَّبه الإمام نجم الدين يوسف بن أحمد الخاصي الخوارزمي، المُتوفَّى في 634هـ/ 1236م.

(7) كتاب «الفتاوى الخانية»، فتاوى قاضي خان في مذهب الإمام الأعظم أبي حنيفة النعمان، ألَّفه الإمام فخر الدين حسن بن منصور الأوزجندي الفرغاني المُتوفَّى في 592هـ/ 1195م.

(8) كتاب «الفتاوى السراجية»، ألَّفه سراج الدين أبو محمد علي بن عثمان بن محمد التنيمي الأوشي الحنفي، المُتوفَّى في 569هـ/ 1173م.

و«كتاب الهداية»[1]، و«الواقعات الحسامية»[2]، و«الواقعات الظهيرية»[3]، و«الذخيرة»[4]، إلخ[5].

ولم يكن ذلك الاهتمام مقصورًا على السلطان فحسب، بل امتد إلى أركان دولته، فاشتهر من نبلائه «خان أعظم تتار خان»، المُتوفَّى 757هـ/ 1357م[6] تقريبًا، الذي تحت إشرافه أعدَّ علماء كبار تفسيرًا لمعاني آيات القرآن اشتُهر بـ«تفسير تتار خاني»[7]. كما ألَّفوا كتابًا في الفقه سُمِّي بـ«الفتاوى التتارخانية» باللغة العربية[8]، تحت رعاية الشيخ عالم بن علاء الدين الحنفي الإندرپتي الدهلوي، المُتوفَّى 786هـ/ 1384م[9]، وهذا الكتاب الأخير يحتوي على آلاف القضايا الفقهية، والخلافات بين الفقهاء، وفتاواهم حول الحياة الدينية والاجتماعية والسياسية، إلخ، وتوجد له نُسخ خطية عديدة أقدمها تقع في تسعة مجلدات، وتُرجمَت إلى اللغة الفارسية أثناء القرن التاسع الهجري، وهي محفوظة في المكتبة الآصفية

---

(1) كتاب «الهداية شرح بداية المبتدئ»، ألَّفه الفقيه الحنفي علي بن أبي بكر بن عبد الجليل الفرغاني المرغيناني، أبو الحسن برهان الدين، المُتوفَّى في 593هـ/ 1196م، وهو من أمهات كتب فقه الحنفية، وهو شرح لكتابه الآخر «بداية المبتدئ» الذي يُعَد متنًا في فقه الحنفية.

(2) كتاب «الواقعات الحسامية في مذهب الحنفية»، أو واقعات الحسامي المسمى بالأجناس، للصدر الشهيد حسام الدين عمر بن عبد العزيز البخاري الحنفي، المُتوفَّى في 536هـ/ 1141م، وهو عبارة عن مجموعة أحكام فقهية وفق المذهب الحنفي.

(3) كتاب «الواقعات/ الفتاوى الظهيرية»، دوَّنه ظهير الدين أبو بكر محمد بن أحمد القاضي المحتسب ببخارى، البخاري الحنفي، المُتوفَّى في 619هـ/ 1222م، وجمع فيه الواقعات والنوازل.

(4) كتاب «الذخيرة البرهانية» المسمى «ذخيرة الفتاوى في الفقه على المذهب الحنفي»، دوَّنه الإمام برهان الدين أبي المعالي محمود بن أحمد بن عبد العزيز بن عمر بن مازة المرغيناني البخاري، المُتوفَّى في 616هـ/ 1219م.

(5) راجع: نظامي، مذهبي رجحانات، ص396.

(6) الأمير «تتار خان الدهلوي»، كان من الرجال المعروفين بالفضل والصلاح والرئاسة والسياسة، التقطه السلطان غياث الدين تغلق حين كان في بعض غزواته مولودًا فقام بتربيته، ولما تولَّى الملك قرَّبه، واستمر في عمله السياسي والعسكري في عهد فيروز، إلى أن تُوفِّي في عهد الأخير. الحسني، نزهة الخواطر، ج2، ص148-149.

(7) عن ترجمته المفصَّلة وعن ذلك التفسير، راجع: عفيف، تاريخ فيروز شاهي، ص223-224.

(8) عفيف، المصدر السابق نفسه، ص224.

(9) قام المفتي شبير أحمد القاسمي الهندي، بترتيب تلك الفتاوى وجمعها وكتابة التعليقات عليها وتخريج المتون التي بلغ عددها نحو عشرة آلاف حديث وأثر، ويقع هذا الكتاب المطبوع في عشرين مجلدًا، ونُشر من مكتبة زكريا، بديوبند، 1487هـ.

بـ«حيدر آباد الدكن»[1]. وطبقًا لبعض الباحثين، فإن اللجنة العلمية استعانت بمعظم الكتب الفقهية الكبيرة في إعداد هذه الموسوعة الفقهية، مثل: الكتب في الفقه الحنفي، والشافعي، والحنبلي، وكتب الفتاوى وغيرها، فضلًا عن الكتب الفقهية المعاصرة لها[2].

والحقيقة أن الناس في ذلك العصر كانوا مهتمِّين جدًّا بالفقه والفتاوى، ويتضح ذلك من بعض الأعمال الفقهية التي دُوِّنَت في قالب شعري تعليمي. فأحد طلاب الشيخ الصوفي نصير الدين چراغ الدهلوي دوَّن مثنويًّا طويلًا حول موضوع الفقه والفتاوى، بعنوان «طرفة الفقهاء»، ويحوي هذا المثنوي أكثر من ثلاثين ألف بيت حول الموضوع المذكور[3]. وكذلك دوَّن بعض العلماء كتبًا فقهية وأهدوها إلى السلطان، ومنهم على سبيل المثال: مولانا شرف بن محمد العطائي الذي أعد كتابه في الفقه بعنوان «فوائد فيروز شاهي في فروع الحنفية» باللغة الفارسية[4]. ويتضح من مضامين هذا الكتاب المنظورُ الواسع للاتجاهات في الدراسات الإسلامية أثناء تلك الحقبة التاريخية.

وكان للفقه والعلوم الشرعية نصيب كبير من اهتمام فيروز شاه، فقد بدأ في عهده اهتمام خاص بترجمة الكتب السنسكريتية للعلوم التطبيقية، لا سيما كتب الفلك والطب، إلى اللغة الفارسية، وذلك بجهود العلماء الهندوس[5]. وقد ذكر في سيرته بعض تلك الأعمال العلمية التي تُرجمت إلى اللغة الفارسية بأمره وتوجيهه، ومنها على سبيل المثال: كتاب في الفَلك عثر عليه السلطان في معبد «جوالا مكهي»، وقد نقله إلى الفارسية عز الدين خالد خاني، باسم «دلائل فيروز شاهي»، ومضامين هذا الكتاب تتعلَّق بالفلك والحكمة والطبيعة والتفاؤل والتشاؤم والتطيُّر[6]. وتُرجمت عدة كتب سنسكريتية أخرى في الرياضيات والنجوم والأدب

---

(1) راجع: گيلاني، مناظر أحسن، مُسلمانون كا نظام تعليم وتربيت، (دهلي: ندوة المصنفين، 1944م)، جـ1، ص38.

(2) المصدر السابق نفسه، جـ1، ص38.

(3) شيخ إكرام، آب كوثر، (دهلي: شركة تاج، 1987م)، ص433.

(4) يوجد لهذا العمل نسخ خطية عديدة، منها: نسخة محفوظة في مكتبة آزاد بجامعة عليگره ضمن مجموعة سبحان الله، تحت رقم (3 .297/ 27)، ونسخة ثانية محفوظة ضمن مجموعة جواهر برقم (687)، ونسخة ثالثة محفوظة في مكتبة الجمعية الآسيوية الشرقية ببنگال تحت رقم (1069)، ونسخة رابعة محفوظة في مكتبة خدا بخش الشرقية (Catalogue Vol.XIV /1225).

(5) راجع: نظامي، مذهبي رجحانات، ص398-399.

(6) كتب نظام الدين الهروي أنه اطَّلع على ذلك الكتاب. والحقُّ يقال، إنه كتاب قيِّم، ويتضمن أقسام الحكمة العلمية والعملية. راجع: الهروي، طبقات أكبري، جـ1، ص193.

والموسيقى[1]. وكذلك أمر السلطان مولانا عبد العزيز الدهلوي[2] بنقل كتاب في علم النجوم «باراهي سنكهتا أو برهت سميتها» للعالِم الهندي القديم «باراهمير أو وراها مهيرا»[3]، وهو يُعَد من أهم الكتب السنسكريتية في مجال علم الفلك والتنجيم[4].

وهكذا، ضرب السلطان فيروز شاه مثلًا يُحتذى به في التسامح الديني، وفصل بين انتمائه العقائدي وبين رغبته في الاستفادة من علوم أصحاب الديانات الأخرى. وقد تجلى اهتمام فيروز شاه بالعلم والعلماء في اصطفائه عددًا من العلماء والمشايخ، وتقريبهم إلى نفسه ومجلسه، وإحاطتهم بالرعاية والعطايا الجزيلة.

ومن بين العلماء الذين اكتسبوا شهرة كبيرة في عهد السلطان فيروز شاه، مولانا مجد الدين الفيروز آبادي، صاحب «القاموس المحيط، والقابوس الوسيط، الجامع لما ذهب من

---

(1) راجع: سيرة فيروز شاهي، ص301.

(2) الشيخ الإمام عبد العزيز بن شمس بن بهاء النوري الدهلوي، أحد العلماء المبرزين في العلوم الحكمية، له مصنفات منها تاريخ فيروز شاهي، وترجمة الكتاب المذكور. راجع: الحسني، عبد الحي، نزهة الخواطر، جـ2، ص170.

(3) اسمه باللغة السنسكريتية «برهت سميتها» (Samhita-Brihat)، دوَّنه «وراها مهيرا» (Varāhamihira)، وهو عالم فلكي ورياضي عاش في القرن السادس الميلادي في مدينة «أجين» الواقعة في «مالوه» في وسط الهند. وهذا الكتاب في الأصل موسوعة علمية يشتمل على موضوعات عديدة ومتنوعة بما في ذلك التنجيم والفلك، وحركات الكواكب، والكسوف والخسوف، والأمطار، والسحاب، فضلًا عن معلومات عن الهندسة المعمارية، وكيفية نمو المحاصيل الزراعية، وكيفية صناعة العطور، وعن الأحجار الكريمة والمعادن الأخرى. نقله إلى الفارسية: عبد العزيز شمس نوري، بأمر السلطان فيروز شاه وتوجيهه، وله نسخة خطية نادرة جدًّا محفوظة في مكتبة آزاد بجامعة عليگره الإسلامية تحت مجموعة حبيب جنگ، ورقمها 44 فارسي. ومن أهم أعماله في الفلك والرياضيات: كتاب «پنجا سدهانتكا» (Siddhantika-Pancha)، أي: دراسة عن القواعد الفلكية الخمس. وهو عبارة عن خمس مجاميع، ألَّفه في عام 575م، وجمَع فيه بعض النصوص الهندية القديمة المفقودة الآن. وتجمع تلك المجاميع الخمس بين دفَّتيها مقالات مطوَّلة عن علم الفلك والرياضيات، ويحمل كل مجمع عنوانًا خاصًّا به وهو: «سوريا سدهانتا»، و«بوليسا سدهانتا»، و«رومكا سدهانتا»، و«ششتها سدهانتا»، و«بيتماها سدهانتا». للتفصيل، راجع:
Sen, Samarendra Nath, *Shukla*, *Kripa Shankar*, *History of astronomy in India*, (Delhi: Indian National Science Academy 2000), pp. 85, 114, 345.

(4) راجع: نظامي، مذهبي رجحانات، ص399-400. وطبقًا لعبد الحي، أصل الكتاب كان يشتمل على مائة وأربعة أبواب في اللغة السنسكريتية، وأسقَط منه المترجم عبد العزيز ثمانية أبواب، لأنها كانت تتعلق بالنجوم وأحكامها، وترجم منها أحكام الكسوف والخسوف وكائنات الجو وعلامات المطر وعلم القيافة والفأل وغيرها. وله نسخة خطية محفوظة في المكتبة الحبيبية بمقاطعة «بهيكن پور» التابعة لمدينة عليگره. راجع: نزهة الخواطر، جـ2، ص170.

كلام العرب شماطيط»، الذي زار دهلي في عهد السلطان فيروز شاه فأكرم وِفادته وبالغ في الترحيب به. وتمدنا مصادر معاصرة بأخبار عن ثلاثة أشخاص آخرين معروفين في العلم والمعرفة في عهده، وهم: مولانا أحمد التهانيسري[1]، ومولانا الخواجگي الذي درس على يديه القاضي شهاب الدين الدولت الآبادي[2]، والقاضي عبد المقتدر الدهلوي[3]. أما الصوفية، فقد عاد مجدهم ودورهم بعد جلوس السلطان فيروز شاه الذي قرَّبهم وأكرمهم، وكان يزورهم ويزورونه بانتظام[4]، ومنهم على سبيل المثال: مخدوم نصير الدين چراغ الدهلوي من الطريقة الچشتية الذي كان السلطان محمد بن تغلق قد أقصاه عن مجلسه ورغب عنه، غير أن خلفَه السلطان فيروز شاه منحه مكانة عالية وجعله مستشاره الخاص، وكان الشيخ دائمًا يسعى إلى نُصحه وإرشاده في مناسبات عديدة[5]، وكذلك كان الشيخ صدر الدين الملتاني من الطريقة السهروردية الذي اكتسب شهرة واسعة، ولقَّبه السلطان بـ«شيخ الإسلام»[6].

ويبدو أن الشعر والأدب لم تكن لهما شعبية كبيرة في عهد السلطان فيروز شاه مقارنةً بالعلوم الشرعية، خصوصًا الفقه والفتاوى. ومع ذلك، تمدُّنا مصادر معاصرة بمعلومات عن بعض الشعراء والأدباء المعروفين، ومنهم على سبيل المثال: مسعود بك الذي يقال إنه كان ينتمي إلى الأسرة المالكة، وجمع أشعاره وقصائده في ديوان نُشر في «حيدر آباد الدكن» فيما بعد، وكان اسمه الحقيقي «شير خان»، واتخذ له لقبًا شعريًّا وأدبيًّا هو «مسعود بك». عاش الشاعر مسعود بك حياة أرستقراطية، ذاق فيها ما شاء من رغد العيش ورفاهيته، غير أن حياته تغيَّرت في وقت لاحق، وسار على درب الصوفية، وانضم إلى مريدي الشيخ

(1) أحمد بن محمد التهانيسري، من علماء الهند في الفقه والأصول العربية، وُلد بدار الملك دهلي، صحب الأمير تيمور لنگ مدة من الزمن. راجع: الحسني، نزهة الخواطر، جـ3، ص229.

(2) شهاب الدين بن شمس الدين بن عمر الدولت آبادي، وُلد بدولة آباد دهلي، وخرج لجونپور بعد الغزو التيموري، تُوفِّي في عام 849هـ/ 1445م، القنوجي، صديق بن حسن، أبجد العلوم، تحقيق: عبد الجبار الزكار، (بيروت: دار الكتب العلمية، 1978م)، جـ3، ص175.

(3) عبد المقتدر بن محمود بن سليمان الكندي الدهلوي، برع في الأدب والإنشاء وقرض الشعر، تُوفِّي في عام 790هـ/ 1387م. راجع: الحسني، نزهة الخواطر، جـ2، ص171.

(4) للتفصيل، راجع: فتوحات فيروز شاهي، ص17؛ عفيف، تاريخ فيروز شاهي، ص371.

(5) R.C. Jauhri, Firuz Tughlaq (1351-1388 A.D.), (Agra: Shiva Lal Agarwala, 1968), p. 158.

(6) شيخ إكرام، آب كوثر، ص430.

الصوفي ركن الدين ابن الشيخ شهاب الدين[1] وتلاميذه، ودوَّن كُتبًا عديدة في السلوك والتزكية، ومنها على سبيل المثال: «تمهيدات»، و«مرآة العارفين». وكتب الشيخ عبد الحق محدث الدهلوي[2] في ترجمته قائلاً: «لا يوجد مثله في الطريقة الچشتية من شرب كأس محبة الله، وتمكَّن من الفناء وكشف الحقائق والأسرار»[3].

ومن أهم الشعراء الصوفيين: حميد قلندر[4] الذي جمع ملفوظات الشيخ الصوفي چراغ علي الدهلوي في كتاب «خير المجالس»[5]، والشاعر أمير أحمد ابن أمير الشعراء خسرو[6]، وهو من الشعراء الصوفيين الكبار، لكننا لم نقف على أي ديوان شعري له[7]. وفي الحقبة نفسها ظهر الشاعر والأديب والطبيب الشهابي الذي نظم قصائد مثنوية وجمعها في كتاب له عنوانه «طب شهابي». ويمكن إدراج اسم الشاعر مطهر[8] ضمن كبار الشعراء في تلك الحقبة

---

(1) لم أقف على ترجمته في كتب تراجم الصوفية.

(2) اسمه الكامل: عبد الحق بن سيف الدين بن سعد الله البخاري الدهلوي، المحدث والفقيه المشهور، ويُعد من أوائل العلماء الهنود الذين أسهموا في نشر علوم الحديث في الهند تصنيفًا وتدريسًا. سافر إلى الحرمين الشريفين في عهد السلطان أكبر، ومكث فيهما قرابة أربعة أعوام، أخذ خلالها الحديث بمكة عن الشيخ عبد الوهاب بن ولي الله المتقي، والقاضي علي بن جار الله بن ظهيرة القرشي المخزومي المكي، وفي المدينة المنورة عن الشيخ أحمد بن محمد بن محمد أبي الحزم المدني، والشيخ حميد الدين بن عبد الله السندي المهاجر، وأجازوه إجازة عامة وأثنوا عليه. ألَّف الشيخ العديد من الكتب في مجال الحديث والفقه والرحلات والتاريخ، إلخ. وتُوفِّي في دهلي عام 1052هـ/ 1642م. راجع ترجمته في: الحسني، عبد الحي، نزهة الخواطر، جـ5، ص553-557.

(3) الدهلوي، عبد الحق بن سيف الدين المحدث، أخبار الأخيار، (دهلي: مطبعة مجتبائي، 1332هـ)، ص169.

(4) حميد الدين بن تاج الدين القلندري الدهلوي، أدرك الشيخ نظام الدين البدايوني، وتُوفِّي في عام 768هـ/ 1366م. راجع: الحسني، نزهة الخواطر، جـ2، ص156.

(5) كتاب «خير المجالس»، عبارة عن تراجم مائة شخصية صوفية وملفوظاتهم، للشيخ نصير الدين چراغ الدهلوي، جمعها مريده وتلميذه حميد قلندر المذكور آنفًا بعنوان «خير المجالس»، وقام بتحقيقه ونشره المؤرخ خليق أحمد نظامي في عام 1959م من قسم التاريخ بجامعة عليگره الإسلامية. وحقيقة الأمر، فإن هذه الملفوظات لا تحتوي على تراجم الشخصيات الصوفية فحسب، بل تحوي كذلك معلومات مهمة عن الأحوال السياسية والاقتصادية لتلك الحقبة التاريخية.

(6) أمير خسرو: خسرو بن سيف الدين الدهلوي، أشهر مشاهير الشعراء في الهند، برع في الشعر والموسيقى، وعاصر الشيخ الصوفي نظام الدين الأولياء، وتُوفِّي في عام 725هـ/ 1325م. الحسني، نزهة الخواطر، جـ2، ص156.

(7) البدايوني، عبد القادر، منتخب التواريخ، تحقيق: كبير الدين أحمد علي، (كلكتا: الجمعية الآسيوية، 1868م)، جـ1، ص255-256.

(8) مطهر، أو مظهر في مصادر أخرى، اسمه: مظهر الدين الحنفي الصوفي الكروي، شاعر، وأحد الرجال المعروفين بالفضل والكمال. راجع: الحسني، عبد الحي، نزهة الخواطر، جـ2، ص214.

التاريخية، وهو ينتمي إلى «كرا» الواقعة في مدينة «إله آباد» في شمال الهند، وخصَّص معظم أشعاره وقصائده في مدح السلطان فيروز شاه والثناء على إنجازاته السياسية والاجتماعية، لكن أشعاره تتضمن أيضًا معلومات قيِّمة عن بعض المنشآت الدينية والاجتماعية، خصوصًا مدرسة فيروز شاهيه(1).

وكان المؤرخ والشاعر الوزير ملك عين الملك الذي يُلقَّب بـ«ملك الشرق»، قد دوَّن كتابه في الأدب والإنشاء والتاريخ وسماه «إنشاي ماهرو»، وهو يُعَد من الشخصيات المشهورة التي أشاد بها مطهر في بعض أشعاره(2). وكتب المؤرخ الدرباري في عصر الدولة المغولية أن ديوان مطهر يتألَّف من خمسة عشر ألف، إلى ستة عشر ألف مقطع شعري، لكن يبدو أنه لم يكن متاحًا حتى في وقت الشيخ عبد الحق محدث الدهلوي(3). ولحُسن الحظ، اكتشف بعض الباحثين نسخة من هذا الديوان وحقَّقوه ونشروه في الكلية الشرقية بلاهور(4).

والحقيقة أن عهد السلطان فيروز شاه اشتهر بغزارة المؤلفات الدينية والفقهية وتنُّوعها، وذلك بسبب وجود اهتمام كبير لدى السلطان بتشجيع الدراسات الفقهية ورعايتها، والإشراف على العلماء والفقهاء العاملين في هذا المجال. فكان السلطان محبًّا للعلم والعلماء، ويجالس الفقهاء ويشجعهم، وكان العلماء والفقهاء لا يفارقونه في حضَر أو سفَر، وقد أدى دعمه ورعايته لهم في أيامه إلى إعطاء الفقه دفعة قوية، وصار تشجيعه للعلوم الإسلامية والتطبيقية - بخاصة علم الفلك والطب - ذا أثر كبير في رقيِّها وتقدُّمها، وانبعاث حركة علمية زاهرة، ونهضة فكرية عظيمة امتدَّت أصداؤها من الإمارات الإسلامية المستقلة التي قامت بعد

---

(1) مطهر، ديوان مطهر، مجلة الكلية الشرقية، عدد 11، مايو وأغسطس (1935م).

(2) عاصر عين الملك ماهرو عهد كلٍّ من: السلطان علاء الدين الخلجي، وسلاطين تغلق، لا سيما السلطان غياث الدين، ومحمد بن تغلق، والسلطان فيروز شاه. وكان يتمتع بذوق علمي وأدبي رفيع، وله قدمٌ راسخة في العلوم الأدبية والعلمية، إذ إنه كان يملك ناصية علم التاريخ والأدب والإنشاء والفقه والسِّير والأحاديث والتراجم باقتدار. للتفصيل، راجع:

Rashid, Shaikh Abdul, "*Insha-i-Mahru or Tarassul-i-Aynu'l-Mulk of Aynul-Mulk Mahru of Multan*", Islamic Culture, Vol. XVI, Number 3 (July 1942), pp. 277-290; Kalipada Mitra and Kalpada Mitra, "*Mr. Shaikh Abdul Rashid's paper on Insha-i-Mahru or Tarassul-i-Aynu'l-Mulk of Aynul-Mulk Mahru of Multan has been published in the Islamic Culture July, 1942*", Proceedings of the Indian History Congress, Vol. 5 (1941), pp. 295-302.

(3) البدايوني، منتخب التواريخ، جـ1، ص257.

(4) مطهر، ديوان مطهر، مجلة الكلية الشرقية، عدد 11، مايو وأغسطس (1935م).

سقوط سلطنة دهلي إلى الدولة المغولية، لا سيما في عهد السلطان أكبر، والسلطان شاه جهان، والسلطان أورنگ زيب. فقد استطاع السلطان فيروز شاه أن يعطي العلوم الشرعية والتطبيقية دفعة قوية ظلَّت آثارها باقية وواضحة لعدة قرون في شبه القارة الهندية[1].

---

(1) راجع: نظامي، مذهبي رجحانات، ص396-398.

الفصل الأول
تعريف رسالة «فتوحات فيروز شاهي» وتقييمها

توطئة

أصبحت مدينة دهلي في عهد السلطان فيروز شاه مركزًا مهمًّا لتطوُّر الدراسات التاريخية والحضارية على مستوى متقدم جدًّا، ولم يعُد إنتاجها في مجال التاريخ والسِّيَر مقصورًا على المؤرخين الدرباريين أو مؤرخي البلاط فحسب، بل شمل السلطان نفسه الذي كان مولعًا للغاية بتسجيل التاريخ والسِّيَر، لا سيما ما يخص عهده ومآثره وإنجازاته، مما أسهم في ازدياد اهتمامه بالعلم والعلماء وحركة الترجمة وغيرها.

وقد وجَّه السلطان فيروز عنايته للتاريخ، وأكرم المؤرخين والأدباء، ورفع من شأنهم، مما أدى إلى نبوغ العديد من المؤرخين الذين ساروا على منهج كتابة التاريخ المعروف في العصور الإسلامية، ألا وهو الاعتماد على التسلسل الزمني لرواية الأحداث والوقائع التاريخية حسب عهود سلاطين دهلي، غير أنهم لم يختاروا منهج الحوليات بعينها التي نجدها في الكتب التاريخية العربية الأولية. وعليه، فقد جمعوا كل الأحداث المتعلقة بسلطان ما، في باب أو مقدمة أو فصل خاص، مما يساعد على التركيز على الوقائع التاريخية.

وكذلك، تأثَّر معظم المؤرخين في عصر سلطنة دهلي بالمنهج الفارسي المتمثِّل في المبالغة والإطراء والثناء والمدح للسلاطين. ولكن لأن علم التاريخ عندهم جزء من الثقافة الفارسية، فلا يمكن فهمه إلا من خلال فهمنا للظروف السياسية والاجتماعية والثقافية التي أسهمت في تطوُّر الكتابة التاريخية عندهم. كما يؤخَذ عليهم اهتمامهم بالتاريخ السياسي أكثر من التاريخ الاجتماعي والحضاري والاقتصادي، حيث إن الأحداث التاريخية في كتبهم تدور في فلك الحكام. ويؤخَذ عليهم أيضًا اهتمامهم بتاريخ المسلمين وسلاطينهم دون غيرهم من الشعب الهندوسي والحضارة الهندوسية. وعلى الرغم من ذلك، تُحسَب لهم الموضوعية والمنهجية والصدق والنقد والتحقق إلى أبعد الحدود، إذ كانوا أصحاب منهج في كتابة التاريخ، سواء فيما يتعلَّق بعصر سلاطين دهلي أو من قبلهم في العصور الإسلامية.

وقد دُوِّنت تحت رعاية فيروز شاه الشخصية، وإشرافه وتوجيهه المباشر، كتب تاريخية عديدة، مثل: «فتوحات فيروز شاهي»، و«سيرة فيروز شاهي»، أو تلك التي دوَّنها مؤرخو عصره، مثل: المؤرخ ضياء الدين برني، وشمس سراج عفيف. ومن الجدير بالملاحظة هنا، أن معظم العلماء والمؤرخين والأدباء فضَّلوا تسمية كُتبهم باسم السلطان فيروز شاه. ومن هنا نجد كتبًا عديدة مثل: «فتاوى فيروز شاهي»، و«فوائد فيروز شاهي»، و«فتوحات فيروز شاهي»، و«سيرة فيروز شاهي»، و«تاريخ فيروز شاهي» لكلٍّ من برني وعفيف، وغيرها، سُمِّيت باسم فيروز شاه. هذا، وسأعرِّف في السطور التالية رسالة «فتوحات فيروز شاهي» التي دوَّنها السلطان فيروز شاه نفسه.

المبحث الأول: تعريف موجز لمضامين الرسالة ومؤلِّفها

دوَّن السلطان فيروز شاه نفسه كُتيبًا أو رسالة بعنوان «فتوحات فيروز شاهي»، وهو يسرد أهم الأحداث والوقائع والآداب السلطانية ونظرياته السياسية في عهده. ولم يكتفِ السلطان بتدوين تلك الآداب والوقائع - أو كما وصفها «فتوحاته» - في صورة كتاب، بل طلب أن ينقشوا مضامين تلك الآداب على جدران «كوشك شكار»، وعلى قبة «كوشك نزل»، وكذلك على الأحجار، ونصبها في مئذنة القصر الحجري في مدينة فيروز آباد.

ووفقًا لرواية عفيف، فإن السلطان أمر بحفر تلك المواد التاريخية وتسجيلها على جدران برج «كوشك نزل» الذي شُيِّد أمام البلاط السلطاني، وذلك مع دساتير السلاطين السالفين، وإن لم تُذكر أسماء أولئك السلاطين. ومع ذلك، يبدو من عبارته أن السلطان اقتبس بعض تلك الدساتير من أعمدة «أشوكا» المنقوشة، مما جعل عفيف يكتب قائلًا:

> «وبعد نقش تلك الدساتير للسلاطين السابقين، أمر بنقش مضامين رسالته. وفي تلك المناسبة ذكر السلطان أن السلاطين السابقين على الرغم من أنهم اتخذوا ذلك الشعر دستورًا لهم، ومعناه: «إذا أردت أن تستقر بلادك ويسودها الأمن والسلام فأمسك السيف بالقوة»[1]، فلم يخطر على بالهم أن المُلك يَقوم ويستمر بعناية الله سبحانه وتعالى وبتوفيقه فحسب»[2].

(1) ملك را كر قرار ميخواهي–تيغ را بقرار بايد داشت. راجع: عفيف، تاريخ فيروز شاهي، ص18.

(2) راجع: المصدر السابق نفسه، ص18.

ووفقًا لبعض المؤرخين، فإن السلطان أمر أيضًا بأن ينقشوا مضامين رسالة «فتوحات فيروز شاهي» على الأحجار، وينصبوها في المنارة المُثَمَّنة من الجامع الكبير بمدينة فيروز آباد[1].

والظاهر، أن الهدف من نقش مضامين تلك الرسالة في المنشآت السياسية والدينية يكمن في ترويج نظرياته السياسية ومآثره بين الناس، وترسيخها في أذهانهم وقلوبهم، والحفاظ على مضامين رسالته من ويلات الزمن. ثم جُمِعَت تلك المضامين فيما بعد بأمره في رسالة باسم «فتوحات فيروز شاهي».

استهل فيروز رسالته تلك بالحمد والشكر وبكلمة «يا فَتَّاح»[2]، وهو أحد أسماء الله الحسنى، ومعناه: الذي يُفتِّح الأبواب المغلقة على عباده في الرزق والخير والرحمة والحق. ولم يختَر لنفسه صيغة الجمع كما كانت العادة لدى الملوك، بل استمر في الثناء على الله العلي القدير الذي منح الفقير فيروز بن رجب غلام محمد شاه بن تغلق البركة والتوفيق من عنده، ومكَّنه من اتباع السُّنن النبوية وتقاليدها، ومن القيام بحظر النشاطات غير المشروعة، وبفرض قواعد الشريعة الإسلامية وتنفيذها وإحياء السُّنن النبوية. ثم صلى على النبي صلى الله عليه وسلم التماسًا لمزيد من اليُمن والبركات، وهو النبي الذي استأصل جذور الشرك والكفر والخرافات من الجزيرة العربية: «بُعثت لرفع الرسوم والعادات»[3]. ثم قدَّم السلطان سلامه وتحيته لأصحاب النبي صلى الله عليه وآله وسلم، الذين بذلوا جهودًا مضنية للقضاء على الكفر، ونشر أوامر النبي، ووصاياه، ورسالته المستوحاة من الوحي الرباني، وقيم الأخلاق الإسلامية، في المجتمع. وواصل كلامه، مع الثناء على الله سبحانه وتعالى الذي بارك في

---

(1) راجع: الهروي، طبقات أكبري، جـ1، ص197. راجع أيضًا: الحسني، عبد الحي، نزهة الخواطر، جـ2، ص189.

(2) راجع: فتوحات فيروز شاهي، نسخة جامعة عليگره، ص1.

(3) جاء الحديث بصيغة «بُعثت لرفع العادات وترك الشهوات، بُعثت لأتمم مكارم الأخلاق»، والجزء الأخير من ذلك الحديث رواه مالك في الموطأ في كتاب حسن الخلق، حديث رقم 8. وجاء فيه: «وقال ابن عبد البر: هو حديث مدني صحيح متصل من وجوه صحاح عن أبي هريرة وغيره». راجع: مالك بن أنس، موطأ مالك، تحقيق: محمد فؤاد عبد الباقي، (القاهرة: مصطفى البابي الحلبي، 1406هـ/ 1985م)، ص904. راجع أيضًا: أحمد في مسنده بلفظ «إنما بُعثتُ لأتمم صالح الأخلاق»، حديث صحيح وإسناده قوي. مسند الإمام أحمد بن حنبل، تحقيق: شعيب الأرناؤوط ورفقائه، (بيروت: مؤسسة الرسالة، 1417هـ/ 1997م)، جـ 14، 512-513.

عمله ومنحه سلسلة من نِعمه وتوفيقه في الظاهر والباطن، بما في ذلك تمكينه من الجلوس على عرش السلطنة.

ثم استطرد قائلًا:

«وحيث إن التحدُّث بالنِّعم شكر[1]، علينا أن نشكر الله سبحانه تعالى الذي أنعم علينا بالنِّعم والخيرات، ولنُكثر من الصلاة على نبيه صلى الله عليه وسلم الذي أمره الله أن يتحدث بنعم الله ويشكره قولًا وعملًا: ﴿وَأَمَّا بِنِعْمَةِ رَبِّكَ فَحَدِّثْ﴾ [الضحى: 11]».

وذكر أنه بفضل تلك النِّعم الإلهية، استطاع القضاء على الهرطقة، وحظْر الأعمال غير الشرعية، والقضاء على المفاسد، والقيام بأعمال التطهير الاجتماعي من الفسق والفجور. وبعد ذلك، ذكر تلك الخطوات التي اتخذها في سبيل تطبيق الشريعة الإسلامية وتنفيذها، وكيفية القضاء على انتهاكات حقوق الله ودينه ونبيه، وحقوق الإنسان في البلاد[2].

تُلقي مضامين كتاب فتوحات فيروز شاه الضوء على شخصية فيروز شاه، وموقفه من العديد من القضايا السياسية والإدارية والاجتماعية والدينية، مثل: حياته ونشاطاته الدينية الخاصة[3]، وجهوده في ضبط النظام المالي للدولة طبقًا للقوانين والشريعة الإسلامية، وإلغاء العديد من الضرائب والمكوس غير الشرعية[4]، واستنكاره للعقوبات المتشدِّدة وإلغائها، والتمسك بالعقوبات وتنفيذها طبقًا للشريعة الإسلامية[5]، واهتمامه الكبير بأعمال الرفاه العام للمجتمع ماديًّا ومعنويًّا، وعلى جميع المستويات الفردية والاجتماعية[6]، وموقفه الشديد من الحركات والجماعات المنحرفة، الإسلامية والهندوسية على حدٍّ سواء، والقضاء على الهرطقات الدينية

---

(1) اكتفى بذكر جزء من الحديث الكامل الذي جاء بصيغة كاملة: «التحدث بنعمة الله شُكر، وتركها كُفر، ومَن لا يشكر القليلَ لا يَشكرُ الكثيرَ، ومَن لا يشكرُ الناسَ لا يشكرُ اللهَ، والجماعة بركةٌ، والفُرقة عذابٌ». الراوي النعمان بن بشير، الألباني، صحيح الجامع، رقم الحديث 3014، خلاصة حكم المحدث: حسن. محمد ناصر الدين الألباني، صحيح الجامع الصغير وزيادته، (بيروت: المكتب الإسلامي، 1408هـ/ 1988م)، جـ1، ص578-579.

(2) للتفصيل، راجع: فتوحات فيروز شاهي، نسخة جامعة عليگره الإسلامية، ص1-2.

(3) المصدر السابق نفسه، ص1-2.

(4) المصدر السابق نفسه، ص3-4.

(5) المصدر السابق نفسه، ص2-3.

(6) المصدر السابق نفسه، ص9-10، 12.

في المجتمع[1]، وتلهُّفه الشديد على النبرة الأخلاقية للمجتمع من خلال معاقبة الجماعات الإباحية معاقبة شديدة[2]، وقيوده على التعبير العلني عن أفكار وحدة الوجود أو الاتحادية[3]، ورغبته الشديدة في تنظيم شؤون البلاط والقصر السلطاني طبقًا للشريعة والنظام الإسلامي[4]، واهتمامه الكبير بتقوية علاقته بالعلماء والشيوخ الصوفيين[5]، وحرصه الشديد على تقوية العلاقات مع الخلافة العباسية في القاهرة والتعبير عن إخلاصه وتبعيته لها[6].

لا داعي هنا للاستفاضة في قضية تأليف تلك الرسالة ومؤلِّفها الحقيقي، فإن الشهادة المستقلة لكلٍّ من المؤرخ شمس سراج عفيف[7]، والمؤرخ المغولي نظام الدين الهروي[8]، لا تدع مجالًا للشك في أن السلطان فيروز شاه قد أعدَّها بنفسه من أجل توثيق إنجازاته وأعماله السياسية والعسكرية وسياسته الدينية والاجتماعية، إلخ، وذلك تحت عنوان «فتوحات فيروز شاهي».

علاوة على ذلك، فإن أسلوب الكتابة ومحتويات المخطوط يؤكِّدان تأكيدًا كاملًا على أن السلطان نفسه هو من دوَّنها. ولعله من المفيد أن نقتبس هنا كلام الباحث ضياء الدين أحمد خان الملقب بـ«نير رخشان»، الذي عثر ولأول مرة على مخطوط تلك الرسالة، وكتب حاشية مختصرة جامعة عليها باللغة الفارسية عرف فيها الرسالة ومضامينها ومؤلفها[9]، إذ يقول:

> «قد ظفرت بعد طلب وبحث طويل بهذه الرسالة المسماة بـ«رسالة فتوحات فيروز شاهي»، التي يتضح من ختمها أنها من مؤلفات فيروز شاه، التي جاء ذكرها في «مصباح الطالبين»[10]، وما ذكره نور الحق صاحب «زبدة التواريخ»[11]، وصاحب

---

(1) المصدر السابق نفسه، ص4-5-6-7-8.

(2) المصدر السابق نفسه، ص4-5.

(3) المصدر السابق نفسه، ص5-6.

(4) المصدر السابق نفسه، ص8-9.

(5) المصدر السابق نفسه، ص12-13.

(6) المصدر السابق نفسه، ص14-15.

(7) راجع: عفيف، تاريخ فيروز شاهي، ص18-19.

(8) راجع: نظام الدين الهروي، طبقات أكبري، جـ1، ص196-198.

(9) القصد من ذلك النسخة الأم المحفوظة في المكتبة البريطانية. راجع: فتوحات فيروز شاهي، ترجمة وتحقيق وتعليق: عزرا علوي، ص32-33.

(10) مصباح الطالبين، ص43.

(11) ألَّفه نور الحق المشرقي في زمن الدولة المغولية، توجد له نسخة خطية في مكتبة مكتب الهند بلندن تحت رقم (Ethe No.290)، وله نسخة أخرى في المكتبة البريطانية تحت رقم (10580) غير أنها ناقصة.

«تاريخ فرشته»(1)، و«لاله سدا سكه الدهلوي»(2)، أن هذه الرسالة قد ألَّفها فيروز شاه نفسه حقًّا، وذلك يتضح من فاتحة الرسالة وضوحًا تامًّا.

وأما ما ذكره سدا سكه من أن الرسالة مشتملة على عشرين فصلًا، أو ما ذكره صاحب «تاريخ فرشته» أنها تشتمل على ثمانية فصول، فخطأ. وذلك لأن الرسالة من بدايتها إلى نهايتها على نمط واحد بدون فصل. نعم، هناك كلمات مكتوبة بخط أحمر تفصل العبارات عن بعضها، ولعلهم سموا هذه الكلمات الحمراء «فصولًا».

كذلك، قد يكون صحيحًا ما ذكره صاحب «تاريخ فرشته» عن الرسالة: كل فصل من الفصول الثمانية لهذه الرسالة محفور على أحجار الجوانب الثمانية لقبة المسجد المُثَمَّن الذي بناه فيروز شاه في مدينة فيروز آباد، ولأن القبة في هذه الأيام قد انهدمت تمامًا، لذلك ينبغي أن يقارن بينهما(3).

كذلك، صاحب «تاريخ فرشته» قد ساق شيئًا من نصوص هذه الرسالة في ترجمة فيروز شاه، فلما أجريت المقارنة بينهما، فأكثر المطالب كانت توافق ما في الرسالة، ولكن العبارتين كانتا تتفاوتان(4).

---

(1) كتاب تاريخي عمومي عن الدول والإمارات في الهند، ولكنه مهم، ألَّفه محمد قاسم هندو شاه فرشته باللغة الفارسية على عهد السلطان أكبر المغولي، وذلك بعنوان «گلشن إبراهيمي»، غير أنه اشتهر باسم «تاريخ فرشته». طبع للمرة الأولى بعناية حكومة بومباي في عام 1832م في جزأين كبيرين، ثم طُبع في مطبعة نول كشور فيما بين عامي 1864-1865م. نقله المستشرق جوناثان سكوت إلى اللغة الإنجليزية، ونشره في لندن في عام 1868م، وفي كلكتا ما بين عامي 1908-1910م، طُبعت أول ترجمة أردية له في مطبعة نول كشور في عام 1309هـ/ 1891م، ثم نقله محمد فدا علي طالب إلى اللغة الأردية من جديد، وطُبعت تلك الترجمة في حلة جميلة في دائرة المعارف العثمانية بحيدر آباد الدكن في عام 1344هـ/ 1926م. كتب فرشته أن السلطان فيروز شاه نفسه دوَّن تلك الرسالة. راجع: تاريخ فرشته، ترجمة إنجليزية، جـ1، ص461.

(2) اسمه الكامل منشي سدا سكه لال، كان يُعد من كبار اللغويين والمؤرخين في القرن التاسع عشر الميلادي، وترك كتبًا عديدة في التاريخ والجغرافيا والتراجم وغيرها، ومن أهم مؤلفاته: «تذكرة المشاهير»، و«تذكرة المشايخ»، و«سكه ساگر»، و«جغرافية هند» باللغة الأردية. وشغل منصب رئيس تحرير لأهم الصحف والجرائد الأردية، ومنها على سبيل المثال: «جام جهان نما» التي أسست في كلكتا في عام 1237هـ/ 1822م، وتُعد من أوائل الصحف الأردية، وأنشأ هو نفسه صحيفة «نور البصار» في أگره. ولا نعرف على وجه التحديد في أي كتاب ذكر تلك المقالة عن رسالة فتوحات فيروز شاهي.

(3) راجع: فرشته، تاريخ فرشته، ترجمة إنجليزية، جـ1، ص462.

(4) في الواقع، لخص المؤرخ فرشته جميع الوقائع والقوانين المذكورة في رسالة فتوحات فيروز شاهي في نحو ثلاث صفحات. راجع: تاريخ فرشته، ترجمة إنجليزية، جـ1، ص462-464.

وأما ما ذكره نور الحق وفرشته أن هذه الرسالة التي أَلَّفها فيروز شاه نفسه، وهي تشتمل على الوقائع والمبادئ والضوابط وأحوال الفتوح، مثل فتح مناطق بنگاله، وبهار، وأريسه، وتهته، وبهكر، والسند، وقلعة كانگره وما إليها، فالحق أنها لا تشتمل على أمثال هذه الفتوحات، كما ذكرت الفتوحات في «تاريخ فيروز شاهي» لمؤلفه شمس سراج عفيف، وضياء برني، بل تشتمل على بعض الوقائع والأحداث التي وقعت في دهلي ونواحيها، وكذلك تشتمل على ذِكر ما قام به فيروز شاه من تجديد الأبنية القديمة في دهلي التي كانت من آثار السلاطين السالفين، وتعاني حالة سيئة من التداعي، وتحتاج إلى ترميم، كما تحتوي على ذِكر التقيد بالشرع ومنع المَنهيَّات فقط، كما يتضح لمن طالعها من أولها إلى آخرها. على هذا، فالرسالة نادرة، وموثوق بها، قليلة الحجم؛ يُقدَّر بالجزء. وأتقدم بهذه الرسالة بكاملها إلى حضرتكم بالإضافة إلى هذه التفاصيل، عسى أن تقع موقع القبول».

كتبه ضياء الدين أحمد خان، نير رخشان

11 يوليو 1853م، في شاه جهان آباد/ دهلي

المبحث الثاني: تعريف النسخ الخطية لرسالة «فتوحات فيروز شاهي» وطباعتها

على الرغم من أن السير «هنري مايرز إليوت» (Henry Miers Elliot)[1] لم يتمكن من الحصول على أي نسخة خطية من مخطوطات رسالة «فتوحات فيروز شاهي» في زمانه، فقد استطاع البروفيسور «جون داوسن» (John Dowson)[2] العثور على نسخة خطية منها،

---

(1) كان السير هنري مايرز إليوت، المُتوفَّى في 1269هـ/ 1853م، مؤرِّخًا إنجليزيًّا، وشغل منصبًا أكاديميًّا وإداريًّا في شركة الهند الشرقية في الهند لمدة 26 عامًا، وأعد كتابه المشهور «*The History of India, as Told by Its Own Historians*» مستعينًا بالمصادر الفارسية لعصر كلٍّ من سلطنة دهلي والدولة المغولية، وقد نُشِر بعد وفاته في ثمانية مجلدات بين عامي 1867-1877م في لندن. لمزيد من التفاصيل، راجع:
Wahi, Tripta, "*Henry Miers Elliot: A Reappraisal*", The Journal of the Royal Asiatic Society of Great Britain and Ireland, 1, 1990, pp. 64-90.

(2) كان «جون داوسن» (John Dowson)، المُتوفَّى في 1297هـ/ 1881م، عالمًا ومؤرِّخًا ومتخصِّصًا في الآداب الهندية، وكان له باع طويل في الدراسات الهندوسية، وأكبر دليل على ذلك كتابه «قاموس كلاسيكي عن الأساطير الهندوسية» (Classical Dictionary of Hindu Mythology) الذي يُعَد أحد أكثر الأعمال شمولًا وموثوقية حول ذلك الموضوع. وُلد في أوكسبريدج في عام 1235هـ/ 1820م، ودرس اللغات الشرقية تحت رعاية عمه إدوين نوريس الذي ساعده داوسن لسنوات عدة في الجمعية الملكية الآسيوية. وبعد ذلك أصبح

ونقلها إلى اللغة الإنجليزية كاملة، وضمَّنها في المجلد الثالث من «تاريخ إليوت». ووفقًا لبعض الباحثين، توجد نسخة خطية واحدة فحسب لرسالة «فتوحات فيروز شاهي»، وهي محفوظة في المتحف البريطاني[1]. أما النُّسخ الخطية الأخرى المحفوظة في دهلي ولاهور وعليگره وسيتا مئو، فجُلها نُسخت من تلك النسخة الأم[2] المحفوظة في المتحف البريطاني، وهي تقع في ثماني أوراق 6×8سم، ويوجد في كل ورقة 17سطرًا[3].

ووفقًا لما جاء في البيانات المكتوبة في نهاية المخطوط، فإن تلك النسخة الأم قد نُسخَت في «شاه جهان آباد» بدهلي، للسيد هنري إليوت، حيث انتهى الناسخ من تحرير تلك النسخة في عام 1269هـ/ 1853م، تحت إشراف ضياء الدين نير رخشان[4]، معتمدًا على النسخة التي يرجع تاريخ صناعتها إلى عام 1139هـ/ 1726م. وقد شرح ضياء الدين نير رخشان كلمات ومفردات عربية في نهاية تلك النسخة الأم، فضلًا عن تعريف المخطوط وأهميته التاريخية[5].

وتوجد نسخة خطية أخرى لذلك المخطوط في مجموعة جامعة عليگره التي

مدرسًا في كلية الهند الشرقية بلندن. وفي عام 1271هـ/ 1855م أصبح أستاذًا للآداب الهندية في كلية لندن، وفيما بعد في كلية الموظفين بساندهيرست، وهو المنصب الذي شغله حتى عام 1293هـ/ 1877م. أعد كتبًا عديدة، من أهمها: كتاب في النحو للغة الأردية عام 1962م، كما ترجم رسائل إخوان الصفاء وخلان الوفاء إلى الإنجليزية. ولكن عمله الموسوعي هو قيامه بتحقيق كتاب إليوت المذكور آنفًا وتحريره ونشره في ثمانية أجزاء بين عامَي 1867–1877م. راجع ترجمته في:

Lane-Poole, Stanley, "*Dowson, John*", *Dictionary of National Biography*, (London: Smith, Elder & Co. 1885-1900), Vol., 15, pp. 407-408.

(1) Charles Rieu, Catalogue of the Persian Manuscripts in the British Museum, (London: 1883), Vol. III, p. 920.

(2) عزرا علوي، فتوحات فيروز شاهي، مقدمة في النسخة الإنجليزية، ص1-5.

(3) فتوحات فيروز شاهي، المتحف البريطاني، لندن، مخطوط فارسي تحت رقم (OR.2039).

(4) اسمه الكامل نواب ضياء الدين أحمد خان، من إمارة لوهارو التي قامت في ولاية هريانة بالقرب من دهلي في عام 1806م في ظل الاستعمار البريطاني، واستمرت إلى عام 1947م إلى أن انضمت إلى الهند المستقلة. كان النواب عالمًا وفاضلًا ومتخصصًا في اللغات الفارسية والأردية، وكتب أعماله الأدبية والشعرية باللغة الفارسية باسم مستعار «نير»، في حين دوَّن أعماله باللغة الأردية باسم «رخشان». ووفقًا لبعض الباحثين، فإنه ساعد كثيرًا المستشرق هنري إليوت في إعداد موسوعته «تاريخ الهند الإسلامي برواية مؤرخيها». وتُوفِّي النواب في عام 1302هـ/ 1884م. للتفصيل، راجع: لاله سري رام، خمخانه جاويد، (لكهنؤ: مطبعة منشي نولكشور، 1917م)، جـ3، ص378.

(5) عزرا علوي، فتوحات فيروز شاهي، ص4. راجع أيضًا: (Rieu, III, p. 920).

تماثل نسخة المتحف البريطاني تمامًا، باعتبارها ملحقًا لمخطوط «تاريخ فيروز شاهي» لشمس سراج عفيف. وتقع هي الأخرى في ثماني أوراق نحو 16 صفحة، ويوجد في كل ورقة نحو 17–18 سطرًا[1]. ووفقًا لما جاء في بيانات مكتوبة في نهاية تلك النسخة، فقد نسخها ضياء الدين في موضع جبل آبو في 12 شوال 1299هـ (27 أغسطس 1882م)، وثمة عبارة تفيد:

«تمت مقابلة هذه النسخة الوجيزة بكراسته العزيزة المسماة بـ«فتوحات فيروز شاهي» في جلسة واحدة، بقراءة الفقير الراجي محمد أنوار الحق الدهلوي، بسماعة مولانا ضياء الدين أحمد – عافاهما الله... والحمد لله على الإتمام، والصلاة والسلام على رسوله سيد الأنام، وعلى آله وأصحابه البررة الكرام، آمين»[2].

ووفقًا لبعض الباحثين، فإذا كانت تلك النسخة الأم المحفوظة في المكتبة البريطانية صُنعت تحت رعاية النواب ضياء الدين، فإن هذه النسخة الأخيرة المحفوظة في مكتبة جامعة عليگره نسخها النواب نفسه[3].

ووفقًا لكلام «داوسن»، فإن سِفر رسالة «فتوحات فيروز شاهي» كتاب صغير، ويحتوي على ملخص مقتضَب للإنجازات السياسية والإدارية والدينية، إلخ، والذي صُنف في عهد السلطان فيروز شاه الذي سماه فتوحاته. وعلى الرغم من أن السير إليوت لم يتمكن من العثور على نسخة خطية منه، فإنه كان يرى أن العثور عليه أمر مرغوب للغاية، وفي رأيه أن كل ما يتعلق بالشخصية النبيلة لفيروز رُوِيَ في ذلك الكتاب الذي يثير الانتباه بشدة.

وكذلك تحدَّث الكولونيل «Lees» عن ذلك الكتاب، لكنه لم يطَّلع عليه قَطُّ. وحقيقة الأمر أنه لم تكن لديه معرفة تامة بذلك الكتاب. في حين كان السيد توماس أكثر حظًّا، لأنه كان يمتلك نسخة منه يزعم أنها كُتبت في عام 1139هـ/ 1726م، غير أنها حديثة جدًّا. ومن هنا، يجب أن نضع في الاعتبار أن تلك النسخة كُتبت عن نسخة أقدم منها لم يُعثر عليها بعد[4]. وعلى أي حال، ترجم البروفيسور داوسن النص الكامل للفتوحات وأدرج تلك

---

(1) تغلق، فيروز شاه، فتوحات فيروز شاهي، مخطوط فارسي، مجموعة جامعة عليگره الإسلامية، رقم المخطوط (أخبار 2/ 79/ 4).

(2) راجع: المصدر السابق نفسه، ص15.

(3) Roy, N. B., "*Futuhat-i-Firuz Shahi*", Journal Royal Asiatic Society of Bengal, p. 62.

(4) *Elliot's History of India*, Vol. III, p. 374.

الترجمة الإنجليزية في كتاب إليوت، الذي شارك داوسن في تحقيقه وإخراجه[1].

وفي عام 1302هـ/ 1885م نُشرت تلك الرسالة للمرة الأولى تحت إشراف السيد مير حسن من مطبعة رضوى في دهلي. وفيما بعد نُشرت مرة ثانية في مطبعة فيروز بلاهور في عام 1359هـ/ 1941م. ثم نشرها عبد الرشيد ومخدومي في عام 1368هـ/ 1949م، معتمدَين على نسخة مطبوعة في مطبعة رضوى، غير أنهما استعانا أيضًا بنسخة خطية عثرا عليها في مكتبة آزاد بجامعة عليگره الإسلامية، والتي لا تحمل تاريخًا محددًا لنَسخ تلك النسخة[2]. وطبع عبد الرشيد تلك الرسالة مرة أخرى في عام 1373هـ/ 1954م في جامعة عليگره الإسلامية بمزيد من التنقيح والتدقيق[3].

ثم نشر البروفيسور «N.B. Roy» النص الأصلي الفارسي - ووضع في بدايته مقدمة مفيدة عرَّف فيها أهمية المخطوط ومضامينه ونُسخه، وأماكن وجودها، إلخ - في مقال له نُشر في مجلة الجمعية الآسيوية ببنگال. ووفقًا لكلامه، فإنه اعتمد على نسخة خطية صُنعت للدكتور رگهوبير سينگه، ولي عهد إمارة سيتا مئو بوسط الهند، بواسطة نسخة جامعة عليگره التي قدمها إليه بسخاء[4]. واستعان بالبروفيسور محفوظ الحق، في جامعة كلكتا، في تحقيق النص الأصلي[5]. ووفقًا لكلامه، فإنه حاول إقناع الجمعية الآسيوية ببنگال بنشر المخطوط المحقَّق في صورة كتاب مع الترجمة الإنجليزية التي أنجزها بنفسه، ولكن بسبب تكلفة الطباعة لم توافق الجمعية على نشره، خصوصًا أن ترجمة داوسن لا بأس بها فيما يتعلق بالوقائع التاريخية المذكورة في مخطوط فتوحات[6]. ومن هنا اضطر المترجم «N.B. Roy»

---

(1) Elliot, H.M., *The History of India, as told by its own historian*, ed. John Dowson, (London: Trubner and Co., 1871), vol. III, pp. 374-388.

(2) راجع: عزرا علوي، فتوحات فيروز شاهي، ص5، غير أن تلك النسخة تحمل جميع البيانات الخاصة باسم الناسخ وتاريخ النسخ ومكانه. والسؤال: هل اطلعت الباحثة على تلك النسخة، أم تعني وجود نسخة أخرى محفوظة في المكتبة نفسها؟ لا أعلم ذلك على وجه التحديد، لكني لم أجد أي نسخة أخرى غير تلك التي دونت بياناتها في الصفحة السابقة.

(3) تغلق، فيروز شاه، فتوحات فيروز شاهي، تصحيح، شيخ عبد الرشيد، (كلية التاريخ: جامعة عليگره الإسلامية، 1954م).

(4) Roy, *The Victories of Sultan Firuz Shah*..., p. 450.

(5) Roy, N. B., "*Futuhat-i-Firuz Shahi*", Journal Royal Asiatic Society of Bengal, Vol. vii, (1941), pp. 61-89.

(6) Roy, *The Victories of Sultan Firuz Shah*..., p. 449.

لنشر تلك الترجمة الإنجليزية لفتوحات في مقال مستقل في مجلة الثقافة الإسلامية[1].

وفي عام 1371هـ/ 1952م، نشر عبد الله چغتائي، متن رسالة «فتوحات فيروز شاهي» مع الترجمة الأردية التي أنجزها أحمد الدين مرهروي[2].

وعندما نشرت عزرا علوي النص الفارسي مع ترجمتها الإنجليزية، اعتمدت على جميع النسخ الخطية والمنشورة المتوفرة لها. ولكن وفقًا لكلامها، فإنها اعتمدت اعتمادًا رئيسيًّا على تلك النسخة الأم المحفوظة في المتحف البريطاني[3]، فضلاً عن الاستفادة من النسخ المحفوظة والمطبوعة في جامعة عليگره ولاهور وغيرها. ونشرت كتابها بمقدمة شاملة والترجمة الإنجليزية، إضافةً إلى النص الفارسي مع تحقيقه تحقيقًا علميًّا[4].

المبحث الثالث: لغة الرسالة وأسلوبها

تتميز اللغة المستعملة في رسالة «فتوحات فيروز شاهي» بأنها سهلة ومستقيمة ومباشرة جدًّا. وقد تجنَّب المؤلف السلطاني اللعب غير الضروري بالكلمات والتفاصيل المبالَغ فيها. ولا شك أن توضيحه للأفكار وتحويلها إلى جُمَل وفقرات بلغة سهلة وواضحة ولكنها قوية جزلة، يعطي انطباعًا بالأمانة والصدق والثقة فيما كتبه من الوقائع والأحداث.

أما الأسلوب، فهو خالٍ من الإسهاب، والتشبيهات، والاستعارات، والتراكيب والجمل البلاغية المنمَّقة والمزخرفة، ويستند إلى الجمل والعبارات القاطعة لكنها بسيطة وواضحة، كما أنه يخلو من الحِكم والأمثال المفرطة التي كانت تُعَد سمة بارزة ومشتركة في الأدبيات الفارسية في تلك الحقبة التاريخية. وعولج موضوع الكتاب بأسلوب سلِس وصريح، وكذلك اختلف الأسلوب بوجه لافت عن النوع المعتاد من اللغة الملكية المتسمة بالأبهة والإطناب والزخرفة الشاذة المبهمة والعبارات الرسمية والتقليدية.

ومن ناحية أخرى، فإن الرسالة مفعمة بالحيوية والحماس، فقد سجَّل السلطان في

---

(1) Roy, N. B., "*The Victories of Sultan Firuz Shah of Thughluq Dynasty*," Islamic Culture, Vol. XV, Number 4, (October 1941), pp. 449-464.

(2) فتوحات فيروز شاهي، تحقيق: عبد الله چغتائي، ترجمة أردية: أحمد الدين مرهروي، (لاهور: كتاب خانه نورس، 1952م).

(3) نقلت معظم المخطوطات الفارسية والعربية من ذلك المتحف إلى المكتبة البريطانية بما فيها تلك الرسالة أيضًا.

(4) فتوحات فيروز شاهي، ترجمة وتحقيق وتعليق: عزرا علوي، ص4-5.

صفحاتها، ومن أعماق قلبه، مشاعره ورؤيته تجاه رعاياه وخلفائه، وأخبرهم عن تلك الجهود التي بذلها في سبيل إقامة العدل والإنصاف وإصلاح الراعي والرعية، مع تسجيل أبرز الأعمال الخيرية التي سعى إليها طوال عهد حكمه الطويل حسب تصوُّره.

ولم ينغمس السلطان في سرد الوقائع الشخصية والحكايات والقصص والروايات القديمة. ومع ذلك، جاء في الرسالة العديد من المصطلحات والمفردات المحلية، مثل: «پالكي» أي: محفَّة. و«مندوي» أو «مندي» أي: سوق. و«دولا» أي: محفَّة. و«گهريال» أي: الساعة. وغيرها من الكلمات التي يبدو أنها دخلت إلى اللغة الفارسية، وانتشرت في الحياة الثقافية والعلمية[1]، غير أن الكلمات العربية ومفرداتها ومصطلحاتها الدينية والعلمية بقيت حاضرة وبقوة داخل الرسالة كلها.

تتمثَّل المزية الخاصة للرسالة في أن قارئها يشعر كثيرًا بأن صاحبها يتحدث عن قناعة، وبكل صدق وأمانة. ووفقًا لبعض الباحثين، فعلى الرغم من أن العصور مرت على تدوينها، فلا تزال كلمات السلطان يُسمع لها دويٌّ في الآذان عند قراءتها[2]. وثمة شكوك فيما إذا كان السلطان نفسه دوَّنها أم هي عبارة عن تلك الأعمال التي حرَّرها محررو البلاط السلطاني وكُتَّابه الذين يُطلَق عليهم «منشي»[3]. لكن أسلوب الرسالة ونبرة النص لا يتركان أدنى شك في تلك النقطة.

الحقيقة أن تلك الشكوك تراودنا، لأن السلطان لم يكشف قَطُّ عن هويته في الرسالة كلها، ويتحدث بطريقة متواضعة جدًّا، ويُطلق دائمًا على نفسه اسم «بنده مسكين» أي: العبد الضعيف والفقير إلى الله. ومع ذلك، فإن كتاباته بصيغة الجمع الأولى دليل ساطع على حقيقة أن الكاتب قد يكون من أفراد العائلة الملكية، حيث كان التكلم بصيغة الجمع والتحدث بها امتيازًا للملوك والسلاطين الشرقيين وأولادهم وأحفادهم، في حين كان المتعارف عليه أن يستخدم الشخص العادي صيغة المفرد بدلًا من صيغة الجمع.

المبحث الرابع: التقييم النقدي للرسالة

---

(1) راجع: المصدر السابق نفسه، ص9-13.

(2) Roy, "The Victories of Sultan Firuz Shah", p. 450.

(3) «منشي»: مصطلح فارسي وأردو، كان ولا يزال يُستخدم في المصالح الحكومية في شبه القارة الهندية بمعنى كاتب أو سكرتير، وله مرادف في اللغة الفارسية وهو «دبير». للتفصيل عن ذينك المصطلحين، راجع:
Willson, *A Glossary of Judical and Revenue Terms*, pp. 116-356.

دوَّن المؤرخ ضياء الدين برني وقائع السنوات المبكرة من حكم السلطان فيروز شاه في كتابه «تاريخ فيروز شاهي». وبعد وفاته، لم يبرز مؤرخ مثله لتسجيل الوقائع التاريخية المعاصرة. ومن هنا، تولى السلطان نفسه مهمة تسجيل إنجازاته وتدوينها، ومنها تلك الرسالة الصغيرة التي سماها «فتوحات فيروز شاهي». ووفقًا لبيان المؤرخ عفيف، فإن السلطان فيروز شاه كان مولعًا بعلم التاريخ، وبعد وفاة مولانا ضياء الدين برني صاحب «تاريخ فيروز شاهي»، أعرب السلطان لجميع وزرائه وأركان دولته عما يجول في خاطره بشأن ذلك العلم، شاكيًا إليهم عدم وجود مؤرخ بارع فذ يشغل المكان الشاغر الذي تركه المؤرخ ضياء الدين، وقد عبَّر عن ذلك مرات عديدة، وكان يرى أن المؤرخ الألمعي والأريب والمُنصِف هو من يستطيع تدوين الوقائع والأحداث التاريخية لعهده بالصدق في القول، والنزاهة في الحكم، والمهارة في السَّرد. ولما لم يجد من يحقق طموحه ذاك، أخذ تلك المسؤولية على عاتقه، وبتوجيهه وعلى لسانه بدأت عملية نقش أهم الوقائع والأحداث التاريخية على جدران قصر نزل وقببه، وعلى جدران قصر حصار، وعلى جدران تلك العمارة الفخمة التي بُنيت في «كوشك شكار»، ونُصبت فى وسطها إحدى المسلات القديمة[1] التي جُلِبت إلى مدينة فيروز آباد. وكان الهدف من نقش تلك الوقائع السياسية والعسكرية والإنجازات الأخرى، هو تسجيل الأخبار عن عهده وتدوينها في صفحات التاريخ لتحفظها الأجيال جيلًا بعد جيل، ويأخذوا منها العبرة والعظة[2].

وعند المقارنة بين مضامين «فتوحات فيروز شاهي» و«سيرة فيروز شاهي»، يتضح تمامًا أن المؤرخ المجهول للكتاب الأخير استفاد من كتاب «فتوحات فيروز شاهي» استفادة تامة[3]، وكذلك اقتبس المؤرخ عفيف مواده التاريخية، ووظَّفها في كتابه «تاريخ فيروز شاهي»، خصوصًا عند معالجة الموضوعات الخاصة بالإصلاحات الدينية والاجتماعية والاقتصادية لعهد السلطان فيروز شاه[4].

تكمن أهمية رسالة «فتوحات فيروز شاهي» في كونها واحدًا من أهم المصادر المعاصرة لتلك الفترة التي تتيح الحصول على معلومات عن عهد السلطان فيروز شاه، إذ إنها تمدنا بمواد مهمة وقيِّمة عن المُثُل والمبادئ التي اعتمدت عليها نظريات فيروز شاه السياسية

---

(1) يقصد مسلات أشوكا التي استخرجت وجُلبت إلى دهلي في عهد السلطان فيروز شاه.

(2) راجع: عفيف، تاريخ فيروز شاهي، ص107-108.

(3) راجع: سيرة فيروز شاهي، الأوراق 91ب، 137ب، 143ب، 149ب، 152ب.

(4) راجع: عفيف، تاريخ فيروز شاهي، ص159-211.

والإدارية والدينية في عهده. وحقيقة الأمر، أن مضامين الرسالة تناقش بالدرجة الأولى إنجازات فيروز شاه في ترتيب منهجي اختاره السلطان في تدوينه.

لذلك، فهذه الرسالة مرآة تعكس أحاسيسه ومشاعره الطيِّبة، وميله نحو الخير والإحسان، ورغبته في الأعمال الخيرية، ومساعيه الجادة إلى أداء واجباته كما هو مطلوب من كل حاكم عادل حيال رعيته. وفي نهاية الرسالة، كتب فيروز شاه قائلًا: كان في ذهني هدفان رئيسيان عند تدوين هذه الرسالة: أولهما يتعلَّق بالتعبير عن امتناني وشُكري لله سبحانه وتعالى على كرمه وفضله ونِعمه عليَّ. وثانيهما تعليم الناس الراغبين في التحلي بالصفات المحمودة من خلال معرفة المسار الصحيح الذي اختاره السلطان نفسه في حياته[1].

ووفقًا لبعض الباحثين المتخصصين، فإن رسالة «فتوحات فيروز شاهي»، كونها صورة حقيقية لعقلية السلطان ونظرياته وأفكاره وأعماله، تساعد القارئ أيضًا على فهم نقاط ضعفه، خصوصًا تلك التي تتعلق برؤيته المشوَّهة للإسلام وتعليماته، مما أدى إلى ظهور نزعة التعصب الديني لديه، والتي تظهر بامتياز عند التعامل مع غير المسلمين، متمثِّلة في هدم المعابد والأوثان، واضطهاد الجماعات والطوائف الدينية الإسلامية والهندوسية المنحرفة[2].

وتعطي الرسالة كذلك فكرة عن كيفية انزلاق السلطان وراء ردود أفعال التياراتِ الدينية، واستغلاله من قِبَل العلماء الذين ترأسوا تلك الردود[3]. ومع ذلك، تقدِّم الرسالة حقائق عن المعابد ونشاطاتها الدينية المنحرفة، وعن الرذائل والممارسات غير الأخلاقية التي كانت تُمارَس في تلك المعابد باسم الدين والعبادة. وعليه، فإن السلطان لم يجعل للمحرومين متنفَّسًا يخرج منه متعصبون. وقد أثبت سلوكه وأفعاله التحكمية أن دافعه الخفي كان قمع الرذيلة العامة[4]. إذن، تعطي رسالة «فتوحات فيروز شاهي» للقرَّاء فكرة عن عقلية مؤلفها وأفعاله، والدوافع الخفية وراء تلك الأعمال والنشاطات السياسية والاجتماعية والدينية.

وتحتوي الرسالة على تلك الإصلاحات والإنجازات التي أجراها السلطان وحقَّقها في

(1) Futuhat. p. 19; Husain, Tughluq Dynasty, p. 577.

(2) Husain, Tughluq Dynasty, p. 577.

(3) Ibid.

(4) Ishwara Topa, *Politics in pre-Mughal times*, (Delhi: Idarah-i Adabiyat-i Delli 1976), p. 247.

مجال الشؤون السياسية والإدارية والاجتماعية والدينية[1]، وتسجِّل مدى تأثير العلماء المتدينين والشيوخ الصوفيين في عقلية فيروز شاه. وبعد وفاة السلطان محمد بن تغلق نجد أن فيروز شاه اتخذ خطوات جادة ضد الهندوس والشيعة الغلاة والطوائف الدينية الإسلامية والهندوسية المنحرفة[2] التي توسَّعت نشاطاتها خلال عهد حكم السلطان محمد بن تغلق المتسامح.

ووفقًا لبعض الباحثين، فإن الرسالة تسجل كيفية اعتماد السلطان على المعنى الظاهر للآيات القرآنية. وعليه، فإنها تقدِّم تفسيرًا ثمينًا يعيننا على فهم عهد السلطان محمد بن تغلق، ويمدنا بوجه غير مباشر بالكثير من الأدلة على تفكير الأخير الواسع وسياسته غير التقليدية[3]. وعليه أيضًا، فهم يرون أن عهد السلطان محمد بن تغلق في الأصل يمثِّل ذلك الصراع القائم بين العقلانية الفلسفية والدوغماتية المذهبية، لكن لم يُكتَب لتلك النزعة الفلسفية العقلانية أن تنضج وتنتصر على المذاهب الدوغماتية بسبب موته، ثم تحركت سياسته تلك في الاتجاه المعاكس تمامًا بعد وفاته. وكانت الطائفية في عهد السلطان فيروز شاه هي الإجابة الأرثوذكسية على تلك الحرية الفكرية والمذهبية[4].

وعلى أي حال، فإن هذه الرسالة اللطيفة، صغيرة الحجم، عظيمة القدر والأهمية والفائدة، تعرض مآثر السلطان المتمثلة في الأعمال الخيرية، وتُلقي الضوء على اهتمامه الكبير بتوفير الرفاهية والرخاء والسعادة والأمن لجميع أفراد رعيته. إنها تستذكر جهود السلطان من أجل تحقيق الكمال في قدرته على المُلك والسلطة. وعلى حدِّ قول بعض الباحثين: مجهوداته المؤلَّفة من عناصر مختلفة في طريق البِر والخير كما تصوَّرها هو شخصيًّا[5].

ومن أهم مميزات تلك الرسالة أنها تسجِّل أفكار السلطان العميقة، ورغبته الجامحة والجادة في أن يكون أفضل في أقواله وأفعاله جميعها، ويكون متحلِّيًا بالقوى الدافعة من الصدق والأمانة والنزاهة. وعليه، فإن في هذه الرسالة مجموعة من الفوائد التاريخية، وفي كل مرة عند قراءتها تفتح آفاقًا جديدة من الأفكار والمعلومات للباحثين والدارسين.

---

(1) راجع: فتوحات فيروز شاهي، ترجمة وتحقيق وتعليق: عزرا علوي، ص9-10.

(2) راجع: موقفه الشديد من الطوائف الدينية الإسلامية والهندوسية المنحرفة في فتوحات فيروز شاهي، ص4-5.

(3) Prasad, Ishwari, A history of the Qaraunah Turks in India (based on original sources), (Delhi: 1936), p. 352.

(4) Ibid, p. 259.

(5) *Victories*, IC, Oct, 1941, p. 450.

الفصل الثاني
ترجمة نص رسالة «فتوحات فيروز شاهي» وتقسيم مضامينها

[توطئة]

حمدًا كثيرًا، وشكرًا جزيلًا لله الخالق الغفور الشكور، «يا فَتَّاح»[1]، الذي جعل التوفيق حليفًا لي - أنا الضعيف المسكين فيروز بن رجب، أحد عبيد[2] محمد شاه بن تغلق شاه - لإحياء السُّنن السَّنية، وقمع البدعات[3]، ودفع المنكرات، ومنع المحرَّمات، والترغيب في أداء الفرائض والواجبات، وصلاة لا عد لها على سيِّد الموجودات، المبعوث لرفع التقاليد والعادات[4]، صلى الله عليه وسلم، وعلى آله وأصحابه الذين امَّحت بمساعيهم الجميلة التقاليد الجاهلية[5]، رضوان الله تعالى عليهم أجمعين.

أما بعد، فلما كان الشكر على النِّعم التي أسبغها الله جلَّ وعلا واجبًا، وذِكرُ النِّعم والتحدث بها شكرًا، وقد أمر الله جلَّ وعلا سيدنا محمدًا صلى الله عليه وسلم بالتحدث

---

(1) في نسخة جامعة عليگره استهل صاحب الرسالة بكلمة «يا فَتَّاح» قبل البسملة. راجع: فتوحات، ص1.

(2) وصف فيروز نفسه بكونه أحد عبيد محمد شاه بن تغلق شاه هضمًا للنفس وتواضعًا، وهو في الأصل ابن عم محمد شاه تغلق. لقد كان سالار رجب والد فيروز شاه عمًّا لمحمد بن تغلق وشقيقًا لغياث الدين تغلق شاه مؤسس الدولة التغلقية. لترجمتهما، راجع: عفيف، تاريخ فيروز شاهي، ص24؛ برني، تاريخ فيروز شاهي، ص609-648.

(3) استعمل فيروز شاه كلمة «البدعة» العربية التي تعني الفعلة المخالفة للسُّنة، سُميت بـ«البدعة» لأن قائلها ابتدعها من غير مقال إمام، وهي الأمر المحدَث الذي لم يكن عليه الصحابة والتابعون، ولم يكن مما اقتضاه الدليل الشرعي. راجع: علي بن محمد الشريف الجرجاني، معجم التعريفات، تحقيق: محمد صديق المنشاوي، (القاهرة: دار الفضيلة للنشر والتوزيع، بدون تاريخ)، ص40.

(4) جاء في النص: «بُعثت لرفع الرسوم والعادات»، لكنني لم أقف عليه، ولم أعلم له سندًا في كتب الأحاديث، على أني وجدته مكتوبًا بألفاظ أخرى، «بُعثت لرفع العادات ودفع الشهوات»، في بعض التفاسير الصوفية. مثلًا، راجع: عبد القادر الجيلاني، تفسير الجيلاني، تحقيق: أحمد فريد المزيدي، (بيروت: دار الكتب العلمية، 2014م)، جـ1، ص76.

(5) ربما يقصد حقبة من الجهل والكفر والأعمال الشركية التي كانت سائدة في شبه الجزيرة العربية قبل البعثة النبوية وظهور الإسلام.

بالنعمة[1] فقال: ﴿وَأَمَّا بِنِعْمَةِ رَبِّكَ فَحَدِّثْ﴾ [الضحى: 11]، وقد وهب الله لي - أنا المسكين الضعيف - نعمًا كثيرة، أردت أن أشكر الله تعالى على بعض نعمه التي حبانيها، ذاكرًا إياها حتى أُعَدَّ في سلك الشاكرين لنِعَم الله تعالى.

[المقالة الأولى: في قمع البدع والمنكرات والعقوبات غير الشرعية]

فمِن نِعَمِه تعالى على هذا العبد الضعيف أنه رأى أن البدع والمنكرات التي نهى عنها الشرع سائدة في بلاد الهند، ومتأصلة في طباع أهاليها، وأنهم منحرفون عن معالم الشريعة، فحالفني التوفيق الإلهي، فرأيت من الواجب عليَّ منْع البدع ودفْع المنكرات وقمْع المحرَّمات، وسعيت لذلك سعيًا كبيرًا، حتى انقرضت، بعون الله ونصرته، الرسوم الباطلة، والعادات المناهضة للشرع، وامتاز الحق من الباطل[2].

أول هذه الرسوم الباطلة أن الملوك في العهود الماضية[3] قد سفكوا الكثير من دماء المسلمين، وساموهم أنواعًا من التعذيب والتنكيل، من قطْع الأيدي والأرجُل والآذان والأنوف، وفَقْء العيون، وصب الرصاص المذاب في الحلوق، وكَسْر عظام الأيدي والأرجُل،

---

(1) ثمة حديث مروي عن النبي صلى الله عليه وسلم، يفيد: «من لم يشكر القليلَ لم يشكر الكثيرَ، ومَن لم يشكر الناسَ لم يشكر اللهَ، والتحدُّثُ بنعمة الله شكرٌ، وتركُها كفرٌ، والجماعةُ رحمةٌ، والفُرقةُ عذابٌ». الراوي: النعمان بن بشير، المحدث: الألباني، المصدر: صحيح الجامع. رقم الحديث 3014، خلاصة حكم المحدث: حسن صحيح.

(2) نستطيع القول إنه حاول القضاء على البدع والخرافات، ولكن هذا لا يعني أنه نجح نجاحًا كاملاً وفي جميع أنحاء الهند. وقد وصف بعض المؤرخين المتخصصين الوضع الديني والاجتماعي في عصر الدولة اللودية، التي قامت إثر سقوط الأسرة التغلقية في دهلي، ومن ذلك قولهم: «كانت أوضاع المسلمين الاجتماعية الخلقية تنحدر بسرعة نحو التدني والانحطاط، وإن القصص والروايات الغريبة التي ظهرت في الآداب الفارسية الهندية، لتنم عن التدني الخلقي المشين والاضطراب العقائدي الكبير، كما أن حياة الصوفية المترفة والناعمة، وانحراف طلبة العلم، وإيمانهم بالعقائد الخرافية، وبالتمائم والأحجبة، وتصديقهم بالخزعبلات وأساطير الشياطين والجن وروايات مصباح سليمان وغيرها، ليست علامات على مجتمع صالح وسليم ونظام خلقي قويم». راجع: خليق أحمد نظامي، مذهبي رجحانات، ص451.

(3) يقصد أولئك السلاطين الجبابرة الذين حكموا دهلي قبل عهد فيروز شاه، لا سيما السلطان غياث الدين بلبن المُتوفَّى في 685هـ/ 1287م، والسلطان معز الدين كيقباد المُتوفَّى في 688هـ/ 1289م، والسلطان علاء الدين الخلجي المُتوفَّى في 715هـ/ 1316م، والسلطان قطب الدين مبارك شاه الخلجي المُتوفَّى في 720هـ/ 1320م، والسلطان محمد بن تغلق المُتوفَّى في 752هـ/ 1351م. لتراجمهم، راجع: برني، تاريخ فيروز شاهي، ص69-211، 213-274، 549-606، 263-547، 649-744.

وتحريق الأجسام بالنار، وتسمير الأيدي والأرجُل والصدور بالمسامير، وقَطْع الأعصاب، ونَشْر الرَّجل بالمنشار قطعتين، وما إلى تلك من أنواع المَثُلَة[1].

فوفَّق الله، الذي هو أكرم الأكرمين، وأرحم الراحمين، هذا العبد الراجي لكرمه لصرف همته ألا يُسفك دم مسلم بغير حق[2]، وألا يقع أي نوع من التعذيب، وألا يُمَثَّل برجل.

[ثم كتب بيتًا شعريًّا باللغة الفارسية يُعبِّر من خلاله عن شُكره، ومفاده:]

«كيف أؤدي شكر الله تعالى على النعمة التي أنعم بها عليَّ، وهي أن فطرتي لا تُطاوِعُني على أذى الناس».

وإنما فعل أولئك الملوك والسلاطين كل ذلك ليدخل الخوف والرعب إلى قلوب الناس، ويستولي عليهم، حتى ينتظم حبل نظام الدولة وشؤونها السياسية والإدارية، وتمثَّلوا في ذلك بالمثل السائر الذي جاء في البيت الفارسي الذي معناه:

«إن كنت تريد أن يستقر نظام الحكومة، فلا تدع السيف يستقر»[3][4].

---

(1) يشير كتاب سيرة فيروز شاهي أيضًا إلى أنواع مختلفة، مثل تلك العقوبات القاسية أو اللاإنسانية أو المهينة التي أبطلها السلطان فيروز شاه تغلق. راجع: مخطوط سيرة فيروز شاهي، ص106-124. راجع أيضًا: برني، تاريخ فيروز شاهي، ص253. لمزيد من التفصيل، راجع أيضًا: أمير خسرو، خزائن الفتوح، تحقيق: ناهيد مرزا، (كلكتا: الجمعية الآسيوية، 1953م)، ترجمة إنجليزية: محمد حبيب، (مدراس: المطبعة الأبرشية، 1931م)، ص11-12، 24-25، 72.

(2) وفقًا لبرني، فإن «السلطان لا يخطر على باله بأي حال من الأحوال، وبأي وجه من الوجوه، أن يأمر بقتل أحد من المسلمين، فقد حفظه الله سبحانه وتعالى وصانه من قتل الأبرياء الذين يقولون كلمة لا إله إلا الله محمد رسول الله». راجع: تاريخ فيروز شاهي، ص775.

(3) ذكر عفيف أيضًا هذا الشعر في كتابه بمناسبة جلوس فيروز شاه على كرسي الحكم. راجع: تاريخ فيروز شاهي، ص18.

(4) خصَّص المؤرخ برني نحو ثلاث صفحات لِذِكر هذه المسألة، وأسباب قتل الملوك وأفراد أهلهم بعد سقوط أي أسرة حاكمة وظهور أسرة أخرى مكانها. ووفقًا له، فإن هذه العادة قديمة جدًّا، ومُورِسَت في العصور الإسلامية أيضًا وبحذافيرها. ومفادها أنه عند تغيُّر ملك ما، أو أسرة حاكمة ما، لا بد من قتل أفراد تلك الأسر الحاكمة وسفك الدماء والقضاء عليهم وعلى مواليهم تمامًا، لأن النظرية السياسية القائمة لديهم تفيد بأن جذور الأسرة الحاكمة الجديدة لن تكون قوية وراسخة حتى يُقضى على الأسرة الحاكمة ذات الجذور القديمة والقوية قضاءً تامًّا. ومن تلك النظريات السياسية أيضًا أنه دون قتل وسفك الدماء لن يثبت خوف الملك الجديد ورعبه في قلوب الناس، ولن تنفذ أوامره ونواهيه. وقد طُبِّقت تلك السياسة على عهد كلٍّ من: السلطان شمس الدين إيلتتمش، وغياث الدين بلبن الذي بالغ في قتل الأبرياء وسفك الدماء من أجل تحقيق تلك الغاية المنشودة. جرت تلك السُّنة الظالمة في عهد كلٍّ من الأسرة الخلجية والتغلقية أيضًا، إلى أن تولى الحكم السلطان فيروز شاه تغلق الذي تمكن من السيطرة وحكم هذه الدولة

ومن أفضال الله تعالى عليَّ - أنا المسكين - أن التشديدات والتخويفات تبدَّلت بالرفق والكرم والإحسان، وقد تمكَّن الخوف والرجاء والاحترام في قلوب الناس من العامة والخاصة أكثر من ذي قبل إزاء السلطة[1]، حتى لم تعُد حاجة إلى القتل والضرب والإيلام والتعذيب والتشديد. وتلك السعادة لا يمكن حصولها إلا بفضل الله وعنايته[2].

[أبيات بالفارسية ومعانيها:]

1. إذا آتاك الله الحُكم والسُّلطة فأحسِن إلى الناس، فإن الكرم والإحسان خير من الغضب وأفضل.
2. ولما أعطاك الله الحكومة والسيطرة، فلا تقترف الخطأ في تعجيل عقاب الناس.
3. إن كنت لا تتعجل في القصاص، وتخلص القاتل منه، فمنة الخلاص تقتله[3].
4. ولكن إذا اضطرب القالب، أي أفسدتَ الجسم بقتله، فلا تستطيع أن تُعيد إليه الروح بأمرك.
5. تأمَّل وتوقَّف عند قتل الرجل، وتذكَّر كم تحمَّلت أمه الأحزان في سبيله حينما كان طفلًا.

المحروسة دون إراقة الدماء وقتل الناس وظلم أي أحد، ودون القضاء على أفراد أركان الدولة السابقة. تاريخ فيروز شاهي، ص771-775.

(1) ولدينا فرمان للسلطان فيروز أصدره بشأن إرضاء شعب مدينة بنگاله، واستمالة قلوبهم إليه، واستعطافهم لمحبته، والحصول على حمايتهم وطاعتهم وولائهم، وذلك بعدما خرج الأمير الحاج إلياس على السلطان، ورفع عليه راية التمرد والعصيان، وتمكن من الاستقلالية بالحكم في تلك المنطقة، وخاطبهم فيه السلطان قائلًا: إن الرعية جميعها، بمن فيهم أهل البيت والعلماء والمشايخ والملوك والأمراء والإداريون والحرفيون والفلاحون، إلخ، الذين إذا دخلوا تحت طاعة السلطان بكل ولاء وإخلاص، لمنحوا كل ما يمتلكون من الإقطاعات والأراضي والعقارات والوظائف، كما أن جميع الإقطاعيين ومالكي الأراضي سيُعفون من دفع الخراج لعام واحد. كما جاء في ذلك الفرمان بشأن الموظفين والإداريين والإقطاعيين الهندوس بأنهم لو حضروا مع رجالهم وأصحابهم والتابعين لهم إلى البلاط السلطاني واعترفوا بالولاء التام والطاعة الدائمة للسلطان، لزادت رواتبهم وتُركوا في مناصبهم. راجع: ماهرو، إنشاي ماهرو، الرسالة السادسة، ص15-17. ويتضح من إحدى رسائل ماهرو أنه تحققت للسلطان تلك الغاية المنشودة. راجع: إنشاي ماهرو، ص183-184.

(2) وفقًا لعفيف، «عندما اختير فيروز شاه سلطانًا عقب وفاة ابن عمه السلطان محمد بن تغلق في السند، تمرَّد الوزير خان جهان، وجمع نحو عشرين ألف فارس لمقاتلة السلطان فيروز لدى وصوله إلى دهلي، غير أن الأخير تمكَّن من القضاء على ذلك العصيان والتمرد بالحسنى ودون وقوع أي حرب بين الطرفين. وذلك كله بفضل الله وتأييده للسلطان، فالقلوب بيد الله جل وعلا، هو الذي يُصرِّفها كيف يشاء». للتفصيل، راجع: عفيف، تاريخ فيروز شاهي، ص38.

(3) تعني: إنْ لم تتعجل في أخذ القصاص وأفلت أو هرب القاتل المستحق للقصاص، فمنة الخلاص تقتله.

6. لا تقل إني قتلت مئات من الناس في المعركة، بل أَحيِ واحدًا من الناس، حتى تُعَد من الرجال أولي المروءة.
7. فإن كنت لا تحب أن تُشَاك بشوكة، فلا تُعمِل السيف في أعناق الناس[1].
8. حذارِ أن تسفك دم شخص، فإن الروح لا تعود إلى الجسم إذا خرجت منه.
9. لا تجعل هوايتك أن تسفك دماء الناس، فإن جلدك أيضًا يحمل الدم.
10. المجد للقادة الذين لا يحاولون سفك الدماء أمام الكبار.
11. السماء تُمطر الفضل والكرم على الذين لا يتعجَّلون في قتل الناس.
12. إذا أساء العدو فأحسِن إليه، وبفضل القوة اعفُ عنه[2].

لقد صحَّ عزمي، بعون الله ونصرته، على أن يكون دم المسلم معصومًا كل العصمة، وعِرضُه مصونًا كل الصَّون. ومَن انحرف عن جادَّة الشرع، يُصِبْه ما يأمر به كتاب الله، ويقضي به قاضي الشرع[3]. ولله الحمد على توفيقه.

[المقالة الثانية: في تطبيق الأحكام الشرعية في الشؤون السياسية والمالية]

ومن آلاء الله وأفضاله عليَّ أن ألقاب السلاطين الذين مضوا كانت قد أُخرِجَت من خُطب الجمع والأعياد[4]، ونُسِيتْ أسماء الملوك المسلمين الذين بفضل هِممهم العالية فُتحت بلاد

---

(1) ذكر عفيف تلك الأشعار في كتابه قائلاً: لدى جلوسه على كرسي الحكم، أعلن فيروز عما يجول في خاطره حيال الحكم والسلطة، وخاطب العامة والخاصة على حدٍّ سواء، مؤكدًا لهم أنه جعل مضامين تلك الأبيات الشعرية دستورًا للعمل. وسجَّل في مرسوم سلطاني قوله البليغ ومفاده: «لأنني اخترتُ السياسة المتسامحة شعارًا لي، وبدأتُ حكمي بالعدل والإنصاف، وبالاستقامة والإحسان إلى جميع الناس، وألبي متطلبات العوام والخواص بالعدل والإنصاف، من ثَمَّ جعل الله هيبتي وعظمتي في قلوبهم دون نشر الخوف والرعب بحدِّ السيف، وأطاعني العوام والخواص على حدٍّ سواء، وأصبحوا أعوانًا لي في الحكم والسياسة». راجع: تاريخ فيروز شاهي، ص18-19.

(2) هذه الأبيات ذُكرت أيضًا في سيرة فيروز شاهي. راجع: مخطوط سيرة فيروز شاهي، ص125. راجع أيضًا: عفيف، تاريخ فيروز شاهي، ص21.

(3) كان شديدًا في رعاية العدل والإنصاف، وفي استيفاء الحقوق والحدود والقصاص، وما كان يسمح بالجور والظلم والتعدي بأي حال من الأحوال. وذُكرت قصص عديدة عن ذلك. راجع: عفيف، تاريخ فيروز شاهي، مقال «عدل فيروز شاه وإنصافه»، ص260-261.

(4) يتبين من المصادر العربية أن عادة الدعاء للخلفاء والسلاطين اتُّبعت وانتشرت منذ الخلافة الراشدة. وفي شرح الشهاب الخفاجي على الشفاء، أن أبا موسى الأشعري دعا على المنبر بالكوفة لأمير المؤمنين عمر بن الخطاب، أو أن ابن عباس دعا بالنصر لعلي بن أبي طالب على منبر البصرة، فإن صح، كان حُجة قوية في

الكفار، ورُفِعت أعلام النصر خفاقة في الديار، وخُرِّبَت معابد الأصنام، وشُيِّدَت المساجد والمنابر، وعَلَتْ كلمة الله[1]، وقَوِيَ أهل الإسلام، وعاد الحربيون ذميين[2]، فأمرت بقراءة أسمائهم وألقابهم ونعوتهم في الخُطب كالمعتاد، وذِكرهم بالدعاء والمغفرة[3].

أصل وضع الدعاء للأمراء في الخطب. راجع: محمد بن عبد السلام بن عبد الله الناصري، المزايا فيما أحدث من البدع بأم الزوايا، دراسة وتحقيق: عبد المجيد خيالي، (بيروت: دار الكتب العلمية، 1424هـ/ 2003م)، ص122. وقال الحطاب: «وأما بدعة ذكر السلاطين بالدعاء والقول السالم من الكذب، فأصل وضعها في الخطبة من حيث ذاته مرجوح، لأنها مما لم يشهد الشرع باعتبار حسنها فيما أعلم. وأما بعد إحداثها واستمرارها في الخطب في أقطار الأرض، وصيرورة عدم ذكرها مظنة اعتقاد السلاطين في الخطيب ما يُخشى غوائله ولا تؤمن عقوبته، فذكرهم في الخطبة راجح أو واجب». للتفصيل، راجع: شمس الدين أبو عبد الله محمد بن محمد بن عبد الرحمن الطرابلسي المغربي، المعروف بالحطاب الرُّعيني المالكي، مواهب الجليل في شرح مختصر خليل، (بيروت: دار الفكر، 1398هـ)، جـ2، ص165.

(1) تعني «كلمة الله» هنا كلمة التوحيد: «لا إله إلا الله محمد رسول الله». وكلمة «لا إله إلا الله» هي العروة الوثقى في دين الله التي جاءت مشتملة على الدين كله، وعلى التوحيد كله، وهي أعظم كلمة، ذُكرت في أعظم آية، فيها أعظم اسم، فهي الكلمة التي من أجلها خلق الله السماوات والأرض، ومن أجلها خلق الله الملائكة والإنس والجن، ومن أجلها بعث الله الرسل وأنزل الكتب، إلخ. وقال تعالى: ﴿فَٱعۡلَمۡ أَنَّهُۥ لَآ إِلَٰهَ إِلَّا ٱللَّهُ﴾ [محمد: 19]. وقال تعالى في الآية الأخرى: ﴿وَمَآ أَرۡسَلۡنَا مِن قَبۡلِكَ مِن رَّسُولٍ إِلَّا نُوحِيٓ إِلَيۡهِ أَنَّهُۥ لَآ إِلَٰهَ إِلَّآ أَنَا۠ فَٱعۡبُدُونِ﴾ [الأنبياء: 25].

(2) يُقصد هنا من المحاربين «الهندوس» الذين صاروا «ذميين» في ظل الدولة الإسلامية في العصور الإسلامية. والسؤال المطروح هنا: كيف صار الهندوس من أهل الذمة؟ طُرحت تلك المسألة للمرة الأولى في الهند عند قيام الدولة العربية تحت قيادة القائد محمد بن القاسم الثقفي المُتوفَّى في 95هـ/ 713م. وقد اجتهد العلماء والفقهاء آنذاك ووضعوا الهندوس في زمرة شبه أهل الكتاب، فصاروا من الذميين. ووفقًا للمصادر، جرى تنفيذ جميع القوانين الخاصة بالذميين عليهم، وبذلك حصلوا على الحقوق كلها وفقًا للشريعة الإسلامية. للتفصيل عن الوضع الشرعي والاجتماعي للهندوس في عصر الدولة العربية في السند والملتان وفي عصر سلطنة دهلي، راجع: صاحب عالم الأعظمي الندوي، مفهوم العلاقات بين المسلمين والهندوس في ضوء الكتب الفقهية في عصر سلطنة دهلي، بحث منشور في مجلة التفاهم الصادرة عن وزارة الأوقاف والشؤون الدينية، سلطنة عمان، العدد الحادي والخمسون، شتاء 1437هـ/ 2016م، ص187-223. ووفقًا لبعض المصادر المعاصرة لتلك الحقبة، فإن الهندوس أو الذميين يعيشون بكل رفاهية في رعاية الدولة التي كانت تسهم في بناء جميع المناطق وعمرانها من دون أدنى تمييز. وكان غير المسلمين ومنهم الهندوس بطبيعة الحال يتمتعون بكافة الحريات الدينية والاجتماعية والثقافية. راجع: عفيف، تاريخ فيروز شاه، ص110.

(3) ذكر المؤرخ عفيف أيضًا أن أسماء الخلفاء والسلاطين السابقين أضيفت في خطب الجمعة. ووفقًا لقوله، فإن السلطان أمر بأن تُذكر أسماؤهم أولًا، ثم اسمه ثانيًا، في الخطب، وقد اختيرت عشرة أسماء من سلاطين دهلي، وهم: السلطان شهاب الدين محمد بن سام، والسلطان شمس الدين إيلتتمش، والسلطان ناصر الدين

[واقتبس السلطان شعرًا فارسيًّا ومفاده:]

«إن كنت تُحِب أن يكون اسمك خالدًا، فلا تكتم أسماء السَّلف الصالحين ولا تتجاهل مآثرهم».

ومن أيادي الله عليَّ أنَّ ما جُمِع في بيت المال خلال العصور الماضية من الوجوه [المصادر] المحرَّمة غير المشروعة[1]، من المكوس والضرائب المفروضة على «مندوي بزرگ» و«دلالت بازارها» أي السماسرة والجزارين[2]، وعلى «أميري طرب» أي أخذ الضرائب

محمود، والسلطان غياث الدين بلبن، والسلطان جلال الدين الخلجي، والسلطان علاء الدين الخلجي، والسلطان قطب الدين الخلجي، والسلطان غياث الدين تغلق، والسلطان محمد بن تغلق، والسلطان فيروز شاه تغلق. للتفصيل، راجع: تاريخ فيروز شاهي، ص66-67.

(1) كانت الضرائب التي لم يحدد لها - أو لم يُقر بها الفقهاء الهنود الأوائل - تصديق أو إقرار محدد وواضح، قد عُرفت بتسميات مختلفة، مثل: «حلالي»، و«مرافق»، و«معاون»، و«مكوس»، و«عرفي»، في الأدبيات الفارسية. أما الضرائب المشروعة في النظم المالية الإسلامية فهي: الزكاة، والخمس من الغنيمة والفيء، والخراج، والجزية، والعُشر. وكان الخراج والجزية قرينين، فكانت الجزية بمنزلة مال الخراج وتُسمى أيضًا خراج الرأس. وأول من فرض الخراج رسول الله صلى الله عليه وسلم، ومما كان يلحق بالخراج أيضًا العشور التي تؤخذ على التجارة من الجميع. للتفصيل عن تلك الضرائب الشرعية في العصور الإسلامية الأولية، راجع: محمد ضياء الدين الريس، الخراج والنظم المالية للدولة الإسلامية، (القاهرة: دار المعارف، 1969م)، ص120- 126. وكانت تلك الضرائب المشروعة جارية وسارية في عصر سلطنة دهلي أيضًا. للتفصيل، راجع:

Qureshi, Administration of the Sultanate of Delhi, Chapter, VI, pp. 92-129.

(2) وفقًا لعفيف، كان على الجزارين أن يدفعوا اثنتي عشرة تنكه على كل رأس من البقر، وبذلك كان يُجمع من هذه الضريبة أموال كثيرة. راجع: تاريخ فيروز شاهي، ص215. ويرى بعض الباحثين أن «ضريبة جزاري» تؤخذ فقط من ذبح الأبقار، أما «ضريبة قصابي» فكانت ضريبة عامة فُرضت على ذبح جميع أنواع الحيوانات. نظامي، مذهبي رجحانات، ص422. ولعله من المفيد أن نعرف في هذا المقام عُملتي «جيتل» و«تنكه»، باعتبارهما أشهر أنواع النقود المعدنية التي عرفها السلطان إيلتتمش في عهده، وجرى تداول هاتين العُملتين في عصر سلطنة دهلي، مع بعض التغيرات التي حصلت في الوزن والقيمة على عصر الدولة الخلجية والتغلقية. و«جيتل» كلمة هندية قديمة جدًّا تطلق على عملة معدنية نحاسية، غير أنها في عصر سلطنة دهلي كانت تحتوي على 3.6 حبة من الفضة أيضًا، غير أن مقدار الفضة فيها أقل من عملة «دهلي وال» التي حلت محلها فيما بعد. وكانت ثمانية وأربعون جيتلًا تساوى تنكه واحدة مسكوكة من الفضة. للتفصيل، راجع:

Iqtidar Alam Khan, Historical Dictionary of Medieval India, (London: The Scarecrow Press, Inc., 2008), p. 82; Col. Henry Yule and A. C. Burnell, Hobson-Jobson: a glossary of colloquial Anglo-Indian words and phrases, and of kindred terms, etymological, historical, geographical and discursive, (London: J. Murray, 1903), pp. 457-458.

من المشرفين على الاحتفالات العامة ومن المغنين، وعلى «گل فروشي» أي سوق الأزهار، وعلى بائع التنبول أو سوق التنبول[1]، و«چنگي غله»[2] أي ضريبة على المواد الغذائية وأخذ

أما «تنكه»، فكانت تطلق على النقود الفضية والذهبية على حدٍّ سواء. ولفظة «تنكه» في الأصل مشتقة من كلمة «تنغ» التركية الچغتائية، ومعناها في تلك اللغة «الأبيض». وكانت النقود في بلاد آسيا الوسطى تُسمى «تنغه أو تنغا» حتى على عهد الاستعمار البريطاني. ووفقًا لبعض الباحثين، فإن عملة «تنكه» كانت رائجة في شمال الهند، ووزنها يساوي نحو 168.24 جرام من الفضة، وذلك قبل قيام السلطان محمود الغزنوي بالسيطرة على منطقة الپنجاب وإلحاقها بالدولة الغزنوية، لكن تغير اسمها في عصر الأخير بالدرهم، وكان وزنها 45 حبة ذهبية، وبعد قيام سلطنة دهلي عرف إيلتتمش تنكه فضية جديدة ووزنها 172 حبة من الفضة. للتفصيل، راجع:

Iqtidar Alam, op. cit., p. 113; Henry Yule, op. cit., pp. 896-898.

(1) استعمل كلمة «برگ» وتعني: ورق وليس خضراوات، ولهذا يرى بعض الباحثين أن القصد من ذلك أوراق التنبول. إذن، كانت الضريبة توضع أيضًا على تجارة ورق التنبول. للتفصيل ورأي الباحث الهندي هودي والا، راجع:

Hodiwala, Studies in Indo-Muslim History, p. 340.

تعريف التنبول: پان أو التنبول من نوادر منطقة شبه القارة الهندية لأنه لا يوجد في غيرها، وهو عبارة عن شجرة تُغرس كما تُغرس دوالي العنب، وتُصنع له معرشات من القصب كما يُصنع لدوالي العنب، أو يغرس في مجاورة النارجيل فيصعد عليه. ولا ثمر للتنبول، وإنما المقصود منه ورقه، وهو يشبه ورق العليق، وأطيبه الأصفر، وتُجتنى أوراقه كل يوم. أما كيفية استعماله: يؤخذ ورق التنبول فيوضع عليه شيء من النورة، ويؤخذ الفوفل فيكسر حتى يصير أطرافًا صغارًا فيذر على التنبول الذي يُلف، ثم يجعله الإنسان في فمه، ويعلكه، وعامة الناس يأخذون منه بعد الطعام فهو ينقي الفم، ويساعد على هضم الأكل، ويطيب النكهة، ويعين على الجِماع. هذا، وكان من عادة ملوك الهند من الهندوس والمسلمين أنهم يقدمون التنبول لأعيان الدولة عند مثولهم أمامهم تعبيرًا عن تقدير أعمالهم. راجع: الحسني، عبد الحي، الهند في العهد الإسلامي، (راي بريلي: دار عرفات، 1422هـ/ 2001م)، ص48-49. وذكر البيروني أن الهنود يعانون من ضعف القوة الهاضمة، ولذلك يقوونها بمضغ أوراق التنبول عقب الطعام ومضغ الفوفل، فيلهب التنبول بحدته الحرارة، وينشف ما عليه من النورة والأعشاب الأخرى، ويشد الفوفل الأسنان واللثة، ويقبض المعدة. راجع: أبو الريحان محمد بن أحمد البيروني، تحقيق ما للهند من مقولة مقبولة في العقل أو مرذولة، تقديم: محمود علي مكي، (القاهرة: الذخائر التابعة للهيئة العامة لقصور الثقافة، 2003م)، ص468.

(2) چنگي: نوع من الضريبة، تؤخذ عينيًا من تجار الحبوب كلهم، ويقوم بها مسؤول من جانب كوتوال/ ضابط أو مراقب، وذلك عن طريق غمس ذراعه اليمنى في شولة الحبوب أو المواد الغذائية الأخرى، وتجريف قدر الإمكان منها، ووضعه في حقيبة خاصة لجمع تلك الضريبة. وكانت تلك الحفنة تُسمى «چنگي»، وتؤخذ ثلاثة ونصف چنگي يوميًا من كل متجر، وتوزع على المسؤولين عن إدارة الشؤون التجارية في الأسواق المحلية. للتفصيل، راجع:

Thomas Duer Broughton, Letters from a Mahratta Camp during the year 1809, (Calcutta: K.P. Bagchi & Company, 1977), p. 101.

الضرائب من بائعي الحبوب، و«بيل گري» أي سوق الثيران، و«ماهي فروشي» أي سوق السمك، ومن «نَدّافي» أي الندّاف، و«صابون گري» أي من صناعة الصابون وبيعها، ومن بائعي الحبال، ومن «ريسمان فروشي» أي القزازي، ومن «روغن گري» أي صناعة الزيوت وبيعها، و«نخود بريان» أي الفوّال، و«ته بازاري»[1] أي ضريبة السوق، وتلك الضرائب التي تُفرض على المعاش، وعلى لعبة القمار، وعلى المنازل[2]، ورسوم المحكمة أو دار القضاء، وضريبة الشرطة، ورسوم الرقابة، وضريبة المنزل، وضريبة المراعي[3]، أمرتُ بإلغائها وحذفها

---

(1) كانت ضريبة «تِه بَازَاري» رائجة في وسط الهند آنذاك، ومع أن السلطان فيروز شاه تغلق ألغاها، فإنها فُرضت من جديد فيما بعد باسم آخر، ألا وهو «بانداري»، إلى أن ألغاها السلطان أورنگ زيب عالمگير المُتوفَّى في 1118هـ/ 1707م في عهده. ووفقًا لبعض المصادر المغولية: «أمر السلطان أورنگ زيب بإلغاء «راهداري»، أي ضريبة الطريق التي كانت تؤخذ على جميع الحدود والثغور وتوضع وارداتها كلها في خزانة الدولة، فكان دخلها ودخل ضريبة «بانداري» الذي يُسمى «ته بازاري»، يزيد على مئات الآلاف ويدخل الخزانة السلطانية...». ذكاء الله، تاريخ هندوستان، ص90، نقلًا عن أبي الحسن الندوي، رجال الفكر والدعوة، (بيروت: دار ابن كثير، 1428هـ/ 2007م)، جـ3، ص336-337. وقد ظلت تلك الضريبة باقية حتى في عصر الاستعمار البريطاني، ففي بداية القرن التاسع عشر الميلادي، كتب النقيب «توماس بروتون» (Thomas Broughton) في كتابه، قائلًا: «إن المزارعين الذين يتحكمون في شؤون الأسواق المحلية، يأخذون لأنفسهم بعض الضرائب والرسوم المعلومة من البائعين والمحلات، ومنها ضريبة «ته بازاري»، وقدرها ربع آنة يوميًّا من كل متجر، وثماني آنات كل عشرة أيام من الشهر، وتجمع تلك الضريبة يوميًّا أو كل عشرة أيام من الشهر، أو بعض الأحيان تؤخذ روپيتان مرة واحدة في نهاية الشهر». للتفصيل، راجع: Ibid, p. 101.
وكلمة «آنة» أو «آنه» هندية الأصل، وكانت وحدة عملة تعني حرفيًّا: حبة من الحبوب. وكانت تستعمل في الهند الإسلامية في نظامها النقدي باعتبارها حبة أو دانة من الأوزان والنقود لا سيما في الأخير بحيث كانت تساوي ما يعادل 1/ 16 روبية. إذن، لم تكن هناك عملة باسم «آنة واحدة» إنما تستعمل باعتبارها عملة حسابية فحسب، وكانت ثمة عملة بقيمة آنة واحدة، ونصف آنة من النحاس، وآنتين من الفضة، وكذلك كانت تستعمل للدلالة على جزء مقابل من أي نوع من الممتلكات، وخصوصًا فيما يتعلق بتقسيم ميراث الأراضي والعقارات وغيرها. للتفصيل، راجع: Henry Yule, op. cit., pp. 31-32.

(2) استخدم كلمة «كوهي»، وتعني منزلاً أو غرفة. وقد كتب المؤرخ عفيف أيضًا أن المراد من ذلك ضريبة البيوت والمنازل، وعرفها قائلًا: «كانت ضريبة «مستغل» جارية وسارية منذ العهود السابقة. وتعني «مستغل»: دفع الضريبة للبيوت والأراضي إلى خزينة الدولة. وكانت أموال تلك الضريبة تصل إلى مائة وخمسين ألف تنكه من مدينة دهلي وحدها، ولأنها كانت غير شرعية، فألغاها السلطان وفقًا لرأي العلماء». راجع: عفيف، تاريخ فيروز شاهي، ص215.

(3) ذكر عفيف بعض الضرائب غير الشرعية الأخرى التي كانت تخلِّف أموالاً طائلة، مثل: «دانگانه»، وتعني الضريبة التي تفرض على البضائع والسلع التجارية عند دخولها إلى دهلي، حيث تحضر أولًا إلى «سراي عدل»؛ إدارة خاصة لها، وتوزن مرة أخرى. ولهذا العمل يؤخذ «دانگ» واحد على كل تنكه، مما يؤدي إلى جمع أموال طائلة في تلك الإدارة. وكذلك ذكر ضريبة أخرى واسمها «رسم دوري»، ويقصد بها أعمال

من السجلات الموضوعة في المكاتب والدواوين التي تجمع مثل هذه الضرائب والمكوس، وقلت إن مَن أخذ المال من الناس من هذه الوجوه نال ما يستحقه من العقاب[1].

[ثم كتب بيتًا شعريًّا للتعبير عن عواقب الطمع والجشع، فقال:]

«استَمِلْ قلوب الناس واستبقِ ودَّها، وذلك خير لك من أن تجمع المال. وأن تكون صِفر اليدين، خير لك من أن تؤذي الناس»[2].

ولا يُجمَع في بيت المال إلا من الوجوه التي ورد بها شرع المصطفى سيدنا محمد صلى الله عليه وسلم، ونطقت بها الكتب الدينية، وهي خراج الأراضي وعُشورها[3]،

السخرة القسرية، فقد كانت الإدارة المعنية تطلب من كل التجار العامة والخاصة للمواد الغذائية والحبوب الداخلين إلى دهلي أن يقدموا دابتهم مرة واحدة لحمل مواد البناء إلى مدينة فيروز آباد التي كانت تحت الإنشاء آنذاك. راجع: تاريخ فيروز شاهي، ص215.

(1) كتب عفيف واقعة إلغاء كل تلك الضرائب بالتفصيل، قائلاً: «طلب السلطان عقد محضر اجتمع فيه كبار العلماء والمفتين والقضاة، وقال لهم: «على الرغم من أن السلاطين السابقين سنوا بعض القوانين وفرضوا بعض الضرائب غير الشرعية، ربما من أجل بعض المصالح السياسية أو بسبب عدم العلم بعدم شرعيتها، فإنني أرغب أن يعمل وفقًا للشرع، وتؤخذ الضرائب الشرعية فحسب، لكي يعيش الشعب في رفاه واطمئنان. وأرجو منكم النظر في تلك الضرائب والمكوس كلها إن كانت شرعية أو غير شرعية، وفي الحالة الأخيرة تلغى من ساعتها». نظر أولئك العلماء في تلك الضرائب كلها، وأفتوا باتفاق وبواسطة الأدلة من الكتب المعتبرة بأنها غير شرعية، وبموجب ذلك طلب السلطان تنفيذ فتواهم لإلغائها على الفور، وأصدر مرسومًا سلطانيًّا أعلنه قاضي العسكر الشيخ نصر الله راكبًا على الفيل الملكي للرعية، وقرأ عليهم بصوت عالٍ ذلك المرسوم ومضمونه: على الرغم من أن السلاطين السابقين القدماء الذين حكموا البلاد والعباد بالعدل والإنصاف، فرضوا تلك الضرائب بموجب مصالح الدولة في عهودهم، فإنه لا يجوز أخذها وفقًا للشريعة الإسلامية. وبذلك، أُلغِيَت تلك الضرائب والمكوس إلغاءً تامًّا». ووفقًا لعفيف، فإنه كان حاضرًا بين المجتمعين الذين لا يعدُّون ولا يحصون. ووفقًا لكلامه، فإن الخزينة الملكية تحملت خسارة مبلغ نحو ثلاثة ملايين تنكه بعد إلغاء تلك الضرائب، وذلك في عام 777هـ/ 1375م. راجع: تاريخ فيروز شاهي، ص215-216.

(2) وقد اقتبس صاحب طبقات أكبري ذاك البيت الشعري في كتابه. راجع: طبقات أكبري، جـ1، ص198. ويتضح من مقالات بعض المصادر أن السلطان كان يتحرى أخبار الولاة والإداريين بنفسه، ويتأكد من عدم انحرافهم عما قرر بشأن تحديد أموال الضرائب والجزية وفقًا للشريعة الإسلامية. راجع: ماهرو، إنشاي ماهرو، الرسالة العشرون، والحادية والعشرون، ص47-49-51.

(3) خراج الأراضي، أي: ضريبة الأرض. وكانت الأراضي المزروعة تصنَّف من أجل التقييم وفقًا للنظام العشري والخراجي والصلحي. ووفقًا لتلك الاعتبارات، كان الفقهاء قد قسَّموا الخراج باعتبارات مختلفة إلى نوعين رئيسيين: خراج الوظيفة، وخراج المقاسمة. وخراج الوظيفة يعني أن يكون الطلب من النقد أو النوع لكل وحدة مساحة، ويكون ثابتًا وفقًا لنوع المحصول المزروع، حتى لو لم يقع الزرع بالفعل فيجب الخراج على مالك الأرض، لأن التمكن من الانتفاع قائم وهو الذي قصَّر في تحصيله، فيتحمل نتيجة تقصيره.

والزكاة[1]، وجزية غير المسلمين[2]، ـــــــــــــــــــــــــــــــ

غير أنه وفقًا للشريعة الإسلامية لا ينبغي للدولة أن تأخذ خراج الوظيفة أكثر من النصف. أما خراج المقاسمة فيعني أخذ نسبة معينة من الإنتاج كالربع والخمس وما أشبه ذلك وفقًا للإنتاج، وهذا النوع من الخراج يتعلق بالخارج من الأرض لا بالتمكن، فلو عطل المالك الأرض لا يجب الخراج. وكان هذا الخراج الأكثر تطبيقًا في عصر سلطنة دهلي وحتى على عصر الدولة المغولية. هذا، وقد استعمل المؤرخ برني مصطلح «بر حكم حاصل» عند مناقشة تلك المسألة ضمن القانون الثاني الخاص بالجزية والخراج في زمن السلطان فيروز شاه، فقال: «إن القوانين والضوابط التي وضعها السلطان من أجل تنظيم الشؤون الإدارية والاستقامة فيها، تأتي ضابطة الخراج والجزية في المرتبة الثانية، ومفاد تلك الضابطة أنه أمر الإدارات المعنية كلها بأن يُجبَى الخراج وفقًا للإنتاج الحقيقي وليس بموجب القياس (أي وفقًا لظروف إنتاج الفلاحين)، وألغيت كل القوانين الأخرى بشأن كيفية جباية الخراج ونحوه». راجع: برني، تاريخ فيروز شاهي، ص802–803. في حين استعمل عفيف مصطلح «حكم مشاهدة»، أي النظر في الإنتاج وتقديره والحكم عليه عند معالجة تلك المسألة. راجع: تاريخ فيروز شاهي، ص94. ولمزيد من التفصيل، راجع:

Qureshi, Administration of the Sultanate of Delhi, pp. 97-100.

ولعله من المناسب أن نذكر هنا أن الخراج في الأصل أجرة عن الأرض، لأن مالكيها هم مجموع الأمة الإسلامية، وتبقى الأجرة، وإن انتقلت الأرض من أيدي أهل الذمة إلى أيدي المسلمين، فيجب على المسلمين دفع الخراج، لأنه مؤبد مع الأرض. وهكذا بقي الخراج طوال العصور الإسلامية. للتفصيل، راجع: الريس، الخراج والنظم المالية، ص130.

(1) تتضح أهمية الزكاة بأن الله عز وجل قرنها مع الصلاة في مواقع كثيرة في الكتاب العظيم للدلالة على عظم منزلتها، ومنها على سبيل المثال: ﴿وَأَقِيمُواْ ٱلصَّلَوٰةَ وَءَاتُواْ ٱلزَّكَوٰةَ وَٱرۡكَعُواْ مَعَ ٱلرَّٰكِعِينَ﴾ [البقرة: 43]، و﴿وَأَقِيمُواْ ٱلصَّلَوٰةَ وَءَاتُواْ ٱلزَّكَوٰةَۚ وَمَا تُقَدِّمُواْ لِأَنفُسِكُم مِّنۡ خَيۡرٖ تَجِدُوهُ عِندَ ٱللَّهِۗ﴾ [البقرة: 110]، و﴿ٱلَّذِينَ يُقِيمُونَ ٱلصَّلَوٰةَ وَيُؤۡتُونَ ٱلزَّكَوٰةَ وَهُم بِٱلۡأٓخِرَةِ هُمۡ يُوقِنُونَ﴾ [النمل: 3]، وغيرها من الآيات القرآنية. ويتبين من بعض المصادر لعهد فيروز شاه بأنه خصص خزانة خاصة لجمع زكاة المال وحسابها، وتنظيم أمور صرفها لمستحقيها. للتفصيل، راجع: صدر الدين يعقوب كرماني، فقه فيروز شاهي، نسخة خطية محفوظة في مكتب الهند بلندن، الورقة 410ألف.

(2) الجزية هي ما يؤخذ من أهل الذمة. وقد تكرر ذكر الجزية في الحديث في غير موضع، وهي عبارة عن المال الذي يعقد الكتابي عليه الذمة. والجميع اتفقوا على أن الجزية يجب أن تُجبى من أهل الذمة في دار الإسلام، جزاء المنعة لهم وأمنهم على أموالهم وحرياتهم، فإذا أسلموا سقطت عنهم. ووفقًا لبعض الباحثين، فإن الجزية لم تكن تُجبى من أولئك الهندوس الذين يعملون في المنظومة العسكرية ويحارَبون من جانب المسلمين في تلك الحقب التاريخية. وكانت للجزية ثلاثة مقادير في زمن السلطان فيروز شاه تغلق، فقد وضع الجزية على رؤوس الرجال: على الغني أربعين تنكه فضية سنويًا، وعلى المتوسط عشرين تنكه فضية سنويًا، وعلى الفقير عشر تنكات فضية سنويًا. إذن، حاول السلطان تطبيق الجزية العنوية أي مقدرة الأقل والأكثر وفقًا لقدر الطاقة والإمكان، فتختلف وفقًا لطاقة الشخص وقدرته المالية، وكانت مقدرة الجزية في عصر الدولة العربية في السند مختلفة قليلًا، ولذلك علينا أن نُرجِّح الرأي القائل بأن الجزية لم يكن لها حدٌّ ثابت، وإنما كانت متروكة لاجتهاد الولاة والأمراء. راجع:

والتركات[1]، وخُمس الغنائم والمعادن[2]. وما لا يجوز من الوجوه في ضوء كتاب الله، لا يُجمع شيء في بيت المال من ذلك الوجه.

Qureshi, Administration of the Sultanate of Delhi, p. 94.

ومن المعلوم أن الجزية لا تجب إلا على الرجال (أي يُعفى منها النساء والصبيان والمعاقون وذوو الاحتياجات الخاصة) الأحرار العقلاء من أهل الذمة: اليهود والنصارى ومن جرى مجراهم من المجوس والصابئين والسامرة. للتفصيل، راجع: الماوردي، الأحكام السلطانية، (القاهرة: مطبعة الوطن، 1289هـ)، ص137؛ أبو يوسف، كتاب الخراج، (القاهرة: المكتبة السلفية، 1952م)، ص127. ولا تُؤخذ من المسكين الذي يُتصدَّق عليه، ولا من مُقعَد، ولا من أعمى لا حرفة له، ولا من المترهِّبين وأهل الصوامع، إن لم يكونوا ذوي يسار. أبو يوسف، الخراج، ص122. إذن، السؤال المطروح هنا هو: كيف فرض السلطان فيروز شاه تغلق الجزية على البراهمة العاملين في المعابد الهندوسية، خصوصًا أن الحكومات الإسلامية الأولية في السند أعفتهم من دفع الجزية، ووفَّرت لهم الحماية الكاملة، ومنحتهم الثقة، واعترفت بمكانتهم الدينية؟ للتفصيل، راجع: صاحب عالم الأعظمي الندوي، مفهوم العلاقات بين المسلمين والهندوس، ص193. وفقًا للمصدر السلطاني، اجتمع البراهمة أمام قصر السلطان فيروز شاه تغلق، طالبين منه إعفاءهم من الجزية على أساس أنهم رجال الدين في المعابد الهندوسية، وأكدوا له أنهم سيحرقون أجسامهم بأنفسهم في حالة عدم استجابة طلباتهم، وقالوا له إنه لم يدفع أحد من أسلافهم الجزية قبل ذلك في أي عصر من العصور الإسلامية، وذلك لأنهم يشتغلون بالشؤون الدينية، وليس بإمكانهم دفع أموال الجزية. فرفض السلطان ذلك ولم يستجب، وحضر بعض الأغنياء من الهندوس، وتحمَّلوا بأنفسهم أموال الجزية عن البراهمة. وعلل عفيف مسألة فرض الجزية على البراهمة ورجال الدين قائلًا: «ولأن البراهمة أساس الكفر والشرك للعوام الهندوس الذين يعتقدون فيهم اعتقادًا جازمًا، ويقدمون لهم نذورًا وهدايا نقدية وعينية وبكمية كبيرة، لذلك لا يمكن إعفاؤهم من دفع الجزية، بل أخذ الجزية منهم واجب، وقد أصدر كبار العلماء والشيوخ فتوى بشأن فرض الجزية على البراهمة ورجال الدين الهندوس وعلى وجه الخصوص وفي المقام الأول». للتفصيل، راجع: عفيف، تاريخ فيروز شاهي، ص218.

(1) القصد من التركة هنا تلك الأموال والممتلكات التي كان الميت يتركها دون وريث له، فكانت ملكيتها تُنقل إلى خزانة الدولة. وكانت غنائم الحرب توزع بالطريقة الآتية: كانت الخيول والفيلة والكنوز تنقل إلى خزينة الدولة، في حين كانت أربعة أخماس الغنيمة توزع على المقاتلين والغانمين، ويذهب الخمس الباقي إلى الدولة. وكان سهم الفارس ضعف سهم الراجِل. ولم يكن أيُّ نصيب من غنائم الحرب للعبيد والنساء والأطفال وأهل الذمة. راجع: فخر مدبر، آداب الحرب والشجاعة، بتصحيح واهتمام: أحمد سهيلي خوانساري، (طهران: مكتبة إقبال، 1346هـ)، ص398، ولمزيد من التفصيل، راجع:

Qureshi, Administration of the Sultanate of Delhi, p. 97.

(2) الغنيمة: إنها الأموال أي المنقولات التي أُخِذَت من غير المسلمين بالقتال. والفيء هو الأرض أو العقار، وهي في الأصل أخذت عنوة، ثم اتفق عليها. ويجوز أن تؤخذ بالصلح بدون قتال. فمعنى الغنيمة إذَن قد انحصر في أنها المال المنقول الذي يحصل عليه نتيجة الحرب. أما معنى الفيء فقد اتسع لما يؤخذ عنوة أو بالصلح. للتفصيل، راجع: الريس، الخراج والنظم المالية للدولة الإسلامية، ص123.

ومنها أنه قد جرت من قبل سُنَّة سيئة، وهي أنهم كانوا يضعون أربعة أخماس الغنائم في بيت المال، ويقسِّمون الخُمس على الغانمين، وحُكم الشرع في هذا الشأن أن يُوضع الخُمس من الغنائم في بيت المال، وتُقسَّم أربعة أخماس منها على الغانمين(1)، وكان قد تطرَّق هذا العكس في الحكم، وإن لم تكن قسمة الغنائم [بما فيها السبايا والسرايا وجِماعهن أو وطئهن وحكم أطفالهن] على ما يأمر به الشرع كان المتصرف فيها مقارفًا للحرام. ومن أجل وضْع حدٍّ لهذه الممارسة غير الشرعية ودفعها، أصدرت مرسومًا، أن يودَع الخُمس بيت المال، وتُقسَّم الأربعة أخماس الباقية على الغانمين(2).

[المقالة الثالثة: في موقف الدولة من الحركات الدينية والاجتماعية المنحرفة]

ومنها أن الشيعة الذين يُسمَّون بـ«الروافض»، كانوا يدعون الناس إلى الرفض والتشيُّع، ويؤلِّفون عن مذهبهم كُتبًا ورسائل، ويمتهنون تدريس مذهبهم وتعليمه، ويسبُّون الخلفاء الراشدين، لا سيما الشيخان أبو بكر وعمر رضي الله عنهما، وأم المؤمنين السيدة عائشة الصدِّيقة، وكبار المتصوفين، ويشتمونهم بكل صراحة(3)، ويمارسون اللواط، ويُسمُّون القرآن

---

(1) يتبين من المقالات المذكورة في بعض الكتب المعاصرة للسلطان فيروز أنه لم يكتفِ بالتشديد على ذلك المبدأ فحسب، بل طبقه عمليًّا. ولدينا نماذج عديدة، ومنها تلك الغنائم الضخمة التي غنمها الجيش في الحرب ضد إمارة جاج نگر الهندوسية في شمال الهند، فقسم السلطان أربعة أخماس من تلك الغنائم على الجيش وفقًا لحكم الشريعة الإسلامية. للتفصيل، راجع: عين الملك عبد الله بن ماهرو، إنشاي ماهرو، الرسالة الرابعة عشرة، ص33-34.

(2) وذلك وفقًا للآية القرآنية: ﴿وَاعْلَمُوا أَنَّمَا غَنِمْتُم مِّن شَيْءٍ فَأَنَّ لِلَّهِ خُمُسَهُ وَلِلرَّسُولِ وَلِذِي الْقُرْبَىٰ وَالْيَتَامَىٰ وَالْمَسَاكِينِ وَابْنِ السَّبِيلِ إِن كُنتُمْ آمَنتُم بِاللَّهِ وَمَا أَنزَلْنَا عَلَىٰ عَبْدِنَا يَوْمَ الْفُرْقَانِ يَوْمَ الْتَقَى الْجَمْعَانِ وَاللَّهُ عَلَىٰ كُلِّ شَيْءٍ قَدِيرٌ﴾ [الأنفال: 41]. هذا، وقد اختلف العلماء في كيفية قسمة الخمس، غير أنهم متفقون على أن أربعة أخماس الغنيمة تقسم على الغانمين، أما الغنيمة نفسها فهي مال غير المسلمين إذا ظفر بهم المسلمون على وجه الغلبة والقهر. للتفصيل، راجع: محمد بن علي بن محمد الشوكاني، فتح القدير: الجامع بين فني الرواية والدراية، ضبط وتصحيح: أحمد عبد السلام، (القاهرة: الشركة المصرية المحدودة للطباعة والنشر والتوزيع، بدون تاريخ)، جـ1، ص667-694.

(3) جاء في سيرة فيروز شاهي أنهم كانوا يصنعون مجسمات وتماثيل لكلٍّ من سيدنا أبي بكر وعمر رضي الله عنهما، ثم يدنسونها ويشوهونها، ثم استطرد قائلًا: «إن تلك النشاطات المنحرفة جعلته متشددًا مع مثل تلك الحركات والجماعات الشيعية الرافضة، حتى أصدر مرسومًا سلطانيًّا مفاده أنه لا يوجد أيُّ مذهب ومسلك في الإسلام غير أهل السُّنة والجماعة في الهند، وأولئك الذين يزعمون أنهم موحِّدون ومسلمون، وهم في الواقع مشركون، ومن ثَمَّ، لا نسمح لهم بأن يعيشوا أحرارًا دون دفع الجزية مثل الهندوس». راجع: سيرة فيروز شاهي، ورقة 63. راجع أيضًا: نظامي، مذهبي رجحانات، ص424.

«الملحقات العثمانية»[1]، فأخذتُهم جميعًا، وثبت ضلالهم وإضلالهم، فعذَّبت غُلاتَهم، وزجرت غيرهم بتعزيرهم وتهديدهم، وأحرقت كُتبهم على مرأى من الناس، حتى انتهى شر هذه الطائفة بعناية الله وفضله[2].

وكانت هناك طائفة أخرى، وهي طائفة الملاحدة والإباحيين الذين كانوا يدعون الناس إلى الإلحاد والإباحية[3] وارتكاب المحرَّمات، وغيرهم ممَّن كانوا يجتمعون في

---

(1) جُمع القرآن الكريم وكتابته وتوحيده على حرف واحد وقراءته على لهجة قريش ولغتها على زمن الخليفة الثالث سيدنا عثمان بن عفان رضي الله عنه، غير أن بعض الطوائف الشيعية تتهمه بأنه اعتمد في جمع المصاحف ونسخها على المصحف الذي كان بحوزة حفصة بنت عمر رضي الله عنه، فحسب، وتجاهل بقية المصاحف التي كانت بحوزة الصحابة بما فيها مصحف علي رضي الله عنه، وأحرقها، ما عدا مصحف علي، فقد احتفظ به الأخير لنفسه وأهل بيته، وتزعم بأنه ترك العديد من الآيات القرآنية التي نزلت في حق سيدنا علي كرَّم الله وجهه، وتبين أفضليته على الصحابة الآخرين. لموقف العلماء الشيعة من مصحف عثمان، راجع: ابن الخطيب، الفرقان، (بيروت: دار الكتب العلمية، بدون تاريخ)، ص34–40.

(2) وقد جاء في سيرة فيروز شاهي أيضًا أنه أُحرقت كتبهم على مرأى من الناس، كما ذكرت فيها نشاطاتهم الدينية والاجتماعية المنحرفة. «فقد استفزوا المشاعر الدينية لعامة المسلمين من أهل السُّنة والجماعة». راجع: سيرة فيروز شاهي، ص164. ويتضح من مقال السلطان بأن الدعوات الهدَّامة للتشيُّع المتطرِّف المهاجم بدأت تنتشر وبقوة في المجتمع الهندي آنذاك. ولا ريب أن ذلك التشيُّع نشأ وترعرع بتأثير المهاجرين الإيرانيين المستقرين في دهلي وما حولها إبان تلك الحقبة التاريخية، أو بتلك الجماعات الشيعية الإسماعيلية التي رسَّخت أقدامها في السند والملتان منذ القرن الثالث الهجري فصاعدًا، وذلك قبل قيام سلطنة دهلي.

(3) يؤكد كلٌّ من صاحب تاريخ فيروز شاهي وفتوحات فيروز شاهي وجود تلك الطوائف ونشاطاتها الإباحية. ويتبين من وصف تلك الطائفة المذكورة في سيرة فيروز شاهي أن العديد من المسلمين تحولوا إلى طائفة دينية هندوسية مماثلة لتانترا التي تحولت آنذاك إلى الإباحية. راجع: سيرة فيروز شاهي، ص147. هذا، ومصطلح «تانترا» السنسكريتية يدل على التقاليد والأنظمة الباطنية للهندوسية والبوذية على حدٍّ سواء، وقد تطورت على الأرجح في منتصف الألفية الأولى. ويحتوي ذلك المصطلح أيضًا على معانٍ أخرى، مثل المنهج والنظام والنصوص والطرق والسلوك وممارسات دينية معينة وغيرها. ولأن نصوص التانترا وممارستها تتضمن مجموعة واسعة من الموضوعات، تركز معظمها على موضوعات التزكية والسلوك، والدعوة إلى وحدة الوجود، ورفض المذاهب، وإلى التحرر الديني والعقدي، غير أن النصوص العديدة لها تتمحور حول الجنس وطرق ممارسته مع استعمال الكحول وتقديم اللحم للآلهة، الأمر الذي روَّجته العديد من الطوائف الهندوسية المتطرفة في تلك العصور، وقد اختارت لها أصول مذهب تانترا وضوابطه، ودَعَت الناس إليها وإلى ممارستها بعدما حرفتها تحريفًا واضحًا. للتفصيل عن التانترا وعقائدها الدينية والمذهبية، راجع:

Ron Barrett, Aghor Medicine, (California: University of California Press, 2008), p. 12; Flood, Gavin D., An Introduction to Hinduism, (Cambridge University Press, 1996), pp. 9, 14, 159-160.

مكان معين وفي ليلة معينة، ويضعون بين أيديهم الطعام والشراب[1]، ويقولون هذه عبادة لله، ويأتون بصور من الرجال بين أيديهم ويسجدون لها. كما كانت نساؤهم وأمهاتهم وأخواتهم يجتمعن في تلك الليلة، فمَن وقعَت يده على أي منهن زنى بها. فضربت رقاب رؤسائهم، ومنهم مَن حبستهم، ومنهم مَن عزَّرتهم، ومنهم مَن أجليتهم، حتى ينتهي شرهم من حوزة الإسلام[2].

وكان هناك قوم آخرون يتزيون بزي الدهرية والمتصوفة[3]، يُضِلُّون الناس، ويتخذون منهم تلاميذ لهم، ويتفوهون بكلمات الكفر. وكان رأسهم أحمد البهاري الذي يسكن مدينة دهلي[4]، وكانت جماعة معتقِدة فيه من بهار[5] يُسمُّونه الله! فجاءوا بهم إليَّ مُكبَّلين بالقيود والسلاسل، وقالوا إنه يسب النبي صلى الله عليه وسلم، ويقول: «أي نوع من النور والجمال يمكن لنا أن نجده في نبوَّة رجل ورسالته كان لديه تسع زوجات، أو كان يتمتع بتسع زوجات؟». وكان أحد تلاميذه يقول: «إن الله طلع في دهلي»، يعني أحمد البهاري.

---

(1) يتضح من بعض المصادر الأخرى أن مثل أولئك الإباحيين من الهندوس والبوذيين ظهروا كذلك في عهد الدولة الخلجية، لا سيما في زمن السلطان علاء الدين الخلجي الذي قمعهم وقضى عليهم. راجع: أمير خسرو، خزائن الفتوح، ص12.

(2) راجع: خليق أحمد نظامي، سلاطين دهلي كي مذهبي رجحانات، ص246–249. وراجع أيضًا:
Hodivala, Studies in Indo-Muslim History, pp. 282-283, 342; Henry Walter Bellew, The races of Afghanistan: being a brief account of the principal nations inhabiting that country, (Calcutta: Thacker, Spink & Co., 1880), pp. 85-86.

(3) استعمل صاحب الكتاب مصطلح «الدهرية» الذي يُطلق على الذين يؤمنون بالدهر أو الزمان باعتباره غير مخلوق ولانهائيًّا، وبأن المادة لا فناء لها، ويُنكرون البعث، والبعض منهم ينكرون الوحي والرسالة والجنة والنار. ظهرَت الدهرية فيما قبل البعثة النبوية، وهي تماثل اللادينية والإلحاد والمادية في الوقت الحالي. للتفصيل عن «الدهرية»، راجع:
Encyclopaedia of Islam, (Leiden: E.J. Brill, 1913), Vol. I., p. 378.

(4) جاءت العبارة «در شهر ساكن»، وتعني من مدينة دهلي.

(5) تقع ولاية بهار شمالي الهند، وهي من المناطق والأقاليم الهندية القديمة، وكانت في العصر الإسلامي ولا تزال ولاية يحدها غربًا الولايات المتحدة الشمالية، وشرقًا بنگالة، وشمالًا نيپال، وجنوبًا ولاية أريسة وغيرها. وعاصمتها في الوقت الحالي مدينة قديمة واسمها «پتنه». وكانت مشهورة سابقًا بالعلم والعلماء، وبوجود أقدم جامعة هندية نالنده. وخرج من هذه المنطقة كثير من العلماء والفضلاء والصوفية وغيرهم. للتفصيل، راجع: معين الدين الندوي، معجم الأمكنة، ص12–13. وبنگالة أو بنگال اسم كان يطلق على إقليم بنگال الشرقية والغربية على حدٍّ سواء قبل تقسيم الهند، بيد أننا نجد اسم بنگالة في الكتب التاريخية القديمة، وكلاهما صحيحان.

فحبست كليهما، وأمرت غيرهما من أتباعه بالتوبة والإنابة إلى الله، وأجليت الآخرين إلى المدن المختلفة، حتى يُقضى على شر هؤلاء الأخلاط من الناس[1].

وكان هناك في دهلي رجل يُسمى «ركن الدين»، ويُلقَّب بـ«المهدي»[2]، وكان يقول: «أنا مهدي آخر الزمان، وعلَّمني الله من لدنه علمًا، وما تعلمت لدى أحد، وما استفدت من أحد، وعلمت أسماء الأشياء التي عُلِّم آدم عليه السلام إياها، ولم يؤتَ علمَها أحدٌ من

---

(1) لم يذكر السلطان تفاصيل تلك الواقعة، لكنها مدونة في مصنفات أخرى. ووفقًا لكتاب «مناقب الأصفياء»، فإن السلطان اتخذ تلك الإجراءات الشديدة والصارمة من أجل سدِّ أبواب أفكار وحدة الوجود والأديان، غير أن بعض الشيوخ الصوفيين المعتقدين في وحدة الوجود والأديان عبَّروا عن استيائهم وغضبهم جرَّاء قتل أحمد البهاري، لا سيما الشيخ الصوفي شرف الدين بن يحيى المنيري الذي كانت له صلة قوية به، لأن المقتول كانت له اليد الطولى في معرفة أسرار التوحيد ورموزه وإشاراته، وكان الشيخ المنيري يتباحث معه حول تلك الموضوعات مباحثة علمية كلما وجد إلى ذلك سبيلًا، غير أن الشيخ البهاري كان يُظهر شطحاته بين الفينة والفينة في مجالسه العامة والخاصة، وحينما قدِمَ إلى دهلي أظهر تلك الشطحات في بعض مجالسه، وشكاه العلماء والفقهاء إلى السلطان لما بدر منه، والذي بدوره طلب انعقاد المحضر، واجتمع فيه كبار علماء دهلي وفقهائها، وأصدروا فتوى بجواز قتله. للتفصيل، راجع: نظامي، مذهبي رجحانات، ص425-426. هذا، والاسم الكامل للشيخ هو «شرف الدين أحمد بن يحيي المنيري المُتوفَّى في 782هـ/ 1381م»، وهو من كبار مشايخ الصوفية الهنود، ومؤسس الطريقة الفردوسية، وقد ترك مجموعات عديدة من الملفوظات والمكتوبات في مجال التزكية والسلوك، مثل: «مكتوبات صدي»، و«إرشاد الطالبين»، و«إرشاد السالكين»، و«رسالة مكية»، و«معدن المعاني»، و«لطائف المعاني»، و«شرح آداب المريدين»، وغيرها. لمزيد من التفصيل عن نشاطاته العلمية والدينية، راجع: السيد ضمير الدين أحمد، مخدوم شرف الدين أحمد يحيي منيري: أحوال وأفكار، (پتنه: مكتبة خدا بخش الشرقية، 1901م)، ص40-60، 328-336.

(2) أدت الأوضاع الدينية والاجتماعية والسياسية إلى انتشار اعتقاد عام بين المسلمين بظهور المهدي المنتظر عند أهل السُّنة، أو الإمام الثاني عشر والأخير عند الشيعة في نهاية العالم من أجل الإصلاح الديني والعقدي. يرى بعض الباحثين أن مفهوم المهدي في الإسلام أصبح أحد المذاهب القليلة التي أنقذت المجتمع الإسلامي من الركود التام. راجع:

Fuad Baali and Ali Wardi, Ibn Khaldun and Islamic Thought-Styles: A Social Perspective, (Boston: G.K. Hall, 1981), p. 47.

ووفقًا لبعض الباحثين، فإن أهل السُّنة أيضًا آمنوا بتلك الفكرة ولكن ليس بالقوة التي كانت عند الشيعة. ولا شك أن تلك الفكرة وصلت إلى الهند من المناطق الإيرانية وآسيا الوسطى، لا سيما بعد أن نجحت الدولة الفاطمية باسم المهدي، وتأسست اعتمادًا على فكرة المهدية. عن المهدوية في الدول العربية والإسلامية آنذاك، راجع: أحمد أمين، المهدي والمهدوية، (بيروت: دار الكتب العلمية، 2009م)، ص25-30، 34. ولذلك، لا نستبعد محاولة الطوائف الشيعية في الهند ترويج تلك الفكرة من أجل تحقيق المقاصد الدينية والسياسية معًا. وقد ظهر خلال العصور الإسلامية في الهند أكثر من واحد حملوا هذا اللقب وادَّعوا المهدوية.

الأنبياء، وانكشف عليَّ من أسرار علم الحروف ما لم ينكشف على أحد». وقد ألَّف كتابًا جمع فيه دعاواه هذه، ودعا الناس إلى الغواية والضلالة، فقال أتباعه: «ركن الدين رسول الله إلينا». وشهد العلماء والمشايخ عليه بأنه ادَّعى هذه الدعاوى وقال أنا رسول الله، وسمِعوها منه، وأتوا به إلينا، فسألناه عن ضلاله وإضلاله، فأقر ببدعته وضلالته. وقال العلماء وأئمة الدين إنه أصبح كافرًا مباح الدم. ولما أثار هذا الرجل الخبيث هذه الفتنة في الإسلام وأهل السُّنة والجماعة، إذا أهملنا في دفعها - عياذًا بالله - وتركناها تبيض وتفرخ، يضل كثير من المسلمين ويرتدون عن دين الإسلام، وإذا استمرت الفتنة يهلك بسببها كثير من الناس[1]. فقلنا أن ينادي العلماء بضلاله وفساده على مرأى من الناس ومسمع منهم، حتى يسمع خاصَّتهم وعامتهم، ويفتي العلماء بما يستحقه من العقاب، حتى ينفذ فيه. فأتباعه وأعوانه هم الذين قتلوه، وأقبل عليه عامة الناس وخاصتهم، وقطَّعوه إربًا إربًا، حتى اندفع شره وحُسِمت فتنته بوجه يعتبر به العالَم[2].

لقد يسَّر الله بنُصرته وعنايته لي - أنا الضعيف المسكين - دفع هذه الشرور، وقمع أمثال هذه البدع، ووفَّقني لإحياء السُّنن. ولا أذكر ذلك إلا أداءً لشُكر الله جلَّ وعلا، ولمن طالَع هذه الكتابات والمقالات وقصد إصلاح دينه سلك هذه الطريق، ونال الثواب، وأنال أنا أيضًا الثواب بالدلالة على هذا الخير. والموفق هو الله.

وكذلك، كان من أبناء العبيد الأحرار للأمير «عين ماهرو»[3] رجلٌ نصَّب نفسه شيخًا في

(1) يتضح من كلام المؤرخ الرسمي أن السلطان عقد محضرًا اجتمع فيه العلماء والفقهاء لمناقشة موقف الشريعة الإسلامية من الفِرق والمذاهب الباطلة المعاندة للإسلام والمسلمين، ومن المرتدين والملحدين والهراطقة، والاتفاق حول الإجراءات اللازمة الشرعية التي يمكن اتخاذها ضدهم. راجع: عفيف، تاريخ فيروز شاهي، ص379-382. وليس بخافٍ أنه لولا مساعي السلطان علاء الدين الخلجي والسلطان محمد بن تغلق والسلطان فيروز شاه تغلق، لتضافرت نشاطات هذه الجماعات والفرق المنحرفة وجهودها في تحويل المسلمين للدعوات المضطربة، وللفرق الضالة، ولوجد المحترفون بالدين من المسلمين والهندوس على حدٍّ سواء فرصة لتجربة حظهم في إضلال المسلمين.

(2) أشار بعض المؤرخين بوقوع أحداث مماثلة آنذاك. راجع: نظامي، مذهبي رجحانات، ص427-428.

(3) كتب المترجم الإنجليزي للفتوحات في حاشية قائلاً: من المحتمل أن يكون المعنى المقصود من ذلك أولئك الشيوخ الذين كانوا يقطنون في مكان اسمه «عين ماهرو» (N.B. Roy, *"The Victories of Sultan Firuz Shah of Tughluq Dynasty,"* Islamic Culture, Vol. XV, No. 4, October, 1941, p. 456)، وهو غير صحيح، إنما المقصود منه شخصية الأمير «عين ماهرو» نفسه، وعبيده، واسمه الكامل «عين الملك عبد الله ماهرو»، وقد عاصر السلطان فيروز شاه الذي جعله مشرف الممالك، أي أمين الخزانة، وكذلك شغل

گجرات[1]، وبايعه جمعٌ من الناس، وكان يقول: «أنا الحق»، ويقول لأتباعه: «إذا قلت أنا الحق، فقولوا أنت أنت». وكان يقول: «أنا الملِك الذي لا يموت»[2]، وألَّف رسالة أودعها كلمات الكفر. فجاءوا به إليَّ مكبلًا بالسلاسل، وثبت عليه إضلال الناس، فعاقبته، وحرَّقت رسالته التي ألَّفها، حتى يندفع الفساد من بين أهل الإسلام[3].

منصب الوالي على ولايات ملتان وگجرات وأوده، إلخ. وتُوفِّي في نحو عام 759هـ/ 1359م. وكان يُعَد من الشخصيات الماهرة في الشؤون السياسية والإدارية، وكذلك حظي بمكانة خاصة في الحلقات والدوائر العلمية والثقافية. ويُعَد كتابه «إنشاي ماهرو» أو «ترسُّل عين الملك» باللغة الفارسية من أهم مؤلفاته بين تلك الكتب الأدبية والإنشائية التي دُوِّنت في تلك الحقبة التاريخية، وهو عبارة عن مجموعة من الرسائل والمكاتبات والأوامر السلطانية واللوائح الإدارية، إلخ. وكذلك يحتوي على موضوعات ثقافية وأدبية وسياسية متنوعة. للتفصيل عن مضامين الكتاب، راجع: صاحب عالم الأعظمي الندوي ورفقائه، العلم والثقافة في الهند زمن السلطان فيروز شاه تغلق، (القاهرة: المكتب العربي للمعارف، 2020م)، ص74، 194-195، 205-209.

(1) يقع إقليم گجرات على الساحل الهندي الغربي، واشتهرت مدنه العديدة بالتجارة المحلية والدولية في العصور القديمة والإسلامية، ومنها مدينة سورت، وأحمد آباد، وكاتهيوار، وبهروج، وكمبايت التي كانت توجد فيها موانئ مزدهرة في تلك العصور. وقد حكم المسلمون في هذا الإقليم نحو أربعة قرون متتالية أو يزيد. للتفصيل عن جغرافيته، راجع: معين الدين الندوي، معجم الأمكنة، ص45-46.

(2) كُتبت تلك الجملة باللغة العربية في النص، ولعله أراد: «أنا الحق الذي لا يموت/ أنا الحي الذي لا يموت».

(3) راجع أيضًا: نظامي، مذهبي رجحانات، ص426. والأسئلة التي تطرح نفسها هنا: من أين وكيف ظهرت مثل تلك الأفكار لدى عبيد الملك ماهرو؟ ولماذا وكيف نطق أحدهم بمثل تلك الشطحات؟ أو كيف ابتعد هو عن المألوف في الكلام بما لا يناسب الشريعة أو السائد لدى المسلمين؟ وما المدارج السلوكية والروحية التي سلكها لكي يصل إلى مثل تلك الحالة التي تكلم فيها بمثل هذا الكلام؟ الحق أنه ليس لدينا ما يمدنا بمعلومات مفصَّلة عن حياته ونشاطاته العلمية والروحية، بيد أن بعض الرسائل لملك ماهرو يتضح منها أن الأخير شخصيًّا كان يميل ميلًا شديدًا إلى التصوف الإشراقي، ويتحمس لعقيدة وحدة الوجود ويدافع عنها وعن الشيخ ابن عربي وكلِّ مَن يعتقد فيه ويتبع مدرسته الفكرية الفلسفية. وقد ناقشَ في بعض رسائله المطولة تلك الجوانب ومسألة العرفان والطريقة ورموزها وأسرارها ومدارج الحب والعشق في التزكية والسلوك. راجع: إنشاي ماهرو، الرسالة السابعة والستون، ص136-141. والظاهر أن مماليكه وعبيده تأثروا بتلك الأفكار السائدة آنذاك، وقد اختلط على ذلك الشخص الذوق العلمي والروحي والتمسك بتلك الفلسفة الإشراقية الصوفية، فاعتقد أن كل شيء من الحق، بل هو عين الحق، وأعلن ذلك على ملأ من الناس. ثم لا ننسى أن عقيدة وحدة الوجود وصلت إلى الهند في عصر الدولة التغلقية، أي في القرن الثامن الهجري على وجه التحديد. وما زاد الطين بلة أن الهند كانت نفسها مركزًا قديمًا للدعوة المتحمسة إلى وحدة الوجود ووحدة الأديان وللذوق الإشراقي الخاص، والإيمان به إيمانًا منبعثًا دافعًا، فكانت سمة هذه البلاد الخاضعة لتأثيرات الفلسفة الهندوسية القديمة التمسك بعقيدة وحدة الوجود ووحدة الديانات من آلاف السنوات. ولذلك كله، كان لها من التأثير والقوة والقبول والانتشار. وحسب بعض العلماء «فقد

كانت هناك عادة لا يُقِرُّها الإسلام، وقد اعتادها المسلمون في المدن، وهي أن النساء كُن يخرجن إلى الأضرحة في أيام معينة، جماعات وزرافات، في الحجلات والمحامل، وفي العجلات والمراكب المختلفة. وأما رجال الشرطة وشرار الناس المصابون بهوى النفس والمجردون من الدين والأمانة، فيمارسون من الفتن والفساد ما لا يخفى. وخروج النساء من بيوتهن مَنهيٌّ عنه في الشرع، وبموجب ذلك أمرنا: لا تخرجنَّ امرأة إلى الأضرحة والمزارات، ومن خرجت تستحق التعزير. ففي هذا الزمن الحالي بفضل الله وعنايته لا تجترئ امرأة من ذوات الخدور ومن نساء المسلمين أن تخرج إلى الأضرحة والمزارات[1]. وهكذا اندثرت هذه البدعة.

ومن عطايا الله جلَّ وعلا، أن الهندوس والوثنيين - الذين عقدنا معهم الذمة، والذين قبِلوا أداء الجزية، وعصموا منا دماءهم وأموالهم - بدأ البعض منهم يُنشئ معابد جديدة في المدينة [دهلي] وحواليها. وإنشاء معبد جديد [في دار الإسلام] لا يجوز، فبتوفيق الله جلَّ وعلا هدمنا تلك الأبنية الجديدة[2]، ــــــــــــــــــــــــــــــ

انسجمَت طبيعة هذه الفلسفة بطبيعة البلاد، وائتلفت أرواحهما، واحتضنت إحداهما الأخرى، فنشأ عن هذا الوئام حماس جديد، واشتعلت جذوة فكرية جديدة، وتشكلت مدرسة إشراقية جديدة، فنجد عددًا كبيرًا من أبناء هذه البلاد ومشايخها يتحمس لهذه العقيدة، ويدافع عنها ويدعو إليها». لمزيد من التفاصيل، راجع: أبي الحسن الندوي، رجال الفكر والدعوة، جـ3، ص280-281.

(1) وفقًا لبعض المؤرخين المتخصصين في تاريخ سلطنة دهلي، «فإن التصوف في الهند قد أخذ عدة أشكال ومظاهر للزيغ والضلال في القرن الثامن الهجري، وانتشرت البدع والخرافات والعادات غير الأخلاقية. ومن تلك الضلالات والانحرافات الكبيرة تردد النساء ترددًا عامًّا على القبور والمزارات وخروجهن من منازلهن. وكان الشباب الأشرار والأوباش الذين يجتمعون في تلك المزارات ويمارسون الأعمال غير الأخلاقية، يتربصون بهن في الطريق ويضايقونهن. ولم يكن ذلك القانون للنساء المسلمات فحسب، بل تفيد بعض المصادر بأنه أصدر مرسومًا مماثلًا لعدم خروج النساء الهندوسيات وذهابهن إلى المعابد الهندوسية أيضًا». راجع: نظامي، مذهبي رجحانات،ص 428.

(2) أصدر الفقهاء فتاوى عديدة عن ذلك في حقبة الدراسة، فجاء في «طرفة الفقهاء»: «لا ينبغي للذمي أن ينشئ معبدًا جديدًا في دار الإسلام، إنما له حقٌّ كامل أن يقوم بترميم المعابد كيفما شاء، ولا يجوز لأحد أن يمنعه من فعل ذلك». ركن الدين الملتاني، طرفة الفقهاء، مخطوط فارسي محفوظ في مكتبة العلامة شبلي النعماني بندوة العلماء لكهنؤ، رقم المخطوط 98، أوراق 270ب/ 271 ألف. وثمة استفتاء بهذا الصدد مذكور في فتاوى فيروز شاهي، ومفاده: «لو بنى هندوسي معبدًا في مدينة أنشأها المسلمون، ولم تكن توجد فيها المعابد والمنادر أصلًا، ففي هذه الحالة حيث إن المدن الإسلامية تُنشأ لتطبيق الشعائر الإسلامية وممارستها، فهل يجوز شرعًا للمسلمين أن يمنعوا الهندوس من إنشاء المعبد في المدن الإسلامية؟ وذكر الجواب: نعم لهم حقٌّ في ذلك». راجع: مخطوط فتاوى فيروز شاهي، نسخة جامعة عليگره الإسلامية،

وقتلنا أئمة الكفر الذين كانوا يسعون في إضلال الناس، وعزَّرنا أتباعهم من الناس، حتى يندفع هذا الفساد أصلًا[1].

ومن تلك الحوادث والوقائع أن قرية «ملوه»[2] كان فيها حوض يُسمَّى «كند»[3]، أنشأوا بجانب ذلك المكان معبدًا لهم، وكانت طائفة من الهنادك مع أتباعهم يجتمعون إليه في يوم معين، كما يجتمع إليه آخرون من أولي المراكب المختلفة، والنساء والصِّبيان، ويعبدون

مجموعة مذاهب فارسي تحت رقم 260، ورقة 214ب. انتهى. والسؤال: هل كانت مدينة دهلي أنشأها المسلمون، أم كان قصده مدينة فيروز آباد التي أنشأوها وكانت دار الإسلام. الله أعلم. راجع أيضًا: صاحب عالم، مفهوم العلاقات بين المسلمين والهندوس في عصر سلطنة دهلي، ص218.

(1) يتضح من المصادر أن السلطان كان يعقد «محضرًا» لمناقشة مثل تلك المسائل السياسية والدينية، ومعالجتها، والبحث عن حلولها الشرعية. وقد انعقد محضر أيضًا عن مسألة هدم المعابد الهندوسية. راجع: عبد الله داؤدي، تاريخ داؤدي، تصحيح عبد الرشيد، (عليگره: بدون تاريخ)، ص29-30.

(2) وفقًا لتحقيق المؤرخ والمحقق «هودي والا» فإنه من المحتمل أن يكون هذا المكان (ملوه) مطابقًا لمكان اسمه «ملجأ» أو «ملچه» الذي ذكره عفيف في كتابه تاريخ فيروز شاهي باعتباره أحد المواقع التي شيد فيها السلطان فيروز شاه «حوضًا» لجمع المياه وتوفيرها لسكان تلك المنطقة. و«كُند/ كُنْڈ» أي الحوض باللغة السنسكريتية والهندية. ولا يزال ذلك الحوض الذي يتحدث عنه فيروز شاه قائمًا حتى يومنا هذا. ولا يزال الهندوس وبعض المسلمين من الطبقة الدنيئة يتجمعون هناك تمامًا كما كان أسلافهم يفعلون في زمن السلطان فيروز شاه تغلق والدولة اللودية. ويقع هذا المكان بالقرب من المعبد الهندوسي المعروف حتى الآن باسم «كاليكاجي مندر»، ويرجع تاريخ إنشائه إلى العصور القديمة، ويقع على بُعد نحو ستة أميال جنوبي مدينة شاهجهان آباد التي أنشئت في زمن السلطان شاهجهان المغولي، وبالقرب من منطقة «أوكهلا» الحالية التابعة لدهلي. وتجدر الإشارة إلى أنه بعد مرور نحو ثلاثمائة عام على عهد السلطان فيروز شاه تغلق، أصدر السلطان المغولي «أورنگ زيب عالمگير» أوامر مماثلة لمنع مثل تلك التجمعات والنشاطات غير الأخلاقية في ذلك المكان. للتفصيل، راجع:

S. H. Hodiwala, Studies in Indo-Muslim History, (Bombay 1939), 343; Jadunath Sarkar, History of Aurangzeb, (Calcutta: M. C. Sarkar & Sons, 1912), Vol. III, p. 279.

(3) لفظة «كُند/ كُنْڈ» أو «كوند» بحرف الدال الهندية/ الأردية المثنية في الأصل كلمة سنسكريتية تعني حفرة أو مكانًا أجوف أو حفرة ضحلة إلخ، حيث كانوا ولا يزالون يُشعلون فيها النار المقدسة وفقًا لاعتقادهم عند تقديم القربان أو عند ممارسة بعض الشعائر الدينية، يطلق عليها أيضًا مذبح للنار. وكذلك تطلق تلك اللفظة على حمام سباحة مربع أو حوض، خصوصًا إذا كانت درجة حرارته أعلى من الهواء، وله خصائص طبية وتصنع لتلك الفائدة الطبية. وكذلك تطلق على حوض صناعي يحفره الهندوس لممارسة بعض الشعائر الدينية الخاصة بآلهة معينة، مثل «سيتا كند» الواقع في مونگير في منطقة بهار. ويطلق هذا المصطلح أيضًا على أي حوض طبيعي تُجمع فيه المياه الجارية والمتساقطة من المرتفعات المحيطة به التي تشكل مصدرًا للنهر، مثل: حوض «برهاما» على رأس نهر برهم پوتر الآتي من جبال الهيملايا الذي يصب في خليج بنگال بعد أن يعبر المناطق الشمالية والشرقية، إلخ. وكذلك يطلق على بركة أو خزان اصطناعي للري. للتفصيل، راجع:

H.H. Wilson, A Glossary of Judicial and Revenue Terms, p. 302.

فيه الأصنام، وقد غلَوا في ذلك غلوًّا، حتى إن أصحاب السوق والحوانيت كانوا كذلك يحضرون إلى المكان ويبيعون أنواعًا من الأمتعة[1]. وكانت طائفة من المسلمين المجرَّدين من الدين والشَّريعة، والمصابين بهوى النفس، يحضرون هذا الاجتماع. فلما سمعت بذلك نهضت أنا نفسي -بتوفيق الله وتيسيره- لدفع هذا الفساد الذي كان يتطرَّق إلى الإسلام، فتوجهت إلى اجتماعهم في اليوم الذي يجتمعون فيه، وأمرت بقتل صناديدهم الذين كانوا يُغْوون الناس ويُضِلُّونهم، وعزَّرت غيرهم من الهنادك تعزيرًا مؤلمًا، وهدمت معبدهم، وبنيت مكانه مسجدًا[2]. وعمَّرت هذه القرى، وسميت إحداها «تغلق پور»[3]، وأخرى «سالار پور»[4]. ففي المكان الذي بنى فيه الكفار معبدًا، يَعبدُ فيه الآن المسلمون المعبودَ الحق، ويؤذنون ويُكبِّرون ويقيمون الصلاة. والمكان الذي كان مسكنًا للكفار يسكنه المسلمون، ويلهَجون بكلمة لا إله إلا الله محمد رسول الله. والحمد لله على الإسلام.

---

(1) القصد من تلك العبارة أن ذلك التجمع من الناس كان يشجع الباعة المتجولين وأصحاب الحوانيت والمتاجر على فتح أكشاك مؤقتة لهم في زوايا معينة في ذلك المكان، أو في وسط ساحته، لبيع سلعهم وبضائعهم التجارية. وهي عادة قديمة لدى الهنود، ولا تزال تُمارس في مناسبات دينية واجتماعية لدى الهندوس والمسلمين على حدٍّ سواء.

(2) كانت سياسة السلطان فيروز شاه تغلق الصارمة ضد الهندوس، لا سيما رجال الدين، تدعمها كتب الحوليات، خصوصًا تاريخ فيروز شاهي لعفيف. فقد ذكر الأخير مسألة رفض رجال الدين «البراهمة» فرض الجزية عليهم حينما نفذها السلطان ضمن القوانين الشرعية الإسلامية الأخرى. للتفصيل، راجع: عفيف، تاريخ فيروز شاهي، ص379-384. وكذلك كتب الهروي في كتابه أن السلطان بنى مسجدًا على مكان ذلك المعبد. راجع: طبقات أكبري، جـ1، ص198.

(3) الحق أن السلطان فيروز شاه كان مهتمًّا اهتمامًا شديدًا بإنشاء القرى والمدن والبلدات والقصبات، وسُمي البعض منها باسمه هو، أو باسم والده، أو باسم ابن عمه السلطان محمد بن تغلق، مثل: مدينة فيروز آباد، وحصار فيروز، وفتح آباد، ومدينة جون پور بلقب محمد بن تغلق. ووفقًا للهروي، فقد أنشئت أكثر من مائة من المدن والقصبات في عهده وبتوجيهه. راجع: الهروي، طبقات أكبري، النسخة الفارسية، جـ1، ص241. راجع أيضًا: مطهر، ديوان مطهر، مجلة الكلية الشرقية، عدد 11، مايو وأغسطس (1935م)، ص145-149؛ نظامي، مذهبي رجحانات، ص432.

(4) سماها بلقب والده «رجب سالار». ووفقًا للمؤرخ الرسمي، فإن السلطان اهتم اهتمامًا كبيرًا بإنشاء المنشآت الدينية والاجتماعية، وبجانب إنشاء مدينتي «حصار فيروز» و«فتح آباد»، أنشأ «مدينة فيروز»، و«مدينة هارني كهيره»، و«تغلق پور كاسنه»، و«تغلق پور ملك مكوت»، وغيرها. وكذلك أنشأ قلاعًا وحصونًا متينة. كما شيَّد قصورًا فخمة، مثل: «كوشك فيروز آباد»، و«كوشك نزولي»، و«كوشك مهندواري»، و«كوشك حصار فيروز»، و«كوشك فتح آباد»، و«كوشك جونپور»، و«كوشك شكار»، و«كوشك بند فتح خان»، و«كوشك سابوره»، وغيرها. راجع: عفيف، تاريخ فيروز شاهي، ص195.

كذلك بلغَني أن الهندوس بنوا في قرية «صالح پور»[1] معبدًا جديدًا، يعبدون فيه الأصنام، فوجَّهت إليهم رجالًا لكي يهدموه، ويدفعوا شرور الذين يُصرون على إضلال الناس. وكذلك بعض الهندوس بنوا في قرية «گوهانه»[2] معبدًا جديدًا يجتمع إليه جماعة من المشركين، ويعبدون الأصنام، فجاءوا بهم إليَّ، فأمرت بأن يُعْلن عن ضلال الذي كان واسطة عقدهم، ثم يُقتل أمام «سراي أعلى»[3]. وأما كُتبهم وأسباب الوثنية ووسائلها التي جاءوا بها، فقد أمرت بإحراقها في مكان العقوبة على مشهد من الناس، ومنعنا الآخرين بالتهديدات والتعزيرات، حتى لا يجترئ ذِمِّي في دار الإسلام هذه الجرأة[4].

---

(1) لم أقف على اسم هذه القرية في كتب الجغرافية الخاصة بالهند، ربما كانت تقع بالقرب من دهلي.

(2) هناك مكانان باسم گوهانه أو گهنه أو كوهانه، ذكر المؤرخ المغولي أبو الفضل أولهما ضمن محافظة «سركار ريواري» الواقعة بالقرب من دهلي، وثانيهما ضمن سركار حصار فيروز شاه الواقعة في دهلي نفسها. وهذا الأخير هو على الأرجح المكان الذي أشار إليه السلطان. إنه يقع على بُعد نحو خمسين ميلًا شمالي غرب دهلي في محافظة «روهتك» الواقعة في ولاية پنجاب في الوقت الحالي، ويوجد فيه معبدان للديانة الجينية، كما أن المهرجان السنوي يقام في هذا المكان. للتفصيل، راجع: أبي الفضل علامي، آيين أكبري، تحقيق وتصحيح: ايچ بلخمن، (كلكتا: الجمعية الآسيوية، 1872م)، جـ1، ص525، 527. راجع أيضًا:

Hodiwala, op. cit., p. 343.

(3) «سراي أعلى» أو «مقام سياست»، يعني المكان الذي كان الجناة يُعاقَبون فيه، وكان يقع عمومًا بجانب بوابة البلاط الملكي. راجع: عزرا علوي، فتوحات فيروز شاهي، ص39. ووفقًا لبعض المؤرخين والباحثين، كان ذلك المكان يُسمى أيضًا بـ«ديوان سياست» والذي ابتكره وأنشأه محمد بن تغلق على عهده، كما أنه شكَّل لجنة خاصة للقضاة تابعة لذلك الديوان للنظر في القضايا الجنائية. راجع: برني، تاريخ فيروز شاهي، ص497. راجع أيضًا:

Qureshi, The Administration of the Sultanate of Delhi, pp. 157-158.

(4) يروي المؤرخ الرسمي، وهو شاهد عيان على تلك الواقعة، أنه «قد وصل الخبر إلى السلطان فيروز شاه، أنه بنى شخص برهمي معبدًا خاصًا في منزله، ودعا الناس من جميع الطوائف الدينية لممارسة بعض الطقوس الدينية الهندوسية. وبسبب نشاطاته الدينية ودعوته دخلت امرأة مسلمة إلى مذهبه... وحينما بلغ هذا الخبر السلطان طرح تلك المسألة على الفقهاء والعلماء الذين اجتهدوا في تلك المسألة، وقالوا: وفقًا للشرع يجب علينا أن ندعو هذا الهندوسي إلى اعتناق الإسلام، وفي حالة رفضه ذلك لا بد أنه يُحرق حيًّا... وجيء به إلى حضرة السلطان، وحاول الفقهاء معه لاعتناق الإسلام، ولكنه لم يقبل ذلك ورفضه رفضًا باتًّا... فحُرق أمام البلاط في الساحة... وكان راوي تلك الواقعة موجودًا وشاهد ذلك المنظر بنفسه». راجع: عفيف، تاريخ فيروز شاهي، ص217.

[المقالة الرابعة: في آداب المعيشة وفقًا لأحكام الشريعة وقواعدها]

كذلك، كان الناس قد اعتادوا في الماضي استعمال أواني الذهب والفضة على المائدة، وترصيع سيوفهم وكنائنهم بالذهب والجواهر، فنهيت عن ذلك، واتخذت أنا مقبض السلاح من عظم الصيد، واعتدت استعمال الأواني المباح استعمالها شرعًا[1].

وقد كان من عادة بعض الناس في سالف الأيام أنهم يرسمون صورًا على الملابس. وكذلك كان السلاطين والملوك يخلعون الملابس المصوَّرة على رجال البلاط الملكي تقديرًا وتكريمًا لهم[2]. وكذلك يرسمون صورًا ورسومات على اللجام، والسرج، والقلائد، ومجامر العود، والصحون، والأقداح، والأكواز، والأباريق، والخيم، والسُّتور، والعرش، والكرسي، وجميع الآلات والأدوات والأثاث المنزلي[3]. فأمرت - بعناية الله وإرشاده - بأن تُطمَس

---

(1) حاول تطبيق مفهوم بعض الأحاديث النبوية، ومنها الحديث عن حذيفة رضي الله عنه، قال: «نهانا النبي صلى الله عليه وسلم أن نشرب في آنية الذهب والفضة، وأن نأكل فيها، وعن لبس الحرير والدِّيباج، وأن نجلس عليه». أخرجه كلٌّ من البخاري، ومسلم، وأبو داود، والنسائي، والترمذي، والدارمي، وابن ماجه، وأحمد بن حنبل. وهو حديث حسن صحيح. للتفصيل، راجع: الحديث رقم 117، في محمد ناصر الدين الألباني، غاية المرام في تخريج أحاديث الحلال والحرام، (بيروت: المكتب الإسلامي، 1400هـ/ 1980م)، ص91. وأخرج مسلم وغيره عن أم سلمة، أن النبي صلى الله عليه وسلم قال: «إن الذي يأكل ويشرب في آنية الذهب والفضة إنما يُجَرجِر في بطنه نار جهنم». الراوي: أم سلمة أم المؤمنين. راجع: الألباني، المصدر السابق نفسه، الحديث رقم: 116، ص90، خلاصة حكم المحدث: صحيح.

(2) على سبيل المثال، منح السلطان علاء الدين الخلجي خلعة مطرزة بخيوط الذهب وعليها رسمة للأسد، وحزامًا ذهبيًّا يزن نصف مَن من الذهب للوزير علاء الملك. راجع: برني، تاريخ فيروز شاهي، ص271. والمَن: كيل أو ميزان، والجمع أمنان، وهو مقدار وزن قديم يساوي رطلين، ولا يزال يستعمله الهنود. للتفصيل عن «المَن»، راجع: أحمد الشرباصي، المعجم الاقتصادي الإسلامي، (بيروت: دار الجيل، 1401هـ/ 1981م)، ص443-444.

(3) لمزيد من التفاصيل، راجع: عفيف، تاريخ فيروز شاهي، ص108. هذا، ويتبين من كلامه ذاك أن الرسوم الشخصية للإنسان والحيوانات كانت معروفة في الثقافة الإسلامية، وبسبب عدم مشروعيتها أمر السلطان بمنع عمل الرسومات الشخصية على جدران القصور، وأن تحل المناظر الطبيعية محلها. والحق أن مدرسة التصوير الشخصي لم تنشأ عند المسلمين في الهند إلا في القرن العاشر الهجري (السادس عشر الميلادي)، غير أن الرسوم الشخصية وجدت من أوائل عهدها، ويعود الفضل في ذلك إلى السلطان أكبر المغولي، إذ أمر بعمل مرقعة تحوي رسومه الشخصية ورسوم كبار رجال مملكته كلهم، وكان يجلس أمام المصورين. إذ كان يرى في هذه الرسوم الشخصية وسيلة من وسائل الخلود: «إن الذين قضوا نحبهم قد أعيدت إليهم الحياة من جديد، ومن لا يزال منهم على قيد الحياة قد وعدوا الخلود». وقد خصص أبو الفضل صفحات عديدة لمعالجة موضوع التصوير الشخصي على عهد السلطان أكبر. راجع: آيين أكبري، جـ1، ص116-118.

الصور والتماثيل كلها من هذه الأشياء، وأن يرسموا عليها ما هو جائز ومباح[1] في الشرع، وليس محظورًا فيه. وبالمثل، أمرت بمحو صور الدار والجدار ورسومات القصور جميعًا[2].

وكذلك، كانت ملابس الكبار [الملوك والسلاطين السابقين] من قبل عادةً من الحرير، ومطرَّزة بالذهب، وهذا منهي عنه في الشرع، فوفَّقني الله لاستعمال ملابس تجوز شرعًا، وقمت بترويجها وتداولها بين الناس. وأما الأعلام والقلانس وبعض الملابس المزركشة، فاخترت فيها ألا يتجاوز مقدار تطريزها بالأسلاك الذهبية أكثر من أربع أصابع، واجتنبت ما كان منكرًا ومنهيًّا عنه في الشرع[3]. والحمد لله على الإسلام.

---

(1) استعمل كلمتي «جائز» و«مباح» العربيتين بمعنى الحلال، وهو مصطلح ديني يُستعمل في الفقه الإسلامي للدلالة على العمل الذي لا يثاب فاعله ولا يأثم تاركه، وهو أحد الأحكام الخمسة على الأشياء والأفعال، وهي: الفرضية، والاستحباب، والإباحة، والكراهة، والتحريم. ويُستعمل مصطلح «المباح» أيضًا للإشارة إلى ما لا يترتب عليه ثواب ولا عقاب. ووفقًا لبعض الباحثين المتخصصين، فإن الأصل فيما خلق الله في أشياء ومنافع هو الحِل والإباحة، ولا حرام إلا ما ورد نص صحيح صريح من الشارع بتحريمه، فإذا لم يكن النص صحيحًا، أو لم يكن صريحًا في الدلالة على الحرمة، بقي الأمر على أصل الإباحة. راجع: يوسف القرضاوي، الحلال والحرام في الإسلام، (القاهرة: مكتبة وهبة، 1418هـ/ 1997م)، ص20-21.

(2) وفقًا لعفيف، فإن السلطان فيروز شاه تغلق أمر بإزالة كل الرسوم واللوحات ذات الأرواح للإنسان والحيوان، التي زُيِّنت بها الجدران والثياب والأدوات المنزلية والغرف في القصر السلطاني. وأمر بصناعة الرسومات لغير ذوات الأرواح، كالأشجار والأنهار ونحو ذلك، في مكانها. وأصدر مرسومًا لذلك، كما ذكر عدم رسم ذوات الأرواح وعدم صناعة التماثيل وغيرها، واستبدالها برسم وصناعة الرسومات لغير ذوات الأرواح والطبيعة والحدائق فحسب. كما أمر بطمس كل الرموز والتماثيل المصنوعة من البرونز والنحاس والذهب والفضة وغيرها. كما أمر باستبدال الأطباق والكؤوس وأواني الزينة المصنوعة من الذهب والفضة بتلك التي تصنع من الأحجار والأخشاب والصلصال. وبموجب ذلك أزيلت كل الصور والرسومات والتماثيل، وطُمست داخل القصر السلطاني وخارجه. راجع: تاريخ فيروز شاهي، ص214. وعن الأحاديث على تحريم الصور والرسومات والمجسمات، راجع: الألباني، غاية المرام في تخريج أحاديث الحلال والحرام، ص92-97.

(3) من المعلوم أن الشريعة الإسلامية تُحرِّم لبس الحرير الخالص أو الغالب على رجال هذه الأمة دون نسائها، ومثله الذهب والفضة فقد حُرِّم لبسهما، واستعمال أوانيهما أيضًا، وثمة أحاديث عديدة واردة في ذلك، فعن ابن زُرَير، أنه سمع علي بن أبي طالب رضي الله عنه، يقول: إن نبي الله صلى الله عليه وسلم أخذ حريرًا، فجعله في يمينه، وأخذ ذهبًا فجعله في شماله، ثم قال: «إن هذين حرامٌ على ذُكور أمتي». أخرجه أحمد وأبو داود والنسائي وابن ماجه وابن حبان، وهو حديث صحيح، الحديث رقم 77، الألباني، غاية المرام، ص64. وعن عمر رضي الله عنه، قال رسول الله صلى الله عليه وسلم: «لا تَلبَسُوا الحرير، فإنه مَن لبسه في الدنيا لم يلبسه في الآخرة». أخرجه البخاري ومسلم والنسائي والترمذي، الحديث رقم 78، الألباني، غاية المرام، ص66، خلاصة حكم المحدث: صحيح. ومن ذلك ما عند البخاري ومسلم بلفظ «الذهب والفضة، والحرير والدِّيباج، هي لهم في الدنيا، ولكم في الآخرة». حديث صحيح، الحديث رقم 117، الألباني، غاية المرام، ص91.

[المقالة الخامسة: في البناء والعمران والرفاه والأوقاف]

ومن عطايا الله تعالى لي - أنا العبد الضعيف المسكين - أنه وفَّقني لتشييد المباني الخيرية، فبنيت كثيرًا من المساجد[1]، والمدارس[2]، والخوانق

---

(1) طبقًا لكلام عفيف، شُيدت البيوت الطوبية والحجرية والمساجد الكثيرة، ومنها ثمانية مساجد كبيرة: أولها مسجد خاص، ومسجد نائب باربك، ومسجد ملك، ومسجد ملك نظام الملك، ومسجد جمعة في كوشك شكار، ومسجد إندر پت، إلخ، وهذا المسجد الجامع الأخير يتسع لعشرة آلاف مُصَلٍّ. راجع: عفيف، تاريخ فيروز شاهي، ص85. راجع أيضًا: برني، تاريخ فيروز شاهي، ص787-788. ووفقًا لبعض المؤرخين، فإن اهتمامه بإنشاء المساجد أثَّر في الأمراء وأركان الدولة الذين بنوا الجوامع والمساجد في المدن والولايات الأخرى. وكان من عادة السلطان عند إنشاء أي مدينة أو قصبة جديدة أن يشيِّد مساجد عديدة فيها. وإضافةً إلى تلك الجوامع الكبرى التي أشار إليها المؤرخ الرسمي، شُيِّدت مساجد أخرى أيضًا، مثل: مسجد كلان، ومسجد فيروز آباد، ومسجد مهرولي ذيل، ومسجد بيگم پوري، ومسجد نافذة، وغيرها، في دهلي. ووفقًا للمؤرخ فرشته، فقد شيَّد أكثر من أربعين من المساجد الكبرى، كما أن المساجد بُنيت داخل كل المدارس الدينية والعلمية التي أنشئت في عهده. راجع: فرشته، تاريخ فرشته، ترجمة إنجليزية، جـ1، ص465. ومن أجل التدقيق في تحديد اتجاه القبلة اجتهد السلطان في صناعة البوصلة المتطورة، كما اهتم بصناعة الساعات المتنوعة، ومنها ساعة «تاس گهريال» التي اخترعها علماء فلكيون بتوجيهه. وكانت تلك الساعات تقدِّر الأوقات حتى في أحوال الطقس الغائم وبعد غروب الشمس وفي أوقات الليل، ونُصِبَت في تلك المساجد للاستدلال منها على أوقات الصلاة وأوقات الليل والنهار ووقت الإفطار في شهر رمضان. أفرد المؤرخ الرسمي عفيف ثلاث صفحات لذكر كيفية صناعة تلك الساعة وأهميتها. راجع: تاريخ فيروز شاهي، ص156-158. راجع أيضًا: صاحب عالم، العلم والثقافة زمن السلطان فيروز شاه، ص240-242؛ وراجع أيضًا: نظامي، مذهبي رجحانات، ص434.

(2) وفقًا لروايات نظام الدين بخشي الهروي و«فرشته»، فإن السلطان فيروز شاه أنشأ ما لا يقل عن ثلاثين مدرسة، وعيَّن فيها أساتذة مؤهَّلين وبارعين، وأجرى عليها الأوقاف والمنح. راجع: الهروي، طبقات أكبري، جـ1، ص121؛ فرشته، تاريخ فرشته، جـ1، ص151. غير أن المؤرخ المغولي عبد الباقي النهاوندي سجَّل في كتابه «مآثر رحيمي» أن عدد المدارس في عهد السلطان فيروز شاه بلغ خمسين مدرسة. راجع: مآثر رحيمي، تحقيق: هدايت حسين، (كلكتا: الجمعية الآسيوية، 1924م)، جـ1، ص30. الواقع أن عددًا من المدارس أُنشئ في عهده، غير أنه من الصعب جدًّا إعطاء العدد الدقيق على أساس الروايات المتأخرة المذكورة في كتب الهروي وفرشته والنهاوندي. هذا، ولعل المعلومات المفصَّلة التي نجدها في الكتب التاريخية، تتعلق بتلك المدرسة التي أنشأها السلطان فيروز شاه في دهلي على الضفة الجنوبية لحوض خاص، وقد بُنيت نحو عام 752هـ/ 1352م، واشتهرت باسمين: «مدرسة فيروز شاهيه» و«مدرسة حوض خاص». أما المدرسة الثانية التي تشير إليها المصادر، فقد اشتُهرت باسم «مدرسة بالا بند سيري»، وقد أشاد بها أيضًا المؤرخ برني، وسجَّل في كتابه أن مولانا «سيد نجم الملت والدين السمرقندي» رئيس لها، وهو من العلماء الكبار في زمانه، وله شهرة كبيرة بسبب نبوغه في العلوم العقلية والنقلية، ومنحه السلطان بعض القرى والمنح المالية نظير خدماته التدريسية. وتوجد في تلك المدرسة دار لإقامة الطلبة، يقيمون فيها على

[الزوايا][1] ليعبد فيها العلماء والمشايخ والزُّهاد والعُبَّاد اللهَ جلَّ وعلا، ويدعوا لبانيها ومؤسِّسيها بالخير.

وأما حفر الأنهار، وغرس الأشجار، ووقف الأراضي على ما شُرع في الإسلام وأجمع عليه علماؤه[2]، فقد عيَّنت سهام مصارفها، ليصل ريعُها إلى عباد الله[3] دائمًا، وقد ذكرت ذلك كله مشروحًا في وثيقة الوقف[4].

نفقة الدولة. وكتب برني كثيرًا عن عمارة تلك المدرسة، معتبرًا إياها العمارة الوحيدة في دهلي التي تستطيع أن تضاهي عمارة «مدرسة فيروز شاهيه» في فخامتها وأناقتها وجمالها المعماري والفني، إلخ. للتفصيل عن تينك المدرستين، راجع: صاحب عالم، العلم والثقافة في الهند زمن السلطان فيروز شاه، ص263-280. راجع أيضًا: برني، تاريخ فيروز شاهي، ص788-792.

(1) كتب عفيف أن السلطان شيَّد مائة وعشرين خانقاه في دهلي وحدَها للشيوخ الصوفيين، وأجرى عليها الأوقاف. راجع: تاريخ فيروز شاهي، ص195.

(2) وفقًا للهروي، بُني أكثر من خمسين سدًّا على الأنهار، وكذلك شُيِّد نحو مائة وخمسين جسرًا. أما الحدائق والبساتين، فلا حصر لها. راجع: طبقات أكبري، النسخة الفارسية، جـ1، ص241. ووفقًا لعفيف، كان لدى السلطان فيروز اهتمام شديد بإنشاء الحدائق والبساتين بكامل أناقتها وجمالها، وبسبب ذلك بلغ عددها نحو ألف ومائتي حديقة مثمرة في دهلي وما حولها، وإضافةً إلى ذلك اهتم بترميم الحدائق والبساتين القديمة وإصلاحها، وغرس جميع أنواع الفواكه. تاريخ فيروز شاهي، ص178. وفيما يتعلق بحفر الأنهار والجداول والأحواض، فجرى ذلك في كل أنحاء سلطنة دهلي في عهده. وتفيد بعض المصادر بأن السلطان طلب من العلماء في البلاط السلطاني أن يناقشوا قضية فرض الضريبة على ري الأراضي الزراعية بمياه النهر الذي حُفر واستنبطت مياهه بأموال الدولة، فناقشوها واتفقوا على أنه يجوز وضع تلك الضريبة. وعليه، أقر السلطان ضريبة جديدة باسم «حق شرب» في ضوء آراء العلماء الفقهية. راجع: عفيف، تاريخ فيروز شاهي، 129-130.

(3) تعني «عباد الله» هنا العلماء والمشايخ. وقد ذكر عفيف أيضًا أن الدولة خصصت إيرادات الأراضي المستصلحة لصرفها على العلماء والشيوخ وعلى الشؤون التعليمية، وجرى تخصيص حصص ثابتة من تلك الإيرادات لذلك الغرض. راجع: تاريخ فيروز شاهي، ص130. وقد قدَّم صاحب سيرة فيروز شاهي أيضًا بيانًا مشابهًا. راجع: سيرة فيروز شاهي، ص291. وأضاف عفيف أن السلطان خصص أكثر من ثلاثة ملايين ونصف المليون روپية لصرفها على العلماء والمدرسين والشيوخ العاملين في المدارس والخوانق والزوايا، إلخ. راجع: عفيف، تاريخ فيروز شاهي، ص169.

(4) يلقي كتاب «سيرة فيروز شاهي» الضوء على وجود «وقف نامه»، أي سجل الوقف على جهة الخير الذي أُعِد بتوجيه السلطان فيروز شاه، وسُجِّلت فيه بيانات لكل أنواع المنح والرواتب والأوقاف المقدَّمة لأغراض متعددة، وعلى سبيل المثال: صرف المنح على العلماء والمعلمين والشيوخ والموظفين والعاملين في المدارس والجوامع والخوانق وغيرها. وقد أرسل السلطان فيروز شاه تلك الوثيقة المطوَّلة إلى مصر بيد الأمير محمود شمس، ووافق عليها الخليفة العباسي، وأعيدت مرة أخرى إلى دهلي بمعية كلٍّ من الأمير محمود شمس والقاضي نجم الدين قريشي وخواجه كافور، وذلك في عام 771هـ/ 1369م. ووفقًا لصاحب

ومن هبات الله تعالى أن العمارات والأبنية التي بناها السلاطين والأمراء السالفون قد دب إليها البِلى والخراب على مر الأيام وكرِّ الأعوام بسبب الإهمال، فقمت بترميمها وتجديدها، وفضَّلت إحكامها وترميمها على تشييد الأبنية الجديدة.

فجامع دهلي القديم الذي بناه السلطان معز الدين سام[1]، كان يحتاج لِقِدَمِه إلى الترميم والتجديد، فأدخلت عليه الترميم والتجديد حتى أصبح جديدًا في الإحكام.

أما مقبرة السلطان معز الدين سام[2]، التي صار جدارها الغربي قديمًا، وبَلِيَت ألواح أبوابها، فغيَّرت أبوابها ونوافذها وسلالمها بخشب من الصندل بدلًا من الأخشاب العادية، وأصلحت منارة السلطان معز الدين سام التي أصابتها الصاعقة، وعملت على تجديدها، وجعلتها أجمل، وأكثر ارتفاعًا من ذي قبل[3].

سيرة فيروز شاهي، فإن السلطان أمر بنسخ تلك الوثيقة الوقفية وتوزيعها على جميع الإدارات المحلية، فقد كانت لها أهمية سياسية ودينية، لأنه لم يحصل أي سلطان على مثل تلك الوثيقة الوقفية من بلاط الخلافة العباسية قبل ذلك. راجع: سيرة فيروز شاه، ص291–292. راجع أيضًا: نظامي، مذهبي رجحانات، ص432.

(1) ربما قصد بذلك مسجد «قوة الإسلام» الذي بدأ تشييده في رعاية الوالي قطب الدين أيبك في عهد السلطان معز الدين سام.

(2) هذا البيان غامض ومربك، إذ من المعروف أنه عندما اغتالته جماعة الحشاشين الإسماعيلية أو جماعة «كهوكر» الهندوسية من أهالي پنجاب المتمردين في عام 602هـ/ 1206م في موضع «دهمك» الواقع بالقرب من «سوهاوه» التي تقع بالقرب من مدينة جهلم في ولاية پنجاب التابعة لپاكستان الحالية، دُفن جثمانه في ذلك المكان، وتوجد فيه مقبرته الفخمة في الوقت الحالي. ويبدو أنهم بنوا قبرًا تذكاريًا له في دهلي بعد قيام سلطنة دهلي. للتفصيل عن اغتياله ومزاره، راجع: مقال أردي لرياست علي الندوي، سلطان شهاب الدين كي قاتل، مقتل، مرقد اور چند دوسري استفسارات، مجلة معارف الأردية، مج51، جمادى الأولى 1362هـ/ يونيو 1943م، ص446–467. راجع أيضًا: عبد الله چغتائي، سلطان شهاب الدين غوري كا مرقد، مجلة معارف الأردية، مج52، شعبان المعظم 1362هـ/ سبتمبر 1943م، ص219–228.

Haig, T.W., "*Muhammad b. Sam, Mu'izz Al-Din*", In Bosworth, C.E.; Van Donzel, E.; Heinrichs, W.P.; Pellat, C. (eds.), The Encyclopaedia of Islam, (1993), Vol. VIII, p. 410; Peter Jackson, The Delhi Sultanate: A Political and Military History, (Cambridge University Press, 2003), p. 13.

(3) بدأ قطب الدين أيبك في بناء مسجد «قوة الإسلام» في نحو 587هـ/ 1192م. ثم بدأ تشييد تلك المنارة في نحو عام 596هـ/ 1200م، وقد سُميت باسم قطب الدين أيبك أو باسم الصوفي الچشتي «قطب الدين بختيار كاكي» المُتوفَّى في 632هـ/ 1235م. ثم أكمل خليفته وصهره السلطان شمس الدين إيلتتمش ثلاثة طوابق أخرى. وفي عام 770هـ/ 1369م، دمرت ضربة صاعقة الطابق العلوي، فأمر السلطان فيروز بترميم كل الطوابق وإصلاحها وإضافة طابقين إليها. وكذلك شيَّد الملك فريد خان الملقب بـ«شير شاه سوري» والمُتوفَّى في 952هـ/ 1545م، مدخلًا لتلك المنارة أثناء حكمه. ولأن المنارة بدأ تشييدها في رعاية قطب الدين أيبك وإشرافه أثناء ولايته لدهلي في زمن السلطان شهاب الدين/ معز الدين سام، كتب فيروز أن معز الدين/ شهاب الدين الغوري شيَّدها. للتفصيل، راجع:

أما الحوض الشمسي[1]، الذي حبس بعض الناس المحتالين الماء من فوق، فانقطع جريانه إليه، فقد زجرت هؤلاء المتجاسرين والمحتالين بالتعزيرات، وأجريت الماء المحبوس إليه ليمتلئ الحوض ماء، ويصبح كالنهر العذب ماؤه.

وأما الحوض العلائي الذي تردَّم، وأصبح بلا ماء[2]، وكان أهالي المدينة يزرعون في الأراضي الواقعة في جواره، وحفروا آبارًا، وباعوا مياهها، فبعد قرن[3] حفرت غديرًا عظيمًا ليكون مملوءًا ماءً على مدار السَّنة.

Ali Javid; Tabassum Javeed, World Heritage Monuments and Related Edifices in India, (New York: Algora Publishing, 2008), pp. 14, 105, 107, 130; Ebba Koch, "*The Copies of the Quṭb Mīnār*", Iran, Vol. 29 (1991), pp. 95-107.

(1) «الحوض الشمسي» يعني ذلك الخزان المائي الذي شيَّده السلطان شمس الدين إيلتتمش في عام 627هـ/ 1230م، في موقع كشفه له النبي صلى الله عليه وسلم في منامه وفقًا للروايات التاريخية المذكورة في المصادر التاريخية. وقد شُيِّدت قصور ومنازل عديدة فيما بعد على ضفتي ذلك الخزان المائي. للتفصيل، راجع:

Lucy Peck, Delhi - A thousand years of Building: *Hauz Shamsi*, (New Delhi: Roli Books, 2005), p. 233; Y. D. Sharma, Delhi and its Neighbourhood: *Hauzi-i-Shamsi*, (New Delhi, Archaeological Survey of India, 2001), pp. 63-64, 73.

(2) الحوض العلائي أو الحوض الخاص، حُفر في عهد السلطان علاء الدين الخلجي في أرض كانت تمتد على نحو ثمانية وعشرين هكتارًا، غير أنه فيما بعد جرى تقسيم جزء كبير منها تقسيمًا غير شرعي إلى قطع صغيرة من الحقول والمزارع، كما حُفرت آبار في تلك الحقول من أجل استخراج المياه منها وبيعها. وفي عهد السلطان فيروز شاه أمر بإعادة تجديد ذلك الحوض وخزانات المياه التابعة له لسقاية الناس بالمجان، وأصبحت تلك المنطقة المحيطة به والمدرسة مركزًا علميًا وتجاريًا في دهلي. ويرى بعض الباحثين أن السلطان أوقف ريع الأراضي الزراعية المحيطة بالحوض الخاص للصرف على احتياجات «مدرسة فيروز شاهيه»، ومن أجل ذلك بنى خزانات المياه. وطبقًا لقولهم، فإن السلطان كان على وعي تام بأهمية المياه وقوتها ودورها بوصفها ثروةً ورأس مال يساعد على زيادة خصوبة الأراضي، وقابليتها للإنتاج الزراعي على مستوى عالٍ. للتفصيل، راجع:

Anthony Welch, "*Hydraulic Architecture in Medieval India: the Tughluqs*", Environmental Design: Journal of the Islamic Environmental Design Research Centre, (1985), no. 2, pp. 74-81; Iqtidar Husain Siddiqui, "*Water Works and Irrigation System in India during Pre-Mughal Times*", Journal of the Economic and Social History of the Orient, Vol. 29, No. 1 (Feb., 1986), pp. 52-77.

(3) استعمل في النص لفظة «قرن» العربية التي لها معانٍ كثيرة ومختلفة، إذ يمكن أن تطلق على مدة محددة أو على عصر محدد. وقد تعددت الأقوال في مدة القرن، فقيل إنها عشر سنوات، وقيل إنها عشرون سنة، كما قيل إنها ثلاثون سنة، وقيل إنها ستون عامًا، وقيل إنها سبعون، وقيل إنها ثمانون أيضًا، وهو متوسط أعمار البشر. أما المختار من الأقوال في القرن فهو مائة سنة، غير أن القصد هنا في النص ثلاثون عامًا، وذلك لما جاء في كتاب برني أن القرنين يساويان ستين عامًا، وهذا يعني أن القرن كانت مدته نحو ثلاثين عامًا وفقًا للشهور القمرية. راجع: برني، تاريخ فيروز شاهي، ص115.

وكذلك مدرسة السلطان شمس الدين إيلتتمش التي انهدمت أبنيتها، فأعدتُ بناءها، وجعلت أبوابها من خشب الصندل[1]، وأركان المقبرة التي سقطت أعدتها أفضل من ذي قبل. وأما صحن المقبرة الذي لم يكن مجصَّصًا عند البناء فقمت بتجصيصه. وأضفت إلى القبة سُلَّمًا من الحجر المنحوت، وكانت دعائم الأبراج الأربعة آيلة للسقوط، فأمرت بترميمها وتجديدها[2].

وأما مقبرة السلطان معز الدين[3]، ابن السلطان شمس الدين، التي كانت في «ملك پور»، فقد اندرست حتى لا تُعرف قبورها، فأمرت بأن تُبنى عليها قبة ومصطبة، وأحطتها بسور جديد.

وأما مقبرة السلطان ركن الدين[4]، ابن السلطان شمس الدين، التي كانت في «ملك پور» نفسها، فقد أمرت ببناء سور حولها، وقبة جديدة، وخانقاه [زاوية].

وأمرت بإصلاح مقبرة السلطان جلال الدين الخلجي[5]، وتجديدها، وبنيت لها بابًا جديدًا. وأما مقبرة السلطان علاء الدين الخلجي[6]، فقد أُدخِل الترميم والإصلاح عليها كذلك،

---

(1) وفقًا للمؤرخ الرسمي، فإن كل المنشآت الدينية، مثل: المساجد، والمدارس، ومقابر وأضرحة الشيوخ، التي شيدت في عهود سابقة، أمر فيروز بترميمها وإصلاحها وتركيب بوابات رئيسية وجانبية لها مصنوعة من خشب الصندل. للتفصيل، راجع: عفيف، تاريخ فيرور شاهي، ص196.

(2) استعمل كلمة «چهار برج»، وهي تعني مساحة مفتوحة في الطابق العلوي الذي يوجد به أربعة أبراج قائمة على أركانها الأربعة. راجع: عزرا علوي، فتوحات فيروز شاهي، ص40.

(3) اسمه الكامل: معز الدين بهرام شاه، ابن السلطان شمس الدين إيلتتمش. جلس على كرسي الحكم في عام 637هـ/ 1240م، وأدت مؤامرات الأمراء الأتراك إلى قتله بعدما حكم نحو عامين، وذلك في عام 639هـ/ 1242م. راجع: ترجمته في فتوح السلاطين، ص137؛ وأيضًا: نظامي، مذهبي رجحانات، ص139-141.

(4) اسمه الكامل: ركن الدين فيروز شاه، وقد خلف والده على العرش، وحكم نحو ستة أشهر وثمانية وعشرين يومًا، ولم يكن موفقًا في الحكم والإدارة بسبب انغماسه في اللهو واللعب والفسق والفجور. راجع ترجمته في: فتوح السلاطين، ص130-131.

(5) يُعَد جلال الدين فيروز شاه الخلجي مؤسس الدولة الخلجية. اعتلى العرش في عام 689هـ/ 1290م وله سبعون عامًا. وكان حليمًا وكريمًا وفاضلًا. اتفق الناس عليه لحلمه وفضله وعفوه وكرمه، وعلى الرغم من تلك الخصال الحسنة وقع ضحية المؤامرة الدنيئة التي حاكها ضده زوج ابنته علاء الدين، الذي قتله غدرًا بعد سبعة أعوام من توليه الحكم. لترجمته المفصلة، راجع: برني، تاريخ فيروز شاهي، ص277-361.

(6) كان علاء الدين محمد شاه الخلجي، المُتوفَّى في 716هـ/ 1316م، ابن أخي السلطان جلال الدين الخلجي وختنه، غير أنه قتل الأخير غدرًا، وحكم دهلي وما حولها نحو عشرين عامًا بكل حزم وعزم، وتمكَّن من السيطرة على المناطق الجنوبية، وكذلك استطاع إيقاع هزائم متكررة بالمغول بعدما قاتلهم قتالًا شديدًا. ويُعَد من كبار سلاطين دهلي الذين غيَّروا النظام السياسي والإداري والمالي، فقد أرسى علاء الدين قواعد وقوانين عديدة لضبط الشؤون المالية والإدارية في المقام الأول. لترجمته المفصلة راجع: برني، تاريخ فيروز شاهي، ص365-547.

وجرى تغيير أبوابها بخشب من الصندل، إضافةً إلى تجديد خزان الماء والجدار الغربي للمسجد الذي تقع فيه المدرسة، وصحنه المهدَّم[1].

لقد أدخلنا التجديد والإصلاح على مقبرة السلطان قطب الدين[2]، ومقابر أبناء السلطان علاء الدين الخلجي: خضر خان[3]، وشادي خان[4]، وفريد خان[5]، وسلطان شهاب الدين سكندر خان[6]، ومحمد خان[7]، وعتمان [عثمان] خان[8]، وأحفادهم وأحفاد أبنائهم جميعًا. وأما الأبواب القديمة والسور الخشبي لمقبرة شيخ الإسلام نظام الحق والدين[9]، فقد

---

(1) لعله قصد بتلك العبارة المسجد والمدرسة اللذين أنشئا في زمن السلطان علاء الدين الخلجي. ووفقًا للمؤرخ برني، فإن العديد من المدارس والجامعات والأحواض شُيِّدت في زمنه، وقد بلغ عدد المعماريين والبنائين نحو سبعين ألفًا في ديوان التشييد والبناء. راجع: برني، تاريخ فيروز شاهي، ص497.

(2) اسمه الكامل: قطب الدين مبارك شاه الخلجي، المُتوفَّى في 721هـ/ 1320م. اعتلى العرش في عام 716هـ/ 1316م، ولم يوفَّق في الحكم والسلطة بسبب انغماسه في اللهو واللعب وفي الغناء والرقص وفي الملذات الأخرى، كما اتخذ له بطانة سوء من الهندوس الذين ظهرت قوتهم السياسية في بلاطه، وهم الذين هاجموه وقتلوه وقطعوا رأسه ورموا به من سطح القصر إلى صحنه، وصارت لهم غلبة سياسية وعسكرية في دهلي، وقضوا على الدولة الخلجية قضاء تامًّا. وأصبح خسرو الهندوسي ملكًا، وخفضوا شعار المسلمين، وازدهرت العادات والتقاليد الهندوسية، وشاع تخريب المساجد وعبادة الأوثان والأصنام. للتفصيل، راجع: برني، تاريخ فيروز شاهي، ص551-591.

(3) راجع ترجمته وأعماله السياسية والعسكرية في: برني، تاريخ فيروز شاهي، ص358، 363، 484، 532-533-534، 539-540، 544-567.

(4) راجع ترجمته ونشاطاته السياسية والعسكرية في: برني، تاريخ فيرور شاهي، ص368، 540، 544، 567، 858.

(5) راجع ترجمته في: برني، تاريخ فيروز شاهي، ص358، 363.

(6) الابن الأصغر للسلطان علاء الدين الخلجي، اختاره وزراء خائنون ليكون خلفًا لعلاء الدين، وقد كان صبيًّا يبلغ من العمر خمس سنوات، غير أن أخاه قطب الدين خلعه عن الحكم بمؤامرة حاكها بمساعدة بعض عبيد القصر السلطاني، وسجنه ثم قتله. راجع: برني، تاريخ فيروز شاهي، ص538-547.

(7) لم أجد أثرًا له في مصادر سلطنة دهلي، ولم أقف على ترجمته في كتاب برني ولا في كتب التراجم الأخرى، ذكر برني أسماء ستة أبناء للسلطان علاء الدين الخلجي بالترتيب، وهم: خضر خان، وقطب الدين مبارك خان، وشادي خان، وفريد خان، وعثمان خان، وشهاب الدين. راجع: برني، تاريخ فيروز شاهي، ص363.

(8) راجع: برني، تاريخ فيروز شاهي، ص363.

(9) يقصد ضريح الشيخ الصوفي نظام الدين محمد بن أحمد البدايوني، المُتوفَّى في 725هـ/ 1325م، أحد الأولياء المشهورين بأرض الهند. انتهت إليه الرياسة في السلوك والتزكية والانقطاع عن الدنيا مع التضلع من العلوم الظاهرة والتبحر في الفضائل الفاخرة. عاش في عصر الدولة الخلجية، كما عاصر السلطان غياث الدين تغلق مؤسس الدولة التغلقية. عمل الشيخ بكل ما أوتي من الوسائل لإصلاح الناس، ونشر روح السلوك والتزكية وترويجها بين الناس، ولا تزال رسالته ودعوته عن الإنسانية والمحبة والإحسان والتزكية تتردد أصداؤها في المجتمع الهندي. وبسبب نشاطاته الإصلاحية والدعوية لقَّبه السلطان فيروز شاه بـ«سلطان المشايخ». راجع ترجمته في: برني، تاريخ فيروز شاهي، 439، 484-485، 498-505، 518-522.

اتخذناها من خشب الصندل، وعلَّقنا القناديل الذهبية بالسلاسل في الجوانب الأربعة للقبة، وبنينا «جماعت خانه»[1] جديدًا لم يكن من قبل.

لقد أمرت ببناء مقبرة سلطان الملك تاج الملك الكافوري[2] من جديد، لأن جدرانها انهدمت واستوت بالأرض. فهو الوزير الأعظم للسلطان علاء الدين الخلجي، وكان رجلًا ذكيًّا، راجح العقل، وفتح بلادًا كثيرة لم تطأها جنود الملوك الآخرين، وأظهر خطبة السلطان علاء الدين، وكان يقود أكثر من اثنين وخمسين ألف فارس، لأنه كان حاميًا للدولة ووفيًّا لها وللسلطان علاء الدين الخلجي.

وأما مراقد ومضاجع المخدومين في دار الأمان[3]، فقد جعلت أبوابها من الصندل،

---

(1) كان مصطلح «خانقاه/ خوانق» الأكثر استعمالاً لتلك المباني التي كانت تُخصَّص لتوفير الطعام والسكن للصوفية ومريديهم وزائريهم في العصور الإسلامية، وهي شبه مدرسة فيها مسجد صغير وغرف يقيم بها العباد والشيوخ الصوفيون. وكذلك ظهرت مصطلحات أخرى لمثل تلك المباني مثل: «تكية/ تكايا»، و«زاوية/ زوايا»، و«دائرة/ دوائر»، و«رباط/ ربط»، وغيرها. للتفصيل، راجع: توفيق الطويل، التصوف في مصر إبان العصر العثماني، (القاهرة: الهيئة المصرية العامة، 1988م)، ص38. أما الصوفية من الطريقة الچشتية في الهند فسموا تلك الدور للعبادة والسكن: «جماعت خانه»، وكانت جميع النشاطات الدينية والاجتماعية تمارَس فيها. وقصده هنا ضريح الشيخ نظام الدين وإنشاء جماعت خانه ملحق به. راجع:

Khaliq Ahmad Nizami, Some Aspects of Religion and politics in India, (New Delhi: Oxford University Press, 2001), p. 187.

ولعله من المناسب أن نذكر هنا أن هذا البيان يحل مسألة ملتَبِسة وغامضة متعلقة بعلم الآثار. ومن المعلوم أن بناء «جماعت خانه» بالقرب من قبر الشيخ نظام الدين يُرجعه قسم المسح الأثري للهند إلى الأمير خضر خان ابن السلطان علاء الدين الخلجي، مما يعني أن مبنى جماعت خانه كان موجودًا خلال حياة الشيخ. غير أن كاتب سيرة الشيخ أمير خورد، كتب في ترجمة الشيخ أن قبره يقع في ساحة واسعة مهجورة. ولذلك يكشف بيان فيروز شاه عن التناقض المحسوس في التقييم الأثري والبيان المذكور في كتاب أمير خورد. راجع: السيد أمير خورد، سير الأولياء، ص154.

(2) كان من كبار وزراء السلطان علاء الدين الخلجي، وقاد غزوات عديدة في جنوب الهند، وفتحها وجعلها تابعة للدولة الخلجية. اعتمد عليه السلطان في آخر حياته اعتمادًا كبيرًا، مما جعله آمرًا وناهيًا في شؤون الدولة. غير أن هذا التقدير الكبير له من السلطان فيروز، يتناقض تناقضًا كبيرًا مع تلك الآراء السيئة والانتقادات اللاذعة المذكورة في كتاب برني وغيره من المؤرخين. راجع: تاريخ فيروز شاهي، 477-483، 493. ومع أن الأمير والشاعر خسرو أثنى على الملك كافور، فإنه أدانه بشدة في مسألة تعامله الشديد والصارم مع الملكة ديول راني ابنة كرن ديو الثاني ملك إمارة گجرات الهندوسية، وفيما شن من الحروب الضارية ضد الإمارات في جنوب الهند وإن كانت هندوسية. راجع: خسرو، خزائن الفتوح، ص112-118.

(3) يقصد بـ«المخدومين»: كلاً من السلطان غياث الدين تغلق، ومحمد بن تغلق. أما «دار الأمان»، فالقصد منها «المقبرة الملكية التغلقية».

وظُلِّل على قبورهم بظلة من أستار الكعبة المشرفة[1]. وأنفقنا على إصلاح هذه المقابر والمدارس وتجديدها من ريع أوقاف رُصِدت لها. ولأن الوقف لم يكن مرصودًا، فعيَّنت وجهًا لحاجة الصادرين والواردين إليها، ليصل ريعه إليها دائمًا، ويُصرف هناك على رعاية احتياجات الواردين والصادرين، وعلى توفير السجاد والأضواء وغيرها من الضروريات في هذه الأماكن[2].

كما جرى تجديد السور الذي بناه السلطان المغفور له محمد شاه تغلق - الذي كان ولي نعمتي ومُربِّي الخاص[3] - حول مدينة «جهان پناه»[4]. كما أُدخل الإصلاح والتجديد على جميع الأسوار والقلاع والحصون التي بناها الملوك السالفون في دهلي[5].

---

(1) يتبين من بعض المقالات المذكورة في كتاب عفيف أن رحلات الحج من الهند إلى الحرمين الشريفين كانت جارية وسارية آنذاك، وكان من السهل الحصول على كسوة الكعبة المشرفة. للتفصيل عن رحلات الحج من الهند آنذاك، راجع: عفيف، تاريخ فيروز شاهي، ص19-163-165.

(2) لمزيد من التفاصيل عن اهتمام السلطان فيروز بترميم تلك المنشآت الدينية والاجتماعية وإصلاحها، راجع: عفيف، تاريخ فيروز شاهي، ص196.

(3) عبَّر السلطان فيروز شاه هنا عن مشاعره الجياشة والرقيقة إزاء السلطان محمد بن تغلق التي تُضعف صحة قصة المؤرخ المغولي البدايوني فيما يتعلق بتواطؤ فيروز شاه مع الشيخ الصوفي نصير الدين محمود ضد محمد بن تغلق. راجع: البدايوني، منتخب التواريخ، تصحيح: مولوي أحمد علي صاحب، (كلكتا: الجمعية الآسيوية، 1868م)، جـ1، ص239-240. وقد عبَّر السلطان فيروز شاه تغلق عن مثل تلك المشاعر الودية تجاه السلطان محمد بن تغلق في مناسبات عديدة. وخلال حملته العسكرية ضد نگر كوت في عام 763هـ/ 1362م، استرجع فيروز تلك الواقعة التي حدثت في مكان ما في الطريق إلى نگر كوت، التي تفيد بأن السلطان محمد بن تغلق رفض، على الرغم من عطشه الشديد، تناول مشروب بارد بسبب غياب فيروز شاه. ولما وصل فيروز شاه مع جيشه إلى ذلك المكان، طلب تحضير مشروب بارد وبكمية وفيرة، وتوزيعه على الجنود لتخليد الذكرى الطيبة لابن عمه. راجع: سيرة فيروز شاهي، ص79. وليس هذا فحسب، فوفقًا لفرشته، فإن السلطان فيروز بعد فتح تلك المدينة غيَّر اسمها إلى «محمد آباد» تكريمًا لمحمد بن تغلق. راجع: فرشته، ترجمة إنجليزية، جـ1، ص454.

(4) كتب ابن بطوطة عن تلك المدينة عند ذكر وصف مدينة دهلي في زمن السلطان محمد بن تغلق، فقال: «ومدينة دهلي كبيرة المساحة، كثيرة العمارة، وهي الآن أربع مدن متجاورات متصلات... والمدينة الرابعة في دهلي تُسمى «جهان پناه»، وهي مختصة بسكنى السلطان محمد تغلق ملك الهند الآن، وهو الذي بناها». راجع: ابن بطوطة، الرحلة، ص426-427. انتهى. والمعنى الحرفي لذلك الاسم «حماية للعالم» إنما القصد منه «المدينة المحروسة».

(5) وفقًا لابن بطوطة، وهو شاهد عيان، فإن السلطان محمد كان قد أراد ضم المدن الأربع في دهلي تحت سور واحد، فبنى بعضًا منه وترك بناء البقية؛ لِعظم ما يلزم في بنائه. راجع: الرحلة، ص427، إذن، أكمل فيروز ذلك المشروع الذي بدأه السلطان محمد.

وكذلك المدارس ومقابر الملوك المظفَّرين وأضرحة المشايخ الصالحين التي كانت تحتاج إلى المصروف للواردين والصادرين، أبقينا لها الأراضي والأوقاف القديمة[1]، وعيَّنا وجهًا للمال حيث لم يكن وجه، ليصل إليها الريع دائمًا، ويتمتع به الواردون والصادرون وأهل العلم والمعرفة والمشايخ، ويدعوا لهم ولنا بالخير[2].

وإضافةً إلى ذلك، من تيسير الله جلَّ وعلا أن بنيت دار الشفاء ليأتي إليها المرضى والمصابون بالأسقام من عامة الناس وخاصتهم، وفيها أطباء يقومون بتشخيص أمراضهم ويداوونهم ويُوصونهم بالحمية. ويُصرف على دار الشفاء، وعلى ما تقدَّم من الأدوية والأطعمة والتسهيلات الأخرى للمرضى، من ريع أوقاف مرصودة. فجمهور المرضى من مقيم ومسافر، ووضيع وشريف، وحُر وعبد، يأتون إليها، ويتلقون فيها العلاج، ويُشفَون بفضل الله وكرمه[3].

---

(1) تتضح مثل تلك المآثر الدينية من بعض مكاتيبه وفرماناته التي كتبها إلى بعض وزرائه، ومنها ذلك المكتوب المرسل إلى الوالي ماهرو بشأن تجديد الأوقاف القديمة الخاصة وتوثيقها على خوانق بعض الصوفية والأراضي التابعة لها في مدينة گجرات. راجع: ماهرو، إنشاي ماهرو، الرسالة الرابعة، ص12-13. وثمة فرمان آخر أصدره السلطان بشأن تجديد الأوقاف على الأراضي التابعة لخانقاه الشيخ أبي بكر اليزدي في گجرات. راجع: المصدر نفسه، الرسالة الخامسة، ص14. عن تجديد مثل تلك الأوقاف في ولاية السند والملتان، راجع: المصدر نفسه، الرسالة السادسة عشرة، ص37-39. ويتضح من مقالات هذه الرسالة أن السلطان كان يتحقق من أملاك وقفية، ويطلب تقارير عن وضع الأوقاف في الولايات، ولدينا التماس قدمه الوالي ماهرو للسلطان فيروز شاه في 10 صفر المظفر عام 763هـ، ذكر فيه وضع الأملاك الوقفية في ولايته السند والملتان، وطلب منه تجديد تلك الأوقاف السابقة. ويتضح من الالتماس نفسه أن الوزارة المعنية طلبت من الوالي إعداد تقرير مع حصر الأملاك الوقفية وتسجيلها، وبموجب ذلك التقرير قدم ماهرو ذلك الطلب أو الالتماس لدى السلطان فيروز. وقد قسم ماهرو الأملاك الوقفية إلى قسمين: القسم الأول يتعلق بالأراضي والأملاك التي جرى وقفها للانتفاع بها في الأعمال الخيرية، على أن تُخصص عوائدها للإنفاق على المساجد والمنشآت الدينية الأخرى فحسب. في حين ذكر في القسم الثاني الأملاك والأراضي التي جرى حبسها لصرف إيراداتها على العلماء والفضلاء والمشايخ ومن في حكمهم، وطلب من السلطان تجديد تلك الأوقاف القديمة وتوثيقها.

(2) راجع أيضًا: عفيف، تاريخ فيروز شاهي، ص195-196. ووفقًا لما جاء في طبقات أكبري، فإنه قد سجل في كل بناية أسماء الوقف، وعيَّن الخدم والعمال في كل المساجد والمدارس والخوانق والحمَّامات والآبار، وقرر لهم الرواتب من إيرادات تلك الأوقاف المرصودة. راجع: طبقات أكبري، جـ1، ص199.

(3) تُخبرنا المصادر المعاصرة للسلطان أن المستشفيات كانت تُسهم في توفير العلاج للمرضى، وفي الوقت نفسه كانت بمثابة كلية الطب للتدريب والتعليم تحت إشراف الأساتذة البارعين والنابغين. ويتضح من كلام المؤرخين أن السلطان أعاد تنظيم المستشفيات والمستوصفات التي أُنشئت في عهد أسلافه، وأضاف إليها

[المقالة السادسة: في التسامح الديني والاجتماعي]

كذلك، وفَّق الله ذو الجلال والقدرة والكمال، هذا العبدَ العاصي - أنا - إلى أنه من قُتِل على عهد المغفور له محمد شاه تغلق السلطان طاب مثواه - الذي ربَّاني وأكرمني - من أناس، أو شُوِّهت أعضاؤهم بقطع يد ورِجل أو جدع أنف أو صلْم أذُن وما إليها[1]، أرضينا ورثتَهم بالأموال والعطايا، واستكتبناهم رسائل عفو وصفح مصحوبة بالشهادات عما فُعِل بهم في عهد محمد شاه تغلق، وأودعناها كلها الصناديق، ثم وضعنا الصناديق قرب رأس الملك المغفور له في مقبرته دار الأمان[2]، ليغفر له الله بعميم كرمه ويستأثره برحمته، ويُرضيهم من صاحبنا بخزائنه[3].

بعض التغييرات والترميمات الجيدة، إضافةً إلى إنشاء خمسة مارستانات، ومنها المستشفى المركزي العام في دهلي الذي كان يُسمى «دار الشفاء» أو «صحت خانه»، وهو الذي قصده في النص المذكور. وكانت المستشفيات تقدِّم جميع الخدمات الطبية مجانًا وعلى نفقة الدولة، وبجانب العلاج المجاني كان المرضى يحصلون أيضًا على المأوى والغذاء والعقاقير والأدوية والألبسة ونحو ذلك مجانًا. وعيَّن أطباء حاذقين من ذوي الخبرة الواسعة، وأجرى عليهم الأرزاق والرواتب، في ذلك المستشفى الذي بلغت نفقته نحو أربعة ملايين تنكه سنويًّا، وكانت الخزينة الملَكية وحدها تتحمل جميع نفقات المستشفى، وكان يوجد فيه جناح خاص لعلاج المرضى المصابين بأمراض عصبية، وكانوا يُحتجزون في المستشفى لتلقي العلاج المناسب. للتفصيل، راجع: عفيف، تاريخ فيروز شاهي، ص205-206، 336-338، 355-359؛ سيرة فيروز شاهي، ص235-236. راجع أيضًا:

Physician-Authors of Greeo-Arab Medicine in India, (Delhi: Institute of History of Medicine and Medical Research, 1970), p. 13.

(1) تفيد المصادر أنه حاول بشتى الطُّرق محوَ آثار الظلم والاعتداءات التي مُورِست ضد بعض العلماء والصوفية من الطرق الچشتية والسهروردية في عهد سلفه. وكتب عفيف أن السلطان شيَّد مائة وعشرين خانقاه في دهلي وحدها للشيوخ الصوفيين من الطريقة الچشتية والسهروردية وغيرها من الطرق المعروفة آنذاك في دهلي، وأمر إدارة الخزينة بتحمُّل جميع نفقات تلك الخوانق ونفقات جميع الزوار والمقيمين فيها من الشيوخ ومريديهم وزوَّارهم، وعيَّن فيها نُظارًا ومُتولِّين لإدارة شؤونها المالية والإدارية. راجع: عفيف، تاريخ فيروز شاهي، ص195، ولمزيد من التفاصيل عن تحسين علاقته القوية بالعلماء والصوفية، راجع: المصدر السابق نفسه، ص39-49-50-263-264.

(2) وفقًا لصاحب سيرة فيروز شاهي، فإن الصندوق الذي يضم أوراق العفو والصفح وُضع في الضريح بالقرب من رأس القبر، حتى يتمكن الجميع من مشاهدته وإرضاء نفسه بأن السلطان محمد بن تغلق قد عفا عنه ورثة أولئك الأشخاص الذين عاقبهم السلطان وعذبهم. راجع: سيرة فيروز شاهي، ص156.

(3) وتدعم مقالات سيرة فيروز شاه أيضًا كلام السلطان فيروز شاه بشأن دفع التعويضات لورثة بعض المقتولين في زمن السلطان محمد بن تغلق. راجع: سيرة فيروز شاهي، ص155-156. ولهذه الفقرة أهمية تاريخية كبيرة، لأنها تدل على أن السلطان محمد بن تغلق بعد وفاته بالقرب من مدينة تهته دُفن في مقاطعة أو قرية

ومن عطايا الله جلَّ وعلا، أن القرى والأراضي المملوكة[1] التي كانت قد صودِرَت في الماضي بوجوه غير شرعية من قِبَل الدولة، وسُجِّلت في الديوان الملكي باعتبارها مِلكًا للدولة، أصدرتُ فرمانًا يفيد بأنه مَن أقام حُجَّة على مِلكِها في ديوان الشريعة، تُعاد أراضيه وقُراه أو أي أملاك أخرى إلى مِلكِه، وتُسجَّل في الدفتر من جديد، وهكذا، فمَن قامت له حُجَّة على ملك أراضيه يملكها ويتصرف فيها. وبحمد الله وتوفيقه وُفِّقتُ لهذا الخير، وهكذا أعدت الحقوق إلى أصحابها[2].

اسمها «سِهوان»، ثم بتوجيه السلطان فيروز شاه تغلق نُقلت رفاته مرة أخرى إلى دهلي ودُفنت في دار الأمان. أما مدينة سِهوان، فيشار إليها عادة باسم «سِهوان شريف»، وهي مدينة تاريخية يرجع تاريخ إنشائها إلى زمن حملات الإسكندر الأكبر المقدوني على السند، وكانت موجودة في زمن الفتوحات الإسلامية الأولى. وتقع في مقاطعة جامشور بولاية السند في پاكستان الحالية. وتقع تحديدًا على الضفة الغربية من نهر السند على بُعد ثمانين ميلًا شمال غرب مدينة حيدر آباد. وتشتهر هذه المدينة بكونها موطنًا لأحد أهم الصوفية القلندرية، وهو لال شهباز قلندر، ولا يزال ضريحه قائمًا إلى يوم الناس هذا. ويقال إن الضريح أُنشئ في عام 757هـ/ 1356م، وفيما بعد اهتمت الإمارات الإسلامية بترميمه وصرف الأموال على إدارة شؤونه المالية والإدارية، ومنها سلالة ترخان التي بنَت القبة الكبيرة الموجودة حتى الآن في عام 1048هـ/ 1639م. للتفصيل عن تلك الأحداث، راجع:

Oriental College Magazine, Lahore Feb. 1935; Proceedings of Ninth All-India Oriental Conference, pp. 273-279; Imperial Gazetteer of India, v. 22, pp. 162-163.

(1) استعمل مصطلح «إملاك/ ملك»، ويعني حرفيًّا الملكية، وجرى استعماله آنذاك للأراضي المعفية من الضرائب التي كانت تُمنح للعلماء والشيوخ ومَن في حُكمهم من قِبل الدولة، وكانت تورث بين أهلهم وذويهم بعد وفاتهم. وفي عصر الدولة المغولية تُسمى تلك الأراضي المهداة إلى العلماء والشيوخ «أئمة» أو «سيرگل» أو «مدد معاش»، وكانت الإدارة تخصص أراضي في كل منطقة وولاية لهذا الغرض وتُسمى في الأوراق الرسمية «أراضي أئمة»، ويُسمى الممنوحون «أئمة دار»، أما الأموال النقدية التي كانت تمنحها لهم فتُسمى «روزينه» أو «وظائف» على التوالي. وفي المقابل وفي عصر الدولة المغولية نفسها، كان مصطلح «إقطاع/ جاگير» يُستعمل لتلك الأراضي الممنوحة من قِبل الدولة لأصحاب المناصب السياسية والإدارية والعسكرية نظير خدماتهم، وقد كانت تُنقل ملكيتها إلى الدولة بعد وفاتهم. وعلى كل حال، ومع أن تلك اللائحة لم تكن تُطبَّق على تلك الأراضي الممنوحة للعلماء والشيوخ نظير خدماتهم الدينية والاجتماعية، يبدو أن الدولة في زمن السلطان محمد بن تغلق اعتبرت تلك الأراضي أيضًا ملكها، ثم أكدت حقها في الاستيلاء عليها. للتفصيل عن أنواع الأراضي الممنوحة للشيوخ خلال عصر الدولة المغولية، راجع:

Ishtiaq Husain Qureshi, The Administration of the Mughal Empire, (Delhi: Low Price Publication, 1973), pp. 157, 211-212.

(2) يؤكد كتاب سيرة فيروز شاه أيضًا مسألة إعادة الأراضي والعقارات التي صودرت في زمن السلاطين السابقين إلى أصحابها. راجع: سيرة فيروز شاهي، ص148.

كما وفَّقني الله جلَّ وعلا لترغيب أهل الذمة في دين الهدى، وأعلنت أن من قال كلمة التوحيد من الكفار والمشركين، واعتنق الإسلام، حُطَّت عنه الجزية، كما جاء في شرع سيدنا محمد المصطفى صلى الله عليه وسلم. وقد بلغ هذا الخبر عامة الناس، فجاء الهندوس أفواجًا، ودخلوا الإسلام، وهكذا إلى يومنا هذا، يأتون من الأقطار ويؤمنون، وتُحطُّ عنهم الجزية، وينالون تكريمات خاصة[3]، والحمد لله رب العالمين.

وكذلك، من هبات الله جلَّ وعلا، أن العِرض والمال قد أصبحا مصونَين محفوظَين أيام حكمنا، ولا أبيح لنفسي أن آخذ مما يملكه الناس من قليل وكثير. وقد سعى إليَّ كثير من الناس المشاغبين بأن التاجر الفلاني يملك كذا مالًا، وأن العامل الفلاني يملك كذا مالًا، فقمت بتعزير سُعاة الفتنة أولئك حتى تسكت ألسنتهم، ويأمن الناس من شرهم. وبهذه الشفقة أصبحوا أصدقاء لنا[4]. وكما قال الشاعر الفارسي[5]:

«اسعَ لجميل الذِّكر، فإنه خير لك من المال مائة مرة. والثناء مرة أحسن من ركام من المال. والدعاء مرة خير من أكداس من المال».

[المقالة السابعة: في علاقة السلطان بالشيوخ والإداريين وبالخلافة العباسية]

ومن العناية الإلهية بي أن إجلال الأولياء الصالحين، وحبهم، وإدخال السرور على قلوبهم، قد استقر في قلبي، فحيثما سمعت وليًّا جالسًا في زاوية، ضربت إليه أكباد الإبل، وانتفعت بدعائه[6]، لأكون كما جاء في المثل: نعم الأمير على باب الفقير[7].

---

(3) ينص كتاب سيرة فيروز شاهي أيضًا على أن السلطان أسقط الجزية عمَّن اعتنق الإسلام. راجع: سيرة فيروز شاهي، ص170. وعن سعيه لنشر الإسلام، راجع: المصدر نفسه، ص148.

(4) كتب عفيف مقالات عديدة عن مثل هذه القوانين التي سنَّها فيروز من أجل حماية الشعب من الظلم والجشع من قِبل الإداريين وأفراد الجيش والشرطة. راجع: تاريخ فيروز شاهي، ص61-62.

(5) لم أقف على اسم ذلك الشاعر الفارسي.

(6) وفقًا للمقالات المذكورة في سيرة فيروز شاهي، فإن السلطان زار العديد من مشايخ الصوفية، مثل: الشيخ عبد الحق في منطقة بنگال، والشيخ شرف الدين پاني پتي، وآخرين. راجع: سيرة فيروز شاهي، ص174-184.

(7) وجاء في الحديث: «نعم الأمير إذا كان بباب الفقير، وبئس الفقير إذا كان بباب الأمير»، رواه ابن ماجه وغيره، ولكن بلفظ: «إن الله يحب الأمراء إذا خالطوا العلماء، ويمقت العلماء إذا خالطوا الأمراء». للتفصيل، راجع: عبد الوهاب الشعراني، البدر المنير في غريب أحاديث البشير النذير، تحقيق وتخريج: محمود عمر الدمياطي، (بيروت: دار الكتب العلمية، 1420هـ/ 1999م)، ص286. روى ابن ماجه بسند ضعيف معنى

كذلك، مَن بلغ من رجال الحكومة عُمره الطبيعي، وشاخ، حدَّدنا له وجهًا للعيش، وأعفيناه من العمل، وأحلناه إلى المعاش، وأبحنا له أن يشتغل بالاستعداد للآخرة، ويتوب من منكرات الشرع التي ارتكبها في أيام شبابه، ويُقبل على الآخرة، ويُعرِض عن الدنيا[1].

وكما قال الشاعر الفارسي [أبيات شعرية باللغة الفارسية]:

«لما شختَ صرتَ لا تستطيع أن تعمل مثل الشباب

ولا تستطيع أن تستر شيخوختك

وقد مضى ما مارستَه في ظلمة الليل

ولا تستطيع أن تفعله في ضوء النهار».

وكنتُ أعمل وفقًا لما جاء في البيت الشعري:

«ومن عادة الملوك أنهم يُكرِمون المحسنين والصالحين، وإذا مات منهم أحد يُحسِنون إلى أبنائهم».

أما بالنسبة إلى الموظفين الذين كانوا يحتلون منصبًا أو جاهًا، فمَن مات منهم عيَّنا أبناءهم في وظائفهم وبرواتبهم، حيث ينالون مكانة آبائهم ماديًّا ومعنويًّا، ولا يتطرَّق الخلل إلى أحوالهم وأوضاعهم المالية والاجتماعية[2]. وكما قال الشاعر:

«من عادة الملوك أنهم يُجِلُّون العقلاء ويحبونهم، وبعد وفاتهم يُحسنون إلى أبنائهم كذلك».

الشطر الثاني عن أبي هريرة رفعه، وأورده الغزالي بلفظ شرار العلماء الذين يأتون الأمراء وعكسه، وللديلمي عن عمر مرفوعًا أن الله يحب الأمراء إذا خالطوا العلماء ويمقت العلماء إذا خالطوا الأمراء، لأن العلماء إذا خالطوا الأمراء رغبوا في الدنيا، وإذا خالطهم الأمراء رغبوا في الآخرة. راجع: عبد الرحمن بن علي بن محمد، تمييز الطيب من الخبيث فيما يدور على ألسنة الناس من الحديث، (بيروت: دار الكتب العلمية، 1988م) ص202.

(1) وفقًا لعفيف، فإن السلطان فيروز سنَّ قانونًا بهذا الصدد، وأجرى معاشات التقاعد لجميع العاملين في الجيش والإدارة، فضلًا عن تعيين أولادهم أو أفراد أقربائهم في أماكنهم وفقًا لمؤهلاتهم وكفاءتهم. راجع: تاريخ فيروز شاهي، ص182-183. غير أن ذلك القانون أسهم في انتشار الفساد المالي والإداري والمحسوبية فيما بعد. وفي مكان آخر كتب المؤرخ الرسمي نفسه أن السلطان أصدر قانونًا أيضًا بأن المعاش لا يسقط بموت الشخص المتعاقد إنما ينقل إلى ورثته، وهذا يعني أن معاش كل متقاعد سيبقى في حالاته كلها. راجع: عفيف، تاريخ فيروز شاه، ص59. وعن الفساد المالي والإداري وانتشار الرشوة والوساطة والمحسوبية في زمن السلطان فيروز شاه، راجع: ماهرو، إنشاي ماهرو، الرسالة المائة والعشرون، ص212-213.

(2) لمزيد من الأخبار عن اهتمام السلطان فيروز شاه بورثة المسؤولين والإداريين المخلصين، راجع: سيرة فيروز شاهي، ص152-155. راجع أيضًا: عفيف، تاريخ فيروز شاهي، ص96-97.

ومن أهم عطايا الله جلَّ وعلا، وأجلِّها، التي أعطانيها، أنه وفَّقني لأن أمتثل لأوامر خلافة ابن عم رسول الله صلى الله عليه وسلم[1]، التي هي خلافة حقَّة، ولا ينبغي لي إلا أن أنضم إلى رايته، وآخُذ الإذن منه بالحُكم والشرعية، وقد رسخ فيَّ هذا الاعتقاد حتى صدر الحكم بالإذن والنيابة من دار الخلافة، وأكرمني أمير المؤمنين بلقب «سيد السلاطين»، وبالتكريمات والإنعام من الخلافة، من خلعة وطَيلَسان وعلَم وخاتم وسيف، مما يفاخر ويباهي به على الناس[2].

---

(1) بويع للخليفة المستنصر بالله الثاني، وهو أبو القاسم أحمد الخليفة الظاهر أبو نصر محمد بن الخليفة الناصر العباسي، في القاهرة سنة 659هـ/ 1260م، وهو عم الخليفة المستعصم بالله الذي قُتل على أيدي التتار ببغداد، وأخو المستنصر بالله منصور باني المدرسة المستنصرية بالعراق، وتلقب بلقب أخيه، وسار بعد أشهر إلى الشام لانتزاعها من التتر، وغاب ولم تنجح خطته بانكسار الجيش. وفي سنة 661هـ/ 1262م قدِم أبو العباس أحمد الحاكم بأمر الله الأول العباسي إلى القاهرة في زمن السلطان الظاهر بيبرس. ومتى شهد العلماء والأمراء وسائر أرباب الدولة بصحة نسبه على أنه يتصل بالعباس بن عبد المطلب، وأقر بذلك بعض القضاة والفقهاء، وقبِل قاضي القضاة تلك الشهادة، بويع أحمد بموجب ذلك خليفة امتدادًا للعرش العباسي في بغداد. واستمرت مصر خلال العصر العباسي تُحكم من خلال الولاة المعينين من قِبل الخلافة العباسية. للتفصيل، راجع: فهد بن حسين القرشي ورفقائه، نبذات الوصل لذرية أمير المؤمنين الخليفة أبي جعفر منصور المستنصر بالله العباسي، (القاهرة: دار ركابي للنشر، 2011م). راجع أيضًا: مقالة «أعلام فرع المستعصم بالله بمصر»، ص33-35، راجع كذلك: حامد زيان غانم، صفحة من تاريخ الخلافة العباسية في ظل دولة المماليك، (القاهرة: دار الثقافة للطباعة والنشر، 1978م)، ص21-22.

(2) كانت السمة البارزة لسلاطين دهلي اهتمامهم بتقوية العلاقات بالدول العربية والإسلامية، لا سيما الخلافة العباسية، على الرغم من أن ذلك كان في إطار الحصول على الشرعية الدينية والسياسية فحسب، إضافةً إلى السعي وراء تحسين السياسة الخارجية. ويُعَد السلطان إيلتتمش أول مَن أقام علاقات دبلوماسية مع الخليفة العباسي أبو جعفر المنصور المستنصر بالله بن الظاهر المُتوفَّى في 639هـ/ 1242م، وأقام الخطبة له في خطب الجمعة في دهلي. وعليه، أقرَّه الخليفة العباسي سلطانًا على الهند، وأرسل إليه سفارة وورقة التفويض بالحكم والخلعة، وذلك في 24 ربيع الأول 626هـ/ 19 فبراير 1229م. (منهاج سراج، طبقات ناصري، ص174؛ نظامي، مذهبي رجحانات، ص127). وبعد مرور مائة عام، تسلَّم السلطان محمد بن تغلق أيضًا ورقة التفويض بالحكم والخلعة التي أرسلها الخليفة العباسي الحاكم بأمر الله أبو العباس أحمد بن المستكفي بالله المُتوفَّى في 754هـ/ 1353م، في مصر بواسطة مبعوثه «حاجي سعيد صرصري» في عام 744هـ/ 1343م. وقد خصص صاحب سيرة فيروز شاهي صفحات عديدة لذكر أسماء الخلفاء العباسيين وعلاقة سلاطين دهلي بهم، وتناول مفصلًا كيفية وصول السفارة العباسية إلى دهلي في زمن السلطان محمد بن تغلق. راجع: سيرة فيروز شاهي، ص272-273-274-275. راجع أيضًا: نظامي، مذهبي رجحانات، ص376-380. وفي ذلك الإطار تلقَّى السلطان فيروز شاه مرتين تفويضًا (منشورًا) بالحكم من الخليفة العباسي في مصر: فقد جاء المنشور لأول مرة من جانب أبي الفتح أبي بكر المعتضد بالله

وهذه المواهب والعطايا التي ذكرتها هي غيض من فيض من الهبات والنِّعم التي يجب أن يُشكر عليها. فليقرأها مَن أراد الخير والسعادة، وليعلم أن هذه الطريقة التي سلكتها مستحسنة، وداعية إلى أن يُعْمَل بها، حتى يُنال الثواب عليها، وأُؤجر أنا بالدلالة على الخير، فالدَّال على الخير كفاعلِه[1].

نسخها ضياء الدين، في موضع جبل آبو، في 12 شوال 1299هـ (27 أغسطس 1882م).

وجرت مقابلة هذه النسخة الوجيزة بكراسته العزيزة المسماة بـ«فتوحات فيروز شاهي» في

الأول ابن المستكفي المُتوفَّى في 763هـ/ 1361م الذي لقَّب السلطان فيروز بـ«سيف الخلافة وقاسم أمير المؤمنين»، وذلك في عام 754هـ/ 1353م. وفي عام 764هـ/ 1362م اكتسب السلطان فيروز شاه ورقة الصفة الشرعية بالحكم من الخليفة المتوكل على الله الأول أبي عبد الله محمد بن أبي بكر المعتضد بالله المُتوفَّى في 808هـ/ 1405م الذي لقبه بـ«سيد السلاطين»، من أجل إضفاء الشرعية الدينية على ضعفه السياسي وتقوية حكمه بصفته الوالي للخليفة العباسي في شبه القارة الهندية كلها. للتفصيل عن السفارة الأولى والثانية والثالثة، إلخ، راجع: سيرة فيروز شاهي، ص275-276-277. راجع أيضًا: نظامي، مذهبي رجحانات، ص430. ويتبين من مقالات فيروز شاه أنه كان يعتقد اعتقادًا جازمًا بأن سلطته ستعتبر غير شرعية ما لم يذعن للخلافة العباسية، وينال التفويض والتأييد من الخليفة العباسي حتى ولو كان شكليًّا. ويتضح من ذلك ترسيخ مكانة الخلافة العباسية في نفوس السلاطين التغلقيين، وسعيهم لكسب ود الخلافة في القاهرة، فضلًا عن تقديرها لجهودهم بإرسال الهدايا والألقاب إليهم. كتب عفيف أن السلطان فيروز شاه لم يطلب ذلك، إنما أرسلها الخليفة عن طيب خاطر، وأرسل له ثلاث خلعات: إحداها للسلطان فيروز، وثانيتها للأمير فتح خان، وثالثتها لوزيره خان جهان. وأمر السلطان فيروز شاه بالاحتفال بتلك المناسبة وتوزيع الأموال والهدايا على الخاص والعام. تاريخ فيروز شاهي، ص166-167. في حين بالغ برني في أهمية وصول تلك الخلعة والشرعية السياسية، وكتب أنه أرسلها مرتين. ويبدو من كلامه أن السلطان فيروز شاه طلب الإعلان عن وصول السفارة والخلعة من الخليفة العباسي في مساجد دهلي، فقد زاد عدد المصلين في أيام الجمعة والعيدين بعد وصول الصفة الشرعية والخلعة من الخليفة وفقًا لبرني. تاريخ فيروزي شاهي، ص832-833. ووفقًا لبعض الباحثين، فإن السفارات المماثلة من مصر وصلت إلى دهلي في عهده فيما بين عامي 766-767هـ/ 1364-1365م، بيد أن سيرة فيروز شاهي تفيدنا بأن السفارات من جانب الخليفة العباسي تعاقبت كل عام بعد ذلك. راجع: ص276-277. راجع أيضًا:

Peter Jackson, op. cit., pp. 296, 298.

لتراجم أولئك الخلفاء العباسيين في مصر، راجع: جمال الدين أبي المحاسن يوسف بن تغري بردي الأتابكي، النجوم الزاهرة في ملوك مصر والقاهرة، (القاهرة: وزارة الثقافة والإرشاد القومي، 1383هـ/ 1963م)، جـ10، ص290-291؛ جـ11، ص14-15؛ (بيروت: دار الكتب العلمية، 1413هـ/ 1992م)، جـ13، ص111-112.

(1) جزء من الحديث الذي يفيد: أتى النبيَّ صلى الله عليه وسلم، رجلٌ يستحملُه فلمْ يجدْ عنده ما يتحملُهُ فدلَّه على آخرٍ فحملَهُ، فأتى النبي صلى الله عليه وسلم فأخبره، فقال: «إن الدَّال على الخير كفاعلِه». الراوي: أنس بن مالك. راجع: الألباني، صحيح الجامع الصغير وزيادته، الحديث رقم 1605، جـ1، ص332، خلاصة حكم المحدث: حسن صحيح.

جلسة واحدة، بقراءة الفقير الراجي محمد أنوار الحق الدهلوي، بسماعة مولانا ضياء الدين أحمد - عافاهما الله الصمد. في يوم اختتم كتابتها. والحمد لله على الإتمام، والصلاة والسلام على رسوله سيد الأنام، وعلى آله وأصحابه البررة الكرام، آمين.

ملاحق

الملحق الأول

قائمة ببعض المصطلحات والمفردات والجمل العربية الواردة في الرسالة

1. ابن عم رسول الله صلى الله عليه وسلم
2. ادعاء
3. ارتفاع
4. استرضاء
5. استعمال
6. استفادة
7. استفسار
8. استمالة
9. استمالة قلوب
10. اعتصار
11. اعتضاد
12. اعتقاد
13. الاحتساب
14. الأيام السابقة
15. البدعة
16. التحدث بالنعم شكر
17. الجزية
18. الخراج
19. الدَّال على الخير كفاعلِه
20. الدِّلالةُ
21. الزكاة
22. العَوْنُ
23. العشر
24. العود
25. القلادة
26. النَّدَّافُ
27. امتثال
28. إجازة
29. إجماع
30. إحياء
31. إخلاص/ إطاعة
32. إضلال/ ضلال
33. إعلاء كلمة
34. إغواء
35. إلحاد وإباحية/ ملحد
36. إلى يومنا هذا
37. إهمال
38. إيلام
39. أحرار وعبيد
40. أدوات
41. أذان وتكبير وجماعة
42. أراضٍ عشرية
43. أربابُ علوم وأصحاب معارف
44. أسرار
45. أصابع
46. أصحاب
47. أكرم الأكرمين وأرحم الراحمين
48. ألقاب

49. أمر الخلافة
50. أنواع
51. أهل الإسلام
52. أهل الذمة
53. أهل السنة والجماعة
54. أواني
55. أيادي
56. آلات وأدوات
57. بُعثت لرفع الرسوم والعادات
58. بِدْعات
59. بلاد
60. بيت المال
61. تخت وكرسي وخيمة
62. ترغيب
63. تشخيص مرض
64. تشديد
65. تشريف
66. تشهير
67. تعجيل
68. تعذيب
69. تعذيب/ قتل/ ضرب
70. تعزير
71. تعليم/ تدريس
72. تمثال
73. تهديد
74. تواضع
75. توفيق
76. توفيق رباني وتيسير سبحاني
77. ثبوت
78. جِبِلَّة
79. جرأة
80. جمهور
81. جميع مخلوقات
82. حَوْس/ حَوْساءُ
83. حادثة
84. حبس
85. حفر
86. حفر أنهار وغرس أشجار ووقف أراضٍ
87. حقوق
88. حوض
89. خاص وعام
90. خاص/ عام
91. خبيث
92. خطبة/ خطب الجمعة
93. خلاف شرع
94. خلال
95. خمس الغنائم
96. خوط
97. دُولاب
98. دار الإسلام
99. دار الأمان
100. دار الخلافة
101. دار الشفاء
102. دار/ بيت
103. دفع
104. دواء
105. رجاء
106. رسوم/ رسوم باطلة
107. رفق
108. رفيق
109. روافض
110. زَجْر
111. زراعة
112. سُتُور

113. سب صريح وشتم قبيح
114. سعادة
115. سعي جميل
116. سلاح
117. سلاطين
118. سنن
119. سهام
120. سياسة
121. سيد السلاطين
122. شغل/ أشغال
123. شفاء
124. صحن
125. صندوق
126. طَيلَسان
127. طاب مثواه
128. طاس
129. طائفة
130. طعام وشراب
131. عِلْمٌ لَدُنِّيٌّ
132. عادات
133. عامل
134. عباد
135. عبيد
136. عزم
137. عشور
138. عطايا ربانية
139. علاج/ معالجة
140. علم الحروف
141. علم/ خاتم/ سيف
142. عمارة/ تعمير
143. عهود ماضية
144. غواية
145. فتاوى علماء دين
146. فتنة وفساد
147. فرائض
148. فضل وكرم
149. فضل/ عناية
150. فضيلة
151. فقراء ومساكين
152. قِطمير
153. قاضي/ قضاة
154. قدح/ كوزة/ طشت
155. قرن
156. قزع
157. قصبة
158. قضية
159. قليل وكثير ونقير وقطمير
160. قنديل
161. كفار
162. كلمة توحيد
163. مَثُلَة
164. مَثاب/ مُثاب
165. مَرْكَب
166. مَصُون
167. مَوضِع
168. مُباهاة ومُفاخَرة
169. مُجَمَّر
170. مُحذِّر
171. مُحوَّط
172. مُرُور
173. مُرتَفع
174. مُساهِم
175. مُستَمِر
176. مُصادَرة

177. مُطرَّز
178. مُعْطى
179. مُعتاد
180. مُغرَق
181. مباح
182. مبان
183. مبايَعَة
184. متابعة
185. متخاسر/ خاسر
186. متفق ومجمع عليه
187. مجد
188. مجموع
189. محرَّمات
190. محروس
191. مذهب
192. مرتب
193. مرصع
194. مريض
195. مساجد/ مدارس/ خوانق
196. مساجد/ منابر
197. مستحقين
198. مسكين
199. مشايخ/ زهاد
200. مضجع/ مرقد
201. مطلق
202. معابد/ أصنام
203. معاش
204. معتفي
205. معمور
206. مغفور ومرحوم
207. مقبرة
208. مقيم ومسافر
209. منارة
210. مناشير/ منشور
211. منع
212. منقطع
213. منكرات
214. موفق
215. مؤمن/ مسلم
216. نفير
217. نهمة
218. نوَّر الله مرقده
219. نيابة
220. هداية ربانية وعناية سبحانية
221. واجبات
222. والحمد على الإسلام
223. واهِب
224. واهب الملك جل جلاله
225. وضيع وشريف
226. ولد الزنى
227. يَمُنَ
228. يا فَتَّاح

الملحق الثاني
بعض أوراق رسالة «فتوحات فيروز شاهي»
من نسخة جامعة عليگره الإسلامية

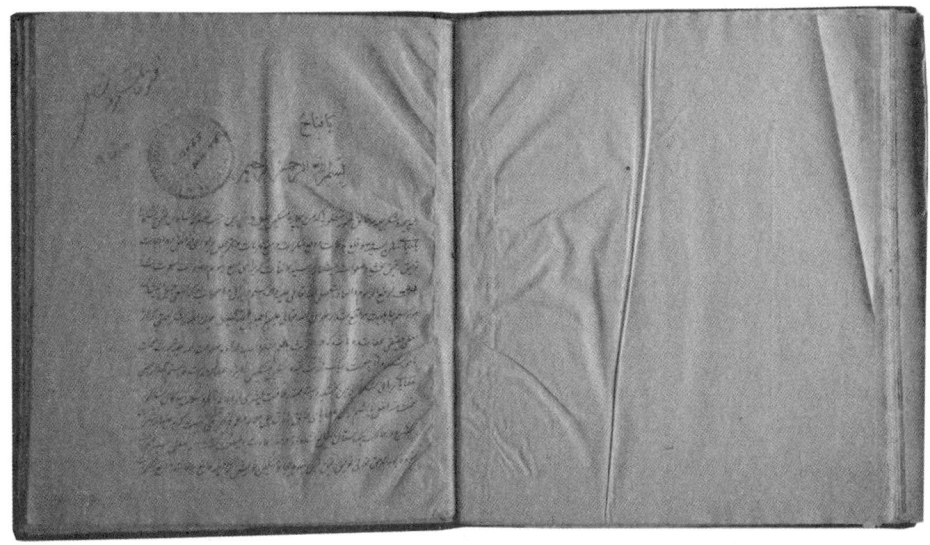

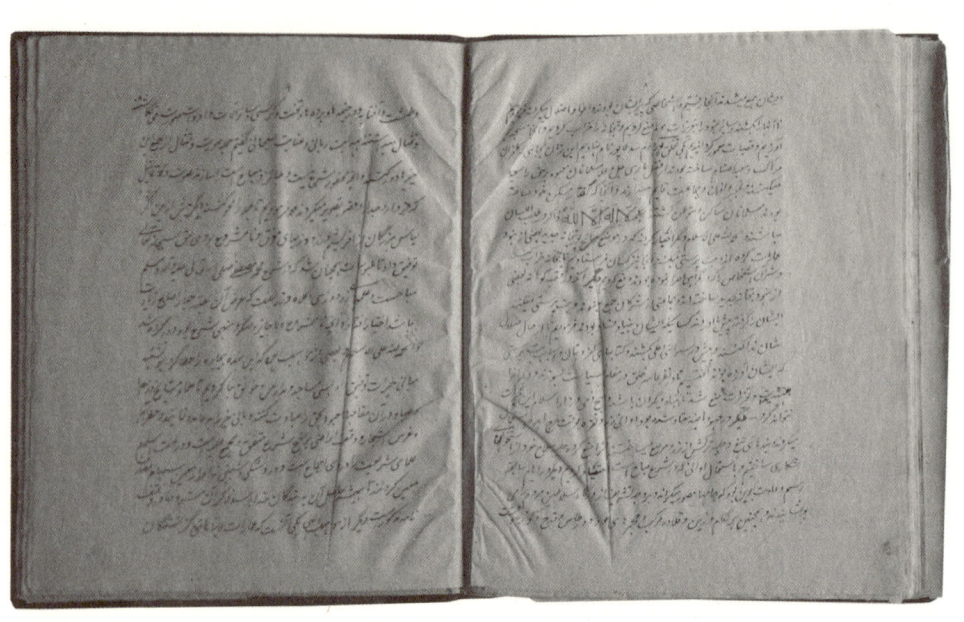

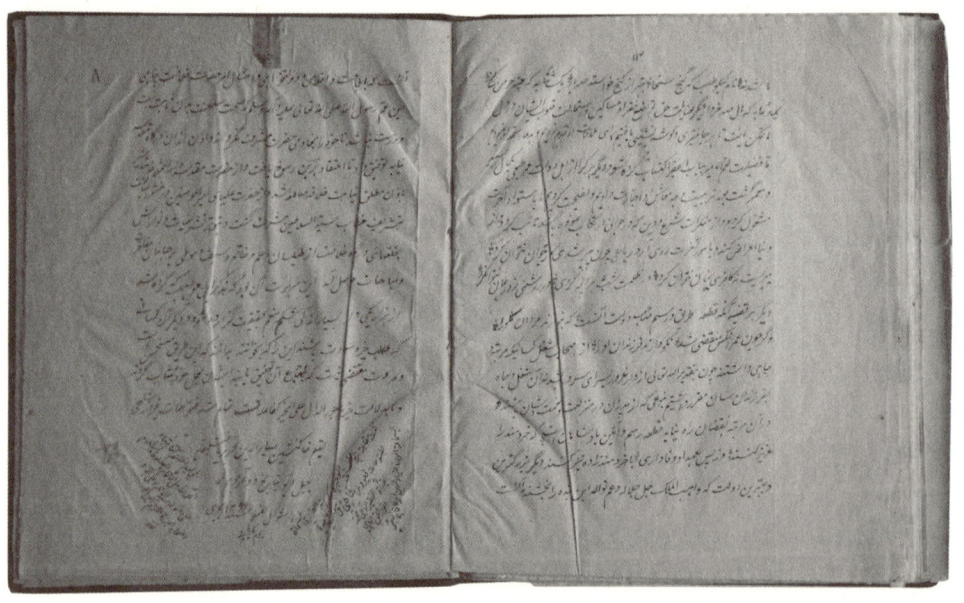

الملحق الثالث
لوحة شخصية للسلطان فيروز شاه تغلق

الملحق الرابع
خريطة منظورية[1] لـ«مدرسة فيروز شاهيه»

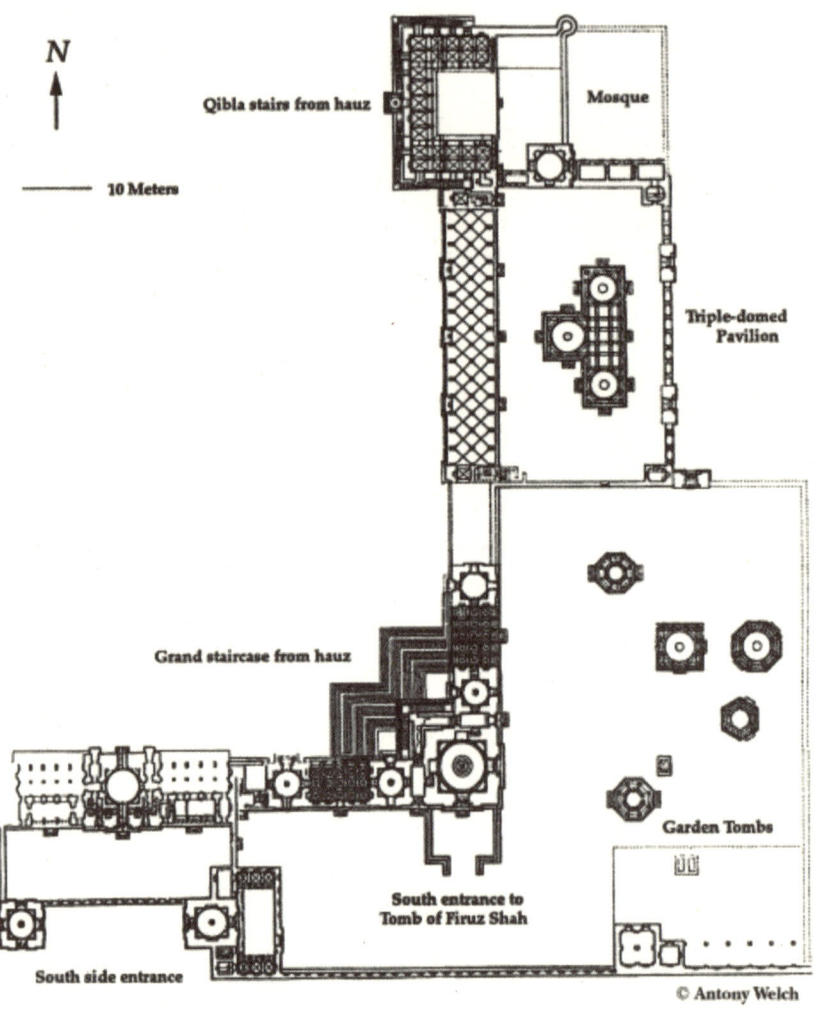

---

(1) اقتبست هذه الخريطة المنظورية من مقال إنجليزي بعنوان:
Anthony Welch, "*A Medieval Center of Learning in India: The Hauz Khas Madrasa in Delhi*", Muqarnas, Vol. 13 (1996), pp. 165-190.

الملحق الخامس

بعض الصور لآثار «مدينة فيروز شاه كوتله»

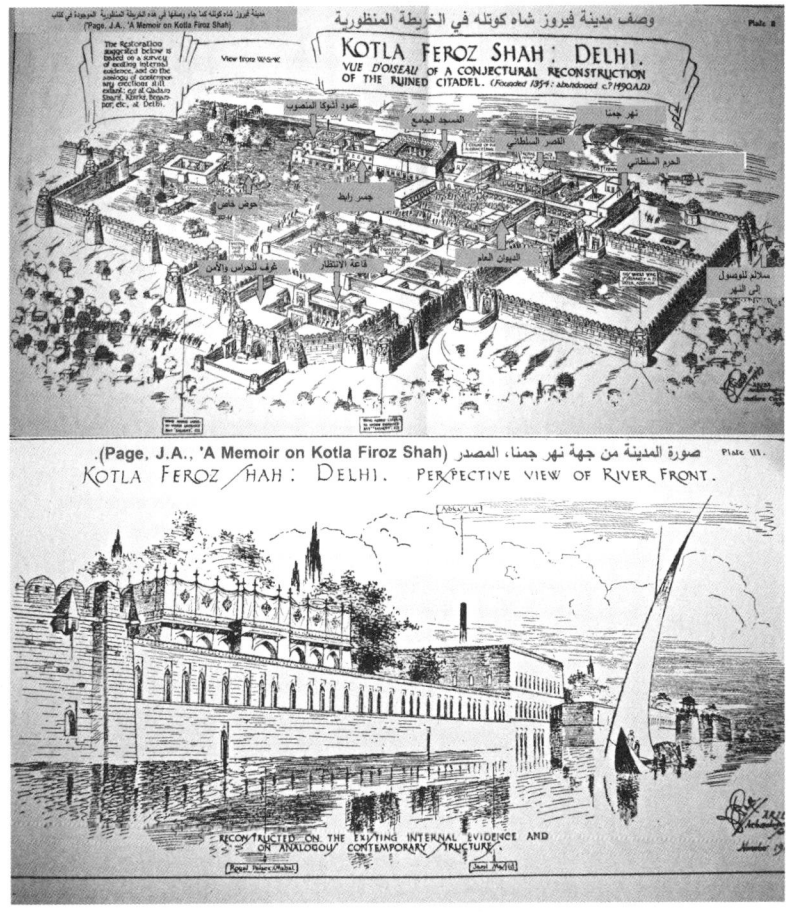

خريطة تقريبية أو منظورية لمدينة فيروز شاه كوتله. ويتضح من بيان الكتاب أن المأمورين بالدراسة الميدانية لتلك المدينة الأثرية، اقترحوا على الحكومة الهندية أعمال الترميم بموجب الدراسة الميدانية للمنطقة ومسحها، التي أجروها مع تبيان الأدلة الناتجة عن التحقيق في المنشآت الأثرية المتبقية والبحث فيها ودراستها[1]

(1) Page, J. A. & Muhạmmad Hamid Kụraishi; "A Memoir on Kotla Firoz Shah, Delhi", in Memoirs of the Archaeological Survey of India, no. 52, (Delhi: Manager of publications, 1937), pp. 52-53.

(© British Library Board)

الباب الغربي لبقايا مدينة فيروز آباد، بريشة الرسام البريطاني «وليم أورم» (William, Orme)، المُتوفَّى في عام 1234هـ/ 1819م. ويرجع تاريخ رسمه إلى عام 1216هـ/ 1802م. والنسخة الأصلية محفوظة في المكتبة البريطانية تحت رقم (11)2/ X768، رقم اللوحة (20011)

(© British Library Board)

آثار بعض المنشآت التي كانت تقع في مدينة فيروز آباد، بريشة الرسام البريطاني «دانيال تومس» (Daniell, Thomas)، المُتوفَّى في عام 1255هـ/ 1840م. ويرجع تاريخها إلى عام 1209هـ/ 1795م. والنسخة الأصلية محفوظة في المكتبة البريطانية تحت رقم (P917)، رقم اللوحة (7)

المصادر والمراجع

المخطوطات الفارسية والعربية

1. إندرپتي، فريد الدين عالم بن العلا الأنصاري، الفتاوى التتارخانية، نسخة رامپور رقم 361؛ خدا بخش رقم 1715–1719؛ المكتبة الآصفية، المجلد الثاني، 1052.
2. تغلق، فيروز شاه، فتوحات فيروز شاهي، مخطوط فارسي تحت رقم (OR.2039)، المتحف البريطاني، لندن.
3. تغلق، فيروز شاه، فتوحات فيروز شاهي، مخطوط فارسي، مجموعة جامعة عليگره الإسلامية، رقم المخطوط (أخبار 2/ 79/ 4).
4. العطائي، شرف محمد، فوائد فيروز شاهي، مخطوط فارسي، مكتبة آزاد جامعة عليگره، مجموعة سبحان الله (297. 3/ 27).
5. الغزنوي، الحاج عبد الحميد المحرر، دستور الألباب في علم الحساب، مخطوط فارسي، مكتبة رضا تحت رقم (1221 فارسي).
6. يعقوب مظفر كراهي، فتاوى فيروز شاهي (ناقص الطرفين)، مجموعة جامعة عليگره الإسلامية، ملحق ف–فقه، رقم (5).
7. يعقوب مظفر كراهي، فتاوى فيروز شاهي، مجموعة جامعة عليگره الإسلامية، فارسي مذهب وتصوف، رقم (260).
8. مجهول، سيرة فيروز شاهي، مخطوط فارسي، مكتبة خدا بخش الشرقية العامة، پتنه، تحت رقم (Hand List No.99, Cat No. 547)؛ نسخة مصوَّرة من مخطوط مكتبة خدا بخش تحت مجموعة جامعة عليگره الإسلامية، رقم المخطوط 111.
9. الملتاني، ركن الدين، طرفة الفقهاء، مخطوط فارسي محفوظ في مكتبة العلامة شبلي النعماني بندوة العلماء لكهنؤ، رقم المخطوط 98.

المصادر والمراجع العربية

1. ابن الخطيب، محمد محمد عبد اللطيف، الفرقان، (بيروت: دار الكتب العلمية، بدون تاريخ).

2. ابن باز، عبد العزيز بن عبد الله، مجموع فتاوى ومقالات متنوعة، جمع وإشراف: محمد بن سعد الشويعر، (الرياض: دار القاسم للنشر، 1420هـ).

3. ابن بطوطة، محمد بن عبد الله بن محمد بن إبراهيم أبو عبد الله، تحفة النظار في غرائب الأمصار، تحقيق: محمد عبد المنعم العريان، (بيروت: دار إحياء العلوم، 1407هـ/ 1987م).

4. ابن تغري بردي، جمال الدين أبو المحاسن يوسف الأتابكي، النجوم الزاهرة في ملوك مصر والقاهرة، (القاهرة: وزارة الثقافة والإرشاد القومي، 1383هـ/ 1963م)؛ (بيروت: دار الكتب العلمية، 1413هـ/ 1992م).

5. ابن حنبل، أحمد بن محمد، مسند الإمام أحمد بن حنبل، تحقيق: شعيب الأرناؤوط ورفقائه، (بيروت: مؤسسة الرسالة، 1417هـ/ 1997م).

6. أبو يوسف، يعقوب بن إبراهيم، كتاب الخراج، (القاهرة: المكتبة السلفية، 1952م).

7. الألباني، محمد ناصر الدين، صحيح الجامع الصغير وزيادته، (بيروت: المكتب الإسلامي، 1408هـ/ 1988م).

8. الألباني، محمد ناصر الدين، غاية المرام في تخريج أحاديث الحلال والحرام، (بيروت: المكتب الإسلامي، 1400هـ/ 1980م).

9. أمين، أحمد، المهدي والمهدوية، (بيروت: دار الكتب العلمية، 2009م).

10. إندرپتي، فريد الدين عالم بن العلا الأنصاري، الفتاوى التتارخانية، تحقيق: قاضي سجاد حسين، (حيدر آباد: دائرة المعارف العثمانية، 1984م)، وشبير أحمد القاسمي، (ديوبند: مكتبة زكريا، 1487هـ).

11. بوزورث، كليوفورد ا.، الأسرات الحاكمة في التاريخ الإسلامي: دراسة في التاريخ والأنساب، ترجمة عربية: سليمان إبراهيم العسكري، (القاهرة: عين للدراسات والبحوث الإنسانية والاجتماعية، 1995م).

12. البيروني، أبو الريحان محمد بن أحمد، تحقيق ما للهند من مقولة مقبولة في العقل أو مرذولة، تقديم: محمود علي مكي، (القاهرة: الذخائر التابعة للهيئة العامة لقصور الثقافة، 2003م).

13. الجرجاني، علي بن محمد الشريف، معجم التعريفات، تحقيق: محمد صديق المنشاوي، (القاهرة: دار الفضيلة للنشر والتوزيع، بدون تاريخ).

14. الجيلاني، عبد القادر، تفسير الجيلاني، تحقيق: أحمد فريد المزيدي، (بيروت: دار الكتب العلمية، 2014م).

15. حاجي خليفة، مصطفى بن عبد الله، كشف الظنون عن أسامي الكتب والفنون، (بيروت: دار إحياء التراث العربي، بدون تاريخ).

16. الحسني، عبد الحي فخر الدين، الهند في العهد الإسلامي، (راي بريلي: دار عرفات، 1422هـ/ 2001م).

17. الحسني، عبد الحي فخر الدين، نزهة الخواطر وبهجة المسامع والنواظر أو الإعلام بمَن في تاريخ الهند من الأعلام، (بيروت: دار ابن حزم، 1420هـ/ 1999م).

18. الحسني، عبد الحي فخر الدين، الهند في العهد الإسلامي، (حيدر آباد: دائرة المعارف العثمانية، 1392هـ/ 1973م).

19. الرُّعيني، شمس الدين أبو عبد الله محمد بن محمد بن عبد الرحمن الطرابلسي المغربي، مواهب الجليل في شرح مختصر خليل، (بيروت: دار الفكر، 1398هـ).

20. الريس، محمد ضياء الدين، الخراج والنظم المالية للدولة الإسلامية، (القاهرة: دار المعارف، 1969م).

21. الزركلي، خير الدين، الأعلام، (بيروت: دار العلم للملايين، 1417هـ/ 1997م).

22. سامي، ش، قاموس الأعلام، (إسطنبول: مهران مطبعي، 1308هـ/ 1891م).

23. الشرباصي، أحمد، المعجم الاقتصادي الإسلامي، (بيروت: دار الجيل، 1401هـ/ 1981م).

24. الشعراني، أبو المواهب عبد الوهاب بن أحمد بن علي الأنصاري، البدر المنير في غريب أحاديث البشير النذير، تحقيق وتخريج: محمود عمر الدمياطي، (بيروت: دار الكتب العلمية، 1420هـ/ 1999م).

25. الشوكاني، محمد بن علي بن محمد، فتح القدير: الجامع بين فني الرواية والدراية، ضبط وتصحيح: أحمد عبد السلام، (القاهرة: الشركة المصرية المحدودة للطباعة والنشر والتوزيع، بدون تاريخ).

26. الطويل، توفيق، التصوف في مصر إبان العصر العثماني، (القاهرة: الهيئة المصرية العامة، 1988م).

27. عبد الرحمن بن علي بن محمد، تمييز الطيب من الخبيث فيما يدور على ألسنة الناس من الحديث، (بيروت: دار الكتب العلمية، 1988م).

28. غانم، حامد زيان، صفحة من تاريخ الخلافة العباسية في ظل دولة المماليك، (القاهرة: دار الثقافة للطباعة والنشر، 1978م).

29. الغزالي، أبو حامد محمد، فضائل الأنام من رسائل حجة الإسلام، ترجمة وتحقيق: نور الدين آل علي، (تونس: الدار التونسية للنشر، 1972م).

30. القرشي، فهد بن حسين ورفقاؤه، نبذات الوصل لذرية أمير المؤمنين الخليفة أبي جعفر منصور المستنصر بالله العباسي، (القاهرة: دار ركابي للنشر، 2011م).

31. القرضاوي، يوسف عبد الله، الحلال والحرام في الإسلام، (القاهرة: مكتبة وهبة، 1418هـ/ 1997م).

32. القنوجي، صديق بن حسن، أبجد العلوم، تحقيق: عبد الجبار الزكار، (بيروت: دار الكتب العلمية، 1978م).

33. الكتاني، محمد عبد الحي بن عبد الكبير الحسني، السر الحقي الامتناني الواصل إلى ذاكر الراتب الكتاني، (بيروت: دار الكتب العلمية، 2008م).

34. الماوردي، أبو الحسن علي بن محمد بن محمد بن حبيب البصري البغدادي، الأحكام السلطانية، (القاهرة: مطبعة الوطن، 1289هـ).

35. المباركفوري، محمد عبد الرحمن، تحفة الأحوذي بشرح جامع الترمذي، (بيروت: دار الكتب العلمية، بدون تاريخ).

36. المدني، مالك بن أنس بن مالك بن أبي عامر الأصبحي الحميري، موطأ مالك، تحقيق: محمد فؤاد عبد الباقي، (القاهرة: مصطفى البابي الحلبي، 1406هـ/ 1985م).

37. الناصري، محمد بن عبد السلام بن عبد الله، المزايا فيما أحدث من البدع بأم الزوايا، دراسة وتحقيق: عبد المجيد خيالي، (بيروت: دار الكتب العلمية، 1424هـ/ 2003م).
38. الندوي، أبو الحسن، رجال الفكر والدعوة، (بيروت: دار ابن كثير، 1428هـ/ 2007م).
39. الندوي، صاحب عالم الأعظمي ورفقاؤه، العلم والثقافة في الهند زمن السلطان فيروز شاه تغلق، (القاهرة: المكتب العربي للمعارف، 2020م).
40. الندوي، معين الدين، معجم الأمكنة التي لها ذكر في نزهة الخواطر، (حيدر آباد: مطبعة دائرة المعارف العثمانية، 1353هـ).
41. الهروي، نظام الدين أحمد بخشي، طبقات أكبري، ترجمة عربية: أحمد عبد القادر الشاذلي، (القاهرة: الهيئة المصرية العامة للكتاب، 1995م).

المصادر والمراجع الفارسية والأردية

1. أحمد، السيد ضمير الدين، مخدوم شرف الدين أحمد يحيى منيري: أحوال وأفكار، (پتنه: مكتبة خدا بخش الشرقية، 1901م).
2. إصلاحي، ظفر الإسلام، إسلامي قوانين كي ترويج وتنفيذ عهد فيروز شاهي كي هندوستان مين، (عليگره: إدارة علوم إسلامية، 1998م).
3. أمير خسرو، أبي الحسن يمين الدين، خزائن الفتوح، تحقيق: ناهيد مرزا، (كلكتا: الجمعية الآسيوية، 1953م)، ترجمة إنجليزية: محمد حبيب، (مدراس: المطبعة الأبرشية، 1931م).
4. أمير خسرو، أبي الحسن يمين الدين، مثنوي تغلق نامه، تهذيب وتحشية: السيد هاشمي فريد آبادي، (أورنگ آباد: المطبعة الأردية، 1352هـ/ 1933م).
5. أمير خورد، سيد محمد مبارك كرماني، سير الأولياء، (دهلي: مطبعة محب، 1302هـ).
6. بخاري، السيد جلال الدين مخدوم جهانيان، سراج الهداية، تحقيق: القاضي سجاد حسين (دهلي: بدون تاريخ).
7. البدايوني، عبد القادر، منتخب التواريخ، تحقيق: كبير الدين أحمد علي، (كلكتا: الجمعية الآسيوية، 1868م).

8. برني، ضياء الدين، تاريخ فيروز شاهي، تحقيق: سيد أحمد خان، (كلكتا: الجمعية الآسيوية، 1860-1862م)؛ ترجمة أردية: سيد معين الحق، (لاهور: أردو سائنس بورد، 2004م).

9. برني، ضياء الدين، فتاوى جهانداري، تحقيق: أفسر سليم خان، (لاهور: 1972م)، ترجمة إنجليزية: محمد حبيب وأفسر سليم خان، (دهلي: 1972م).

10. بهنداري، سجان راي، خلاصة التواريخ، تحقيق: ظفر حسن، (دهلي: مطبعة جي وأولاده، 1918م).

11. تغلق، فيروز شاه، فتوحات فيروز شاهي، ترجمة وتحقيق وتعليق: عزرا علوي، (دهلي: إدارة أدبيات دلي، 1996م).

12. تغلق، فيروز شاه، فتوحات فيروز شاهي، تصحيح: السيد مير حسن، (دهلي: مطبعة رضوى، 1302هـ/ 1885م).

13. تغلق، فيروز شاه، فتوحات فيروز شاهي، تصحيح: شيخ عبد الرشيد، (كلية التاريخ: جامعة عليگره الإسلامية، 1954م).

14. الجوزجاني، أبو عمر منهاج الدين عثمان، طبقات ناصري، (كلكتا: الجمعية الآسيوية، 1862م).

15. حميد قلندر، خير المجالس، تحقيق: خليق أحمد نظامي، (جامعة عليگره الإسلامية: 1959م).

16. خورشيد، سيد محمد أسد علي، إنشاي ماهرو كا تنقيدي مطالعة، رسالة ماجستير غير منشورة قُدِّمت في قسم اللغة الفارسية، (جامعة عليگره: 1995م).

17. الدهلوي، عبد الحق بن سيف الدين المحدث، أخبار الأخيار، (دهلي: مطبعة مجتبائي، 1332هـ).

18. سرهندي، يحيى بن أحمد، تاريخ مبارك شاهي، (كلكتا: الجمعية الآسيوية، 1931م).

19. شيخ إكرام، آب كوثر، (دهلي: شركة تاج، 1987م).

20. عارف نوشاهي، فهرست نسخه هاي خطي فارسي پاكستان، (طهران: نشاني ناشر، 1396هـ).

142

21. عبد الله داؤدي، تاريخ داؤدي، تصحيح عبد الرشيد، (عليگره: بدون تاريخ).

22. عفيف، شمس سراج، تاريخ فيروز شاهي، تحقيق: مولوي ولايت حسن، (كلكتا: الجمعية الآسيوية، 1890-1891م)؛ ترجمة أردية: محمد فدا علي طالب، (لاهور: دار سنگ ميل، 2009م).

23. فرشته، محمد قاسم هندو شاه، گلشن إبراهيمي أو تاريخ فرشته، ترجمة إنجليزية: جوناثان سكوت، (كلكتا: 1908-1910م).

24. فيروز شاه، فتوحات فيروز شاهي، تصحيح وترتيب: شيخ عبد الرشيد، (عليگره: قسم التاريخ بجامعة عليگره الإسلامية، 1954م).

25. گيلاني، مناظر أحسن، مُسلمانون كا نظام تعليم وتربيت، (دهلي: ندوة المصنفين، 1944م).

26. لاله، سري رام، خمخانه جاويد، (لكهنؤ: مطبعة منشي نولكشور، 1917م).

27. ماهرو، عين الملك عبد الله، إنشاي ماهرو، تصحيح وتحقيق: الشيخ عبد الرشيد، (لاهور: إدارة تحقيقات بجامعة پنجاب، 1965م).

28. مبارك شاه، محمد بن منصور بن سعيد الشهير بـ«فخر مدبر»، آداب الحرب والشجاعة، بتصحيح واهتمام: أحمد سهيلي خوانساري، (طهران: مكتبة إقبال، 1346هـ).

29. مجهول، سيرة فيروز شاهي، نسخة مصوَّرة ومطبوعة، (پتنه: مكتبة خدا بخش الشرقية، 1999م).

30. مولانا جمالي، سير العارفين، (دهلي: مطبعة رضوى، 1311هـ).

31. الناگوري، أبو الفضل علامي، آيين أكبري، تحقيق وتصحيح: ايچ بلخمن، (كلكتا: الجمعية الآسيوية، 1872م).

32. نظامي، خليق أحمد، جامع تاريخ هند، (دهلي: ترقي أردو بيورو، 1984م).

33. نظامي، خليق أحمد، سلاطين دهلي كي مذهبي رجحانات، (دهلي: ندوة المصنفين، 1981م).

34. النهاوندي، عبد الباقي، مآثر رحيمي، تحقيق: هدايت حسين، (كلكتا: الجمعية الآسيوية، 1924م).

المصادر والمراجع الأوروبية

1. Abdul Hamid Muharrir Ghaznavi, Dastur ul-Adab fi ilm ul-Hisab, English translation, Shaikh Abdul Rashid, Medieval India Quarterly, vol. 1, nos. 3 & 4, 1950.

2. Agha Mahdi Husain, The Rise and Fall of Muhammad bin Tughluq, (London: Luzac & Co., 1938).

3. Ahmend, Manazir, Sultan Firoz Shah Tughlaq, 13511388- A.D., (Allahabad: Chugh Publications, 1978).

4. Ali Javid; Tabassum Javeed, World Heritage Monuments and Related Edifices in India, (New York: Algora Publishing, 2008).

5. Banerjee, Anil Chandra, A New History Of Medieval India, (Delhi: S. Chand & Company, 1983).

6. Charles Rieu, Catalogue of the Persian Manuscripts in the British Museum, (London: 1883).

7. Col. Henry Yule and A. C. Burnell, Hobson-Jobson: a glossary of colloquial Anglo-Indian words and phrases, and of kindred terms, etymological, historical, geographical and discursive, (London: J. Murray, 1903).

8. Elliot, H.M., The History of India, as told by its own historian, ed. John Dowson, (London: Trubner and Co., 1871).

9. Encyclopaedia of Islam, (Leiden: E.J. Brill, 1913).

10. Encyclopedia of Islam, (Leiden: E. J. Brill, 1913, 1935, 1946).

11. Flood, Gavin D., An Introduction to Hinduism, (Cambridge University Press, 1996).

12. Fuad Baali and Ali Wardi, Ibn Khaldun and Islamic Thought-Styles: A Social Perspective, (Boston: G.K. Hall, 1981).

13. Gavin Flood, An Introduction to Hinduism, (Cambridge: Cambridge University Press, 1996).

14. H.W. Bellew, The Races of Afghanistan, (Calcutta: Thacker, Spink & Co., 1880).

15. Henry Walter Bellew, The races of Afghanistan: being a brief account of the principal nations inhabiting that country, (Calcutta: Thacker, Spink & Co., 1880).

16. Husain, Agha Mahdi, Tughlaq Dynasty, (Delhi: S. chand & co., 1976).
17. Iqtidar Alam Khan, Historical Dictionary of Medieval India, (London: The Scarecrow Press, Inc., 2008).
18. Ishtiaq Husain Qureshi, The Administration of the Mughal Empire, (Delhi: Low Price Publication, 1973).
19. Ishwara Topa, Politics in pre-Mughal times, (Delhi: Idarah-i Adabiyat-i Delli 1976).
20. Islahi, Zafarul Islam, Fatawa-Literature of the Sultanate period, (Delhi: Kanishka Publishers, 2005).
21. Jackson, Peter, The Delhi Sultanate: A Political and Military History, (London: Cambridge University Press, 1999).
22. Jadunath Sarkar, History of Aurangzeb, (Calcutta: M. C. Sarkar & Sons, 1912).
23. James Macnabb Campbell (ed.), History of Gujarát: Gazetteer of the Bombay Presidency, Volume I. Part II, Musalmán Gujarát (A.D. 12971760-.), (Bombay: The Government Central Press, 1896).
24. Jones, Constance, Encyclopedia of Hinduism, (New York: Infobase Publishing, 2007).
25. Khaliq Ahmad Nizami, On History and Historians of Medieval India, (Delhi: Munshiram Manoharlal publisher pvt. Ltd., 1983).
26. Khaliq Ahmad Nizami, Some Aspects of Religion and politics in India, (New Delhi: Oxford University Press, 2001).
27. Khaliq Ahmad Nizami, State and Culture in Medieval India, (Delhi: Adam Publishers & Distributors, 1985).
28. Kishori Saran Lal, History of the Khaljis (1290-1320), (Allahabad: The Indian Press, 1950).
29. Kulke, Hermann; Rothermund, Dietmar, A History of India, (London: Routledge, 1998).
30. Lane-Poole, Stanley, "Dowson, John", Dictionary of National Biography, (London: Smith, Elder & Co. 18851900-).
31. Lucy Peck, Delhi - A thousand years of Building: Hauz Shamsi, (New Delhi: Roli Books, 2005).
32. Meyer, William Stevenson etc., The Imperial Gazetteer of India, (Oxford: Clarendon Press, 1908-1931).

33. Mohammad Habib & Khaliq Ahmad Nizami, A Comprehensive History of India: The Delhi Sultanat (A.D. 1206-1526), (Delhi: People's Publishing House, 1970).
34. Moreland, W.H., Chatterjee, Atul Chandra, A Short History of India, (London: Longmans Green and Co., Ltd., 1944).
35. Narendra Nath Law, Promotion of Learning in India during Muhammadan Rule, (Delhi: Idarai Adabiyati Dehli, 1973).
36. Nayak, Chhotubhai Ranchhodji, History of Islamic Sultanate in Gujarat (in Gujarati), (Ahmedabad: Gujarat University, 1982).
37. Page, J. A. & Muḥammad Hamīd Ḳuraishī, Memoirs of the Archaeological Survey of India, no. 52, (Delhi: Manager of publications, 1937).
38. Patrick Olivelle, The Early Upanisads, (Oxford: Oxford University Press, 2014).
39. Patton E Burchett, A Genealogy of Devotion: Bhakti, Tantra, Yoga, and Sufism in North India, (New York: NY Columbia University Press 2019).
40. Peter Jackson, The Delhi Sultanate: A Political and Military History, (Cambridge University Press, 2003).
41. Powell Prince J.C., A History of India, (London: Thomas Nelson and sons Ltd., 1955).
42. Prasad, Ishwari, A history of the Qaraunah Turks in India (based on original sources), (Delhi: 1936).
43. Prasad, Ishwari, History of Medieval India, (Allahabad: The Indian Press, 1966).
44. Qureshi, Ishtiaq Husain, The Administration of the Sultanate of Delhi, (Delhi: Oriental Books Reprint Corporation, 1971).
45. R.C. Jauhri, Firuz Tughlaq (1351-1388 A.D.), (Agra: Shiva Lal Agarwala, 1968).
46. Ron Barrett, Aghor Medicine, (California: University of California Press, 2008).
47. S. H. Hodiwala, Studies in Indo-Muslim History, (Bombay 1939).
48. Sarkar, Jadunath, A History of Jaipur, (Bombay: Orient Blackswan, 1984).
49. Sen, Sailendra, A Textbook of Medieval Indian History, (Delhi: Primus Books, 2013).

50. Sen, Samarendra Nath, Shukla, Kripa Shankar, History of astronomy in India, (Delhi: Indian National Science Academy 2000).
51. Thapar, Romilla, Medieval India, (Delhi: NCERT, 1988).
52. The Futuhat-i-Firuz Shahi, Edited with introduction, English Translation and Notes by Azra Alavi, (Delhi: Idarah-I Adabiyat-I Delli, 2009).
53. Thomas Duer Broughton, Letters from a Mahratta Camp during the year 1809, (Calcutta: K.P. Bagchi & Company, 1977).
54. Wendy Doniger, Textual Sources for the Study of Hinduism, (Chicago: University of Chicago Press, 1990).
55. Wilson, H.H., A Glossary of Judicial and Revenue Terms..., (London: H. Allen & co, 1855).
56. Y. D. Sharma, Delhi and its Neighbourhood: Hauzi-i-Shamsi, (New Delhi, Archaeological Survey of India, 2001).

المجلات والدوريات

1. الندوي، رياست علي، سلطان شهاب الدين كي قاتل، مقتل، مرقد اور چند دوسري استفسارات، مجلة معارف الأردية، مج51، جمادى الأولى 1362هـ/ يونيو 1943م.

2. الندوي، صاحب عالم الأعظمي، مفهوم العلاقات بين المسلمين والهندوس في ضوء الكتب الفقهية في عصر سلطنة دهلي، مجلة التفاهم الصادرة عن وزارة الأوقاف والشؤون الدينية، سلطنة عمان، العدد الحادي والخمسون، شتاء 1437هـ/ 2016م.

3. الندوي، صاحب عالم الأعظمي، علاقة الصوفية الچشتية والسهروردية مع سلاطين دهلي، بحث منشور في مجلة ثقافة الهند، مج64، عدد 2، عام 2013م، ص 101-166.

4. چغتائي، عبد الله، سلطان شهاب الدين غوري كا مرقد، مجلة معارف الأردية، مج52، شعبان المعظم 1362هـ/ سبتمبر 1943م.

5. مطهر الدين أو مظهر الدين، «ديوان مطهر كره»، تحقيق: محمد شفيع ورفقائه، مجلة الكلية الشرقية، عدد 11، مايو وأغسطس (1935م).

6. Adhya B. Saxena, "*Urban Growth in South Gujarat: A case study of Bharuch from fourteenth to mid-eighteenth century,*" Proceedings of the Indian History Congress, Vol. 62 (2001).

7. Anthony Welch, "*A Medieval Center of Learning in India: The Hauz Khas Madrasa in Delhi*", Muqarnas, Vol. 13 (1996).

8. Anthony Welch, "*Hydraulic Architecture in Medieval India: the Tughluqs*", Environmental Design: Journal of the Islamic Environmental Design Research Centre, no. 2, (1985).

9. Arshia Shafqat, "*Pre-Annexation Sultante: Adminstration under Gujarat Sultans,*" Proceedings of the Indian History Congress, Vol. 69 (2008).

10. Christian Lee Novetzke, "*Bhakti and Its Public,*" International Journal of Hindu Studies, Vol. 11, No. 3 (December 2007).

11. Ebba Koch, "*The Copies of the Quṭb Mīnār*", Iran, Vol. 29 (1991).

12. Iqtidar Husain Siddiqui, "*Water Works and Irrigation System in India during Pre-Mughal Times*", Journal of the Economic and Social History of the Orient, Vol. 29, No. 1 (Feb. 1986).

13. James Prinsep, "*Interpretation of the Most Ancient of the Inscriptions on the Pillar Called the Lat of Feroz Shah, near Delhi,*" Journal of the Asiatic Society of Bengal 6 (1837).

14. Kalipada Mitra and Kalpada Mitra, "*Mr. Shaikh Abdul Rashid's paper on Insha-i-Mahru or Tarassul-i-Aynu'l-Mulk of Aynul-Mulk Mahru of Multan has been published in the Islamic Culture July, 1942*", Proceedings of the Indian History Congress, Vol. 5 (1941).

15. Khaliq Ahmad Nizami, "*The Futuhat-i-Firuz Shahi as a medieval inscription*", Proceedings of the Seminar on Medieval Inscriptions (6-8th = Feb. 1970) Centre of Advanced Study, Department of History, Aligarh Muslim University.

16. Khaliq Ahmad Nizami, "*The Impact of Ibn Taimiyya on South Asia,*" Journal of Islamic Studies, Vol. 1 (1990).

17. M. A. Chaghatai, "*Muslim Monuments of Ahmadabad through their inscriptions,*" Bulletin of the Deccan College Post-Graduate and Research Institute, Vol. 3, No. 2, (March 1942).

18. Rashid, Shaikh Abdul, "*Insha-i-Mahru or Tarassul-i-Aynu'l-Mulk of Aynul-Mulk Mahru of Multan*", Islamic Culture, Vol. XVI, Number 3 (July 1942).

19. Rekha Pande, "*The Bhakti Movement—An Interpretation*," Proceedings of the Indian History Congress, Vol. 48 (1987).

20. *Roy*, N. B., "*Futuhat-i-Firuz Shahi*", Journal Royal Asiatic Society of Bengal, Vol. vii, (1941).

21. Roy, N. B., "*The Victories of Sultan Firuz Shah of Thughluq Dynasty*," Islamic Culture, Vol. XV, Number 4, (October 1941).

22. S. Bashir Hasan, "*The Muzaffaris in Malwa and the shift to imperial Currency*," Proceedings of the Indian History Congress, Vol. 56 (1995).

23. Satish Ch. Misra, Muzaffar Shah, "*The founder of the dynasty of the Sultans of Gujarat- An appreciation*," Proceedings of the Indian History Congress, Vol. 23, PART I (1960).

24. Taylor, Georg P., "*The Coins of the Gujarat Saltanat*," Royal Asiatic Society of Bombay, Vol., XXI, 1902.

25. Wahi, Tripta, "*Henry Miers Elliot: A Reappraisal*", The Journal of the Royal Asiatic Society of Great Britain and Ireland, 1, (1990).